Dirk Randoll | Petra Ehrler | Jürgen Peters
Lernen mit Freude – bis zum Abitur

Dirk Randoll | Petra Ehrler | Jürgen Peters

Lernen mit Freude – bis zum Abitur

Das Neue Oberstufenkonzept an der Evangelischen Schule Berlin Zentrum

Mit einem Vorwort von Heiner Ullrich

2. Auflage

BELTZ JUVENTA

Die Autoren

Prof. Dr. Dirk Randoll ist seit 1999 Projektleiter bei der Software AG – Stiftung in Darmstadt und seit 2002 Professor für Empirische Sozialforschung am Fachbereich Bildungswissenschaft an der Alanus Hochschule in Alfter bei Bonn.

Petra Ehrler M. A. ist wissenschaftliche Mitarbeiterin an der Alanus Hochschule mit dem Schwerpunkt pädagogische Praxisforschung. Sie evaluiert Schul- und Bildungsprojekte zur Aufzeichnung von pädagogischen Strömungen und zur Weiterentwicklung von neuen Lernwegen.

Dr. Jürgen Peters war Oberstufenlehrer für Mathematik und Physik an einer Waldorfschule und ist seit 2013 Lehrkraft für besondere Aufgaben im Fachbereich Bildungswissenschaft der Alanus Hochschule mit Schwerpunkt quantitative Forschungsmethoden.

In dieser Publikation wird aus Gründen des besseren Leseflusses an einigen Stellen nur das generische Maskulinum verwendet. Weibliche und anderweitige Geschlechtsidentitäten sind dabei ausdrücklich mitgemeint.

FSC www.fsc.org MIX Papier aus verantwortungsvollen Quellen FSC® C089473

Dieses Buch ist erhältlich als:
ISBN 978-3-7799-6460-5 Print
ISBN 978-3-7799-5777-5 E-Book (PDF)

2. Auflage 2021

Herstellung: Ulrike Poppel
Satz: text plus form, Dresden
Druck und Bindung: Beltz Grafische Betriebe, Bad Langensalza
Printed in Germany

Weitere Informationen zu unseren Autoren und Titeln finden Sie unter: www.beltz.de

Inhalt

Vorwort

Etwa seit der Jahrtausendwende kann man eine Reformpädagogisierung von Einzelschulen beobachten, die sich auf den Weg der Ausgestaltung neuer Lern- und Schulkulturen machen. Dies lässt sich exemplarisch an der Entwicklung des *Schulverbunds Blick über den Zaun* studieren. Dieser ist bereits im Jahre 1989 im Kontext der damaligen Schulqualitätsdebatte mit einem Aufruf für einen Verbund reformpädagogisch engagierter Schulen in die Öffentlichkeit getreten. Im Mittelpunkt stehen programmatisch das Leitbild und die Standards einer guten Schule, welche von den vier Grundüberzeugungen der **Anerkennung der Individualität eines jeden Kindes**, der **Notwendigkeit eines anderen Lernens**, der **Schule als demokratischer Gemeinschaft** und der **Reform der Schule von innen und von unten** getragen werden. Dem reformpädagogischen Schulnetzwerk gehören im Jahre 2019 etwa 130 Mitgliedsschulen unterschiedlichster Schulformen und Trägerschaften an. Das Spektrum reicht von klassischen reformpädagogischen Schulformaten und Freien Alternativschulen über staatliche Versuchsschulen wie die Laborschule Bielefeld und die hessischen Gesamtschulen bis zu Schulversuchen wie den Primus-Schulen in Nordrhein-Westfalen und den neuartigen inklusiven Gemeinschaftsschulen wie beispielsweise der Evangelischen Schule Berlin-Zentrum (ESBZ). Gerade hier wurden mit eindrucksvoller Stringenz für die Sekundarstufe I neue reformpädagogisch inspirierte Lernformate entwickelt und erprobt, die inzwischen auch für andere Reformschulen maßgeblich geworden sind und im schulpädagogischen Fachdiskurs nach wie vor große Beachtung finden. Beispielhaft sind hier zu nennen: Erstens der täglich doppelstündige jahrgangsübergreifende Unterricht im Lernbüro, der den Schülerinnen und Schülern ein hochgradig selbstständiges Lernen und die Wahl individueller Lernwege ermöglicht und abverlangt; zweitens der wöchentliche Projekttag, an dem fächerübergreifend in Teams bestimmte lehrplanaffine Themen über einen längeren Zeitraum bearbeitet werden; drittens das Lernformat Herausforderung, in dem die Heranwachsenden sich mit höchstmöglicher Autonomie in einem realen Erfahrungsraum außerhalb von Schule und Familie bewähren müssen; und viertens das Projekt Verantwortung, in welchem sich die Jugendlichen wöchentlich mindestens zweistündig zivilgesellschaftlich in Schulortnähe engagieren und in der Verantwortungsübernahme ihr sozial-integratives Potenzial und staatsbürgerliches Bewusstsein entfalten können. Die ESBZ erhielt im Jahre 2013 den Preis der Karg-Stiftung für die Förderung von hochbegabten Schülern.

In der Laudatio heißt es: „Das in der Hochbegabtenförderung ungewöhnliche Gemeinschafts- und Reformschulkonzept der Evangelischen Schule Berlin Zentrum (ESBZ) überzeugte mit seinem wegweisenden Modell einer partizipativen und persönlichkeitsbildenden inklusiven Hochbegabtenförderung. … [Es] arbeitet mit Jahrgangsmischung statt Klassen, mit dem Mentor statt dem Lehrer, mit individuellen Lernarrangements statt zerstückeltem Stundenplan, mit dialogischen Verfahren, Zertifikaten und Logbuch statt Noten, mit Werkstatt- und Projektarbeit. Eine wertschätzende Beziehungs- und Anerkennungskultur prägt den Geist der Schule. Jeder Jugendliche hat einen Lehrer als persönlichen Mentor und Coach an der Seite. … Die ESBZ ermöglicht allen Kindern und Jugendlichen, und dabei auch Hochleistern wie Underachievern, eine gelingende schulische Bildungsbiografie und Erfahrungen von Sinnhaftigkeit und Selbstwirksamkeit."

Eine Gemeinschaftsschule, der eine solch hohe pädagogische Qualität und didaktische Wirksamkeit zugeschrieben wird, wird förmlich – von innen und von außen – dazu gedrängt, ihre reformpädagogische Lern- und Erziehungskultur für ihre bildungserfolgreichen Schülerinnen und Schüler mit einer neuartigen gymnasialen Oberstufe fortzuschreiben. Obwohl es hierfür in der deutschen Reformschullandschaft bislang kaum entsprechende Vorbilder gibt, machte sich ein Lehrerteam der ESBZ auf den Weg und erarbeitete das Konzept einer Neuen Oberstufe (NOS), das im Spannungsfeld zwischen Fachunterricht in Leistungs- und Grundkursen sowie Klausuren einerseits und themenorientierten individuellen Lernwegen und lebenspraktischer Verantwortung andererseits die gelungenen Lernformate der Mittelstufe in passende methodische Konfigurationen der Oberstufe transformiert. Im Schuljahr 2011/12 sind die ersten Schüler in die Oberstufe der ESBZ eingetreten; im Dezember 2016 wurde der Antrag der ESBZ auf Einführung der transformierten Neuen Oberstufe (NOS) vom Berliner Senat genehmigt. Das reformpädagogische Unterrichtsprinzip eines selbsttätigen, von individuellen Interessen bestimmten jahrgangsübergreifenden Lernens wird in der Oberstufe durch die *Lernexpeditionen (LEX)* realisiert; sie stellen ein einwöchiges, von den Schülern thematisch und methodisch selbstbestimmtes fakultatives Lernformat dar, das bis zu zweimal jährlich auch an außerschulischen Lernorten stattfindet. Den Platz des von Fachlehrern geplanten interdisziplinären und zugleich praxisnahen Projekttages übernehmen in der Oberstufe in enger Anlehnung an den Rahmenlehrplan die sich ganztägig über eine ganze Woche erstreckenden *Pulsare.* Ihr erfolgreicher Besuch kann als Ersatzleistung für eine Klausur gewertet werden. Die früheren Lernformate *Herausforderung* und *Verantwortung* werden in der neuen Oberstufe in dem obligatorischen Projekt *Alle ins Ausland* – einem dreimonatigen Auslandsaufenthalt in der 11. Klassenstufe – zusammengeführt. Neu ist das ein- bis zweitägige Lernformat *Lebens- und Arbeitskompetenzen (LAK)*, in dem Lehrkräfte, Eltern und externe Experten frei gewählte Workshops zu ihrem Fachgebiet durchführen oder spezifische lebenspraktische Fähigkeiten und Fertigkeiten mit den Schülern einüben. Nicht zu vergessen sind schließlich in Fortsetzung der engen Lehrer-Schüler-Beziehungen in der Mittelstufe die *Zwischenreflexionen* zum Halbjahr. In den Gesprächen mit dem persönlichen Tutor geht es nicht nur um eine notenfreie verbale Rückmeldung des Leistungsstandes, sondern insgesamt um eine wertschätzende Begleitung der Persönlichkeitsentfaltung der Schülerperson.

Von 2016 bis 2019 ist die Schul- und Unterrichtsentwicklung in der Neuen Oberstufe der ESBZ prozessbegleitend durch das Forschungsteam um Dirk Randoll von der Alanus Hochschule, Fachbereich Bildungswissenschaft, evaluiert worden, das im vorliegenden Band seine empirischen Befunde den Praktikern und der wissenschaftlichen Öffentlichkeit vorstellt. Dieser ausführliche und problemsensible Forschungsbericht zeichnet sich durch seine umfassende Kenntnis der neuen Lernkultur der ESBZ aus, deren Lernformate auch mit aussagekräftigen Beispielen illustriert werden. Wichtiger sind natürlich die Befunde der schriftlichen Befragungen und der Interviews mit den Jugendlichen und mit den pädagogischen Akteuren über die bisherigen Erfahrungen mit den Normen und Formen der Neuen Oberstufe.

Als ein zentrales Ergebnis lässt sich die hohe Akzeptanz festhalten, welche die reformpädagogisch inspirierten Lernformate bei der weit überwiegenden Mehrheit der Oberstufenschüler und ihren Lehrpersonen gefunden haben. Diese neue Lernkultur stellt durch ihre alternativen Zugänge und ihre fach- und schulübergreifende Ausrichtung eine Bereicherung des schulischen Lehrangebots dar, das allerdings auch veränderte Anforderungen an die Lehrerschaft stellt, beispielsweise eine intensivere kollegiale Kooperation und eine stärkere Akzentuierung der Lernbegleitung anstelle der Wissensvermittlung. Mit der gelungenen Bereicherung des traditionellen gymnasialen Kursunterrichts durch langjährig erprobte neue Lernformate stellt die ESBZ aktuell einen **Leuchtturm** für die Gestaltung der gymnasialen Oberstufe vor allem an integrativen und inklusiven Reformschulen dar.

Insgesamt gesehen erreichen die Schülerinnen und Schüler der Neuen Oberstufe der ESBZ mit ihren in der Berliner Schullandschaft vergleichsweise überdurchschnittlichen Abiturnoten nicht nur die Studienberechtigung. Vielmehr können sie offensichtlich an dieser Reformschule neben einer vertieften Allgemeinbildung eine allgemeine *Studierfähigkeit* erwerben, die gekennzeichnet ist durch „ein allgemeines und gesellschaftlich anschlussfähiges Wissen, methodisch ausgewiesenes und selbständig kontrollierbares

Können für spezifische Anforderungen in bestimmten Domänen sowie eine standpunktbewährte, diskussionserfahrene und verantwortungsbewusste Persönlichkeit, die Positionen auf der Suche nach Orientierung einzunehmen und argumentativ zu vertreten vermag."[1]

Prof. Dr. Heiner Ullrich
Institut für Erziehungswissenschaft
Johannes Gutenberg-Universität Mainz

1 Anhalt, E.: Was bedeutet Studierfähigkeit – gestern und heute? In: Lin-Klitzing, S. (Hrsg.): Abitur und Studierfähigkeit. Ein interdisziplinärer Dialog. Bad Heilbrunn: Klinkhardt 2014, S. 124.

Geleitwort des Schulträgers

„In jedermann ist etwas Kostbares,
das in keinem anderen ist.“
Martin Buber

Diese Sicht auf jeden einzelnen Menschen als ein einzigartiges Geschöpf Gottes leitet uns als evangelische Christen in unserem Bildungs- und Erziehungsauftrag. Daher fühlen sich die Schulen in Trägerschaft der Evangelischen Schulstiftung in der EKBO (Evangelische Kirche Berlin-Brandenburg-schlesische Oberlausitz) verpflichtet, jedes einzelne Kind, jeden einzelnen Jugendlichen so auf- und anzunehmen, wie es beziehungsweise er oder sie zu uns kommt. Das bedeutet, sein individuelles Potenzial zu erkennen und es bestmöglich zu entfalten. Um diesem hohen Anspruch gerecht zu werden, hat sich die Evangelische Schule Berlin-Zentrum (ESBZ) dafür entschieden, ganz neue, innovative Wege zu beschreiten. Von Klasse 7 bis 10 lernen die Schülerinnen und Schüler in jahrgangsübergreifenden Lerngruppen, arbeiten selbstständig in Lernbüros und erleben ihre Selbstwirksamkeit in Fächern beziehungsweise Projekten wie *Verantwortung* und *Herausforderung*. In dieser sich so überzeugend und von allen mit hohem Engagement entwickelten Lern- und Schulkultur war es nur eine Frage der Zeit, wann die Umsetzung in der gymnasialen Oberstufe erfolgen würde. Seit dem Schuljahr 2015/16 wird jetzt erfolgreich in neuen Lernformaten wie fächerübergreifenden und fächerverbindenden Lernmodulen, den Pulsaren, den Lernexpeditionen und den Lebens- und Arbeitskompetenztagen, auch in den Jahrgangsstufen 11–13 gearbeitet. In den zurückliegenden vier Jahren hat sich gezeigt, dass dieser Weg der richtige ist. Denn sowohl die von der Alanus Hochschule wissenschaftlich begleitete Evaluation als auch die Abiturergebnisse zeigen, dass nicht nur mit Freude gelernt wird, sondern auch sehr erfolgreich.

Danken möchte ich allen, die zum Gelingen der Oberstufenreform beigetragen haben. Motor dieser Entwicklung war Barbara Stockmeier, die Leiterin der Oberstufe an der ESBZ. Bis heute ist sie die kontinuierliche Antreiberin und Ideengeberin. Ihr und ihrem Team gilt mein besonderer Dank und meine wertschätzende Anerkennung. Die wissenschaftlichen Untersuchungen der Alanus Hochschule haben zur Verbesserung der neuen Lernformate beigetragen und so danke ich den Mitarbeitenden der Hochschule. Danken möchte ich im Besonderen allen, die durch finanzielle Zuwendungen zum Gelingen der Reform beigetragen haben. Mein besonderer Dank für die großzügige Anschubfinanzierung und die Finanzierung der Evaluation gilt der Software AG – Stiftung. Einen großen Dank sage ich auch den drei Stiftungen, die die Umsetzung der Transformation unterstützt haben, der Karg-Stiftung, der Barbara-Schadeberg-Stiftung und der Robert-Bosch-Stiftung. Schließlich leistete der Schulverein der ESBZ einen wesentlichen Beitrag zur Finanzierung. Mein herzlicher Dank gilt dem Vorstand und den Mitgliedern des Vereins.

In diesem Sinne freue ich mich, dass nun nicht nur der Evaluationsbericht veröffentlicht wird, sondern auch das damit verbundene Praxishandbuch Anregungen bietet für all diejenigen, die sich ebenfalls auf diesen innovativen Weg der Schulentwicklung begeben wollen. Haben Sie viel Freude bei einer hoffentlich sehr anregenden und ertragreichen Lektüre und lassen Sie sich nicht von Gesetzestexten und Verordnungen abschrecken, Ihre pädagogischen Visionen in die Tat umzusetzen.

Frank Olie
Vorstandsvorsitzender der Evangelischen Schulstiftung in der EKBO

Geleitwort des Förderers

Die derzeitigen Anforderungen einer globalisierten Welt, charakterisiert durch einen hochkomplexen sowie dynamischen wirtschaftlichen, sozialen, kulturellen und politischen Wandel, verlangt in einem zunehmendem Tempo nach einem neuen Bildungsverständnis. Der bisherigen wissensbasierten Vermittlung von Kompetenzen muss ein Perspektivwechsel folgen, der im Sinn einer Transformation den Lernenden zu einem Gestalter seiner Lebenswelt macht, in der er sein Handeln als wirksam und sinnhaft erlebt. Dabei bedarf es einer zwischenmenschlichen, direkten sowie empathischen Begegnungsfähigkeit, die das Gegengewicht zur immer stärker voranschreitenden digitalen Lebenswelt bildet.

Als Stiftung sind wir gerne Partner auf dem Weg dieser Veränderungen und fanden in der Evangelischen Schule Berlin Zentrum seit 2015 einen mutigen und kraftvollen Impulsgeber. Unsere Erwartungen in diesem Vorhaben werden durch die dokumentierten Ergebnisse in der vorliegenden Veröffentlichung – gestützt auf die empirische Forschung der Alanus Hochschule – mehr als erfüllt.

Mögen die neuen Lernformate Antworten auf die Herausforderungen schulischer Bildung geben, an vielen anderen sich im Aufbruch befindenden Schulen fruchtbar wirksam werden und insbesondere junge Pädagoginnen und Pädagogen in ihrem Handeln ermutigen.

Andreas Rebmann
Projektleiter der Software AG – Stiftung

Einleitung

Dirk Randoll, Petra Ehrler und Jürgen Peters

Angesichts der immer komplexer werdenden ökologischen, ökonomischen, sozialen und interkulturellen wie auch medialen/digitalen Herausforderungen mit der Folge, dass psychische Beschwerden in unserer Gesellschaft deutlich zunehmen[1] und immer mehr Jugendliche Anzeichen von Sinn- und Orientierungslosigkeit zeigen[2], sind heute mehr denn je Persönlichkeiten gefragt, die sich nicht mehr länger von alten, vermeintlich überkommenen gesellschaftlichen Werten, Normen, Mustern oder Strukturen leiten lassen, sondern in der Lage dazu sind, diese zu transformieren und in Neues zu integrieren. Wilber[3] spricht in diesem Zusammenhang von der Notwendigkeit der Entwicklung eines integralen Bewusstseins, womit die Fähigkeit zur Wahrnehmung und Übernahme verschiedener Perspektiven, des vernetzten Denkens und Handelns, der kreativen Herangehensweise, des Querdenkens, der Kollaboration und des konstruktiven Umgangs mit vermeintlichen Gegensätzen, Widersprüchen und Paradoxien gemeint ist. Integrales Denken und Handeln sind imstande, verschiedene Ebenen des Bewusstseins in unterschiedlichen Lebensbereichen miteinander zu vereinen und subjektiv Inneres wie Ästhetik, Ethik, Kunst, Werte und Qualitäten mit objektiv Äußerem wie Form, Materie, Empirie, Quantität in ein harmonisches Gleichgewicht zueinander zu bringen, um neue Lösungswege zu generieren.

In diesem Zusammenhang kommt der schulischen Bildung eine besondere Bedeutung und gesellschaftliche (Mit-)Verantwortung zu, insofern dort jene Rahmenbedingungen bereitgestellt und geschaffen werden, innerhalb derer sich junge Menschen entwickeln und ihre Persönlichkeit ausgestalten. Nach heutigem Erkenntnisstand müsste Schule idealtypisch darauf ausgerichtet sein,

1 Zum Beispiel Schmidtbauer, W.: Raubbau an der Seele: Psychogramm einer überforderten Gesellschaft. München: oekom 2017.

2 Zum Beispiel Grünewald, S.: Wie tickt Deutschland? Psychologie einer aufgewühlten Gesellschaft. Köln: Kiepenheuer & Witsch 2019.

3 Wilber, K.: Integrale Lebenspraxis. München: Kösel 2018.

- dass Kinder und Jugendliche mit ihren Wünschen, Bedürfnissen, Gefühlen, Fragen, Talenten, Vorlieben, Fähigkeiten und Fertigkeiten ernst genommen werden,
- dass es keine Selektion nach sozialen, ökonomischen, nationalen beziehungsweise kulturellen oder nach körperlichen und/oder kognitiven Gesichtspunkten bzw. Voraussetzungen gibt,
- dass Lernen in einer Atmosphäre gegenseitiger Wertschätzung stattfindet, in der sich die Lernenden wie auch die Lehrenden angenommen, geborgen und sicher fühlen können,
- dass Kindern und Jugendlichen Raum für sinnstiftende und sinnhafte Lernprozesse gegeben wird, in denen sie lernen, Verantwortung für sich, ihre Umwelt und für ihren eigenen Lernprozess zu übernehmen,
- dass an lebenspraktischen Themen und Inhalten fächerübergreifend im Team gearbeitet und gelernt wird,
- dass Lernen nicht auf den isolierten Ort Schule begrenzt ist, sondern mitten im Leben stattfindet wie beispielsweise im Wald, auf einem Bauernhof, in einer sozialen Einrichtung oder in einem Unternehmen,
- dass sich Lehrer in ihrem Selbstverständnis als Mitlernende und als Lerncoach verstehen,
- dass man als Schüler auch die Erfahrung des Scheiterns machen darf, ohne dafür sogleich sanktioniert zu werden (Lernen aus Fehlern),
- dass genügend Ressourcen für Personal und für die Anschaffung notwendiger Lernmaterialien etc. zur Verfügung stehen,
- dass sich Schüler in der Schule auch einmal langweilen dürfen und Schule zuweilen auch ein Ort der Muse, der Besinnung und der Kontemplation ist,
- dass handwerklich-praktischen sowie künstlerisch-musischen Tätigkeiten zumindest derselbe Stellenwert zuerkannt wird wie dem kognitiven Lernen,
- dass Leistung Freude bereitet, was vor allem dann geschieht, wenn sie von den Lernenden als sinnvoll, persönlich bereichernd und herausfordernd erlebt wird,
- dass Schülern etwas zugetraut und ihnen genügend Zeit zum Lernen beziehungsweise zum lernenden Arbeiten eingeräumt wird,
- dass eine Rhythmisierung im Schulalltag fernab vom 45-Minuten-Takt erfolgt wie zum Beispiel durch den Wechsel von Anstrengungs- und Erholungsphasen oder das Unterrichten in Epochen,
- dass Schüler Mitverantwortung für den sozialen Organismus Schule übernehmen, beispielsweise beim Putzen, in der Gartenarbeit, beim Organisieren von Veranstaltungen oder bei der Gestaltung des Gebäudes,

- dass Spiritualität in freier und religiös-institutionell unabhängiger Art und Weise erfahren, erlebt und gelebt werden kann.

In der Geschichte des Bildungswesens der Bundesrepublik Deutschland hat es immer wieder Schulen gegeben, die in dieser Hinsicht eigene Wege gegangen sind und Vorbild für jene waren – und auch noch sind –, die um die Transformation ihrer eigenen Lernkultur bemüht sind. Die Helene-Lange-Schule in Wiesbaden oder die Laborschule in Bielefeld sind nur zwei der bekanntesten Beispiele. Schulen dieses Genres haben sich auch immer wieder zu Schulverbünden zusammengetan, um sich gegenseitig zu befruchten und Erfahrungen miteinander auszutauschen. *Blick über den Zaun*[4], *Archiv der Zukunft*[5], der *Aktivkreis der Schulpreisschulen* oder die *Initiative Neues Lernen*[6] sind nur einige Beispiele. Vergleichsweise jüngeren Datums ist die Gründung der Initiative *Schule im Aufbruch*[7]. Sie steht für nichts Geringeres als die Transformation der schulischen Bildung per se und somit für einen Paradigmenwechsel, der eine grundlegende und systematische Veränderung des Lehrens, Lernens und Zusammenlebens in der Schule zur Folge hat. *Schule im Aufbruch* setzt an den Potenzialen der Kinder und Jugendlichen an, also an ihrer Neugierde, die Welt zu entdecken, um sie aktiv mitzugestalten, sowie an ihrer Suche nach Sinn, Orientierung und Bedeutung. Um Potenzialentfaltung zu ermöglichen, bedarf es einer besonderen Lernkultur – vor allem einer Kultur des gegenseitigen Vertrauens und der gegenseitigen Wertschätzung als Voraussetzung und Bedingung für gelingende Beziehungen. Potenzialentfaltung bedeutet aber auch zu lernen, Verantwortung für sich, für seine Mitmenschen sowie für seine unmittelbare und mittelbare Umwelt zu übernehmen. Die wesentlichsten Prinzipien dabei sind: Autopoiese, Selbstorganisation, Offenheit, Austausch und Kooperation, Rückkopplung und das Streben nach Vielfalt und Homöostase[8]. Die in dem Netzwerk *Schule im Aufbruch* organisierten Schulen sind deshalb in besonderem Maße darum

---

4 Groeben; A. von der: Wir wollen Schule machen. Eine Streitschrift des Schulverbunds *Blick über den Zaun:* Eine pädagogische Streitschrift. Leverkusen: Budrich 2010.

5 Kahl, R.: Eine Schule, die gelingt: Enja Riegel und die Helene-Lange-Schule. DVD (Archiv der Zukunft).

6 Initiative Neues Lernen, Berlin, www.initiative-neues-lernen.de/ (Abruf 16. 01. 20).

7 Rasfeld, M.; Breidenbach, S.: Schulen im Aufbruch – Eine Anstiftung. München: Kösel 2014.

8 Vgl. Hüther, G.: Mit Freude lernen – ein Leben lang: Weshalb wir ein neues Verständnis vom Lernen brauchen. Göttingen: Vandenhoeck & Ruprecht 2016. Vgl. Randoll, D.; Ehrler, P.: Evangelische Schule Berlin Zentrum (ESBZ) – Reformpädagogik für morgen. In: Idel, T.-S.; Ullrich, H.: Handbuch Reformpädagogik. Weinheim: Beltz 2017.

bemüht, ihren Schülern jene Rahmenbedingungen zur Verfügung zu stellen, die die Entwicklung hin zu einer selbstbestimmten und selbstverantwortlich handelnden Persönlichkeit begünstigen beziehungsweise fördern.

Die Initiative *Schule im Aufbruch* geht von der Evangelischen Schule Berlin Zentrum (ESBZ) und ihrer ehemaligen Rektorin Margret Rasfeld aus, die bis 2007 Leiterin der Gesamtschule Holsterhausen in Essen war. Die in der Trägerschaft der *Schulstiftung der Evangelischen Kirche Berlin-Brandenburg-schlesische Oberlausitz* arbeitende ESBZ ist eine Gemeinschaftsschule mit den Klassen 1–13, verteilt auf zwei Schulstandorte. Der in Fächern zersplitterte Stundenplan wurde dort genauso abgeschafft wie die Beurteilung der Schülerleistungen nach Noten oder Punkten. Die Heranwachsenden lernen jahrgangsgemischt, fächerübergreifend, praxisbezogen und inklusiv. Gelernt wird zudem in neuen Lernformaten, basierend auf den vier von der UNESCO[9] beschriebenen Säulen:

- **Lernen Wissen zu erwerben**
- **Lernen zu handeln**
- **Lernen für das Leben**
- **Lernen zusammenzuleben.**

Dabei steht jedem Schüler ein Lehrer als Tutor mit wöchentlichen Coaching-Gesprächen zur Seite, womit Verlässlichkeit und Vertrauen geschaffen werden soll. Erfahrungslernen im Leben und zivilgesellschaftliches Engagement sind in jedem Jahrgang zudem genauso strukturell verankert wie ökologisches Lernen. Mit den Schulfächern *Verantwortung, Herausforderung, Alle ins Ausland* (ab Klasse 11) wurden an der ESBZ neue Wege kreiert, um jungen Menschen die Möglichkeit zu geben, sich selbst zu organisieren und sie zu Verantwortung, Gemeinsinn, Unternehmensgeist, Gestaltungswille und Handlungsmut zu inspirieren und zu ermutigen. Damit sollen jene Metakompetenzen gestärkt und gefördert werden, die heute mehr denn je von Bedeutung sind: Sozialkompetenz, kulturelle und religiöse Toleranz, ökologisches Bewusstsein und Handeln, eigenständiges und selbstkritisches Denken und Handeln, Kreativität und Engagement.

Das Prinzip des Lernens an der ESBZ beruht in weiten Teilen auf der Realisierung reformpädagogischer Ideen und Ansätze, wie sie aus Montessori-, Waldorf-, Jenaplan-, Peter Petersen-, Pestalozzi- oder den Freien Alternativen respektive Demokratischen Schulen bekannt sind. Dazu zählen neben

9 Siehe: UNESCO-Weltaktionsprogramm: Bildung für nachhaltige Entwicklung, www.bne-portal.de/ (Abruf 16.01.2020).

der vorbereiteten Umgebung in den Lernlabors auch der jahrgangs- und fächerübergreifende Unterricht, das Lernen in Epochen sowie das selbständige, eigenverantwortliche, freie, entdeckende und erfahrungs- beziehungsweise lebensbezogene Lernen in heterogenen Lerngemeinschaften. Diese Art des Schulehaltens entspricht im Wesentlichen der Idee des Curriculums der Zukunft, wie es in dem Konzept der Bildung für Nachhaltige Entwicklung von den Mitgliedsstaaten der Vereinten Nationen propagiert worden ist.

Im Schuljahr 2011/12 sind die ersten Schüler der ESBZ in die Oberstufe eingetreten, weshalb auch für die Sekundarstufe II schrittweise neue Lernformate entwickelt und eingeführt wurden. Sie basieren gleichermaßen wie in der Sekundarstufe I auf den Prinzipien des selbstbestimmten, partizipativen und eigenverantwortlichen Lernens.

Das neue Oberstufenkonzept wurde in den Jahren 2015 bis 2019 von der Alanus Hochschule, Fachbereich Bildungswissenschaft, wissenschaftlich begleitet. Ermöglicht wurde dies durch die Unterstützung des Trägers, der Evangelischen Schulstiftung, sowie durch die großzügige finanzielle Förderung der Software AG – Stiftung. Die im Fokus stehenden Forschungsfragen lauteten:

- Wie funktionieren die neuen Lernformate aus der Perspektive der Lernenden und der Lehrenden, das heißt, wie müssen sie gegebenenfalls weiterentwickelt oder modifiziert werden?
- Welche Lerneffekte lassen sich in den neuen Formaten beobachten, das heißt, welcher Zugewinn kann den neuen Formaten zugeschrieben werden?
- Welchen Mehraufwand und welche positiven Konsequenzen ergeben sich durch die Realisierung der neuen Lernformate für die Lehrkräfte?
- Welchen Effekt bringt die Kombination der neuen Lernformate mit dem herkömmlichen Fachunterricht mit sich?

Absicht und Ziel der vorliegenden Publikation ist es, die im Laufe der Jahre aus der Evaluation der Neuen Oberstufe gewonnenen Erkenntnisse und gemachten Erfahrungen so zu dokumentieren, dass sie für pädagogisch Interessierte verstehbar und nachvollziehbar werden. Die in den Kapiteln beschriebenen unterrichtspraktischen Beispiele sowie die Befunde aus der wissenschaftlichen Begleitung sollen neugierig auf eine andere Art des Schulehaltens machen und – so unsere Hoffnung – zur Nachahmung anregen.

Einen besonderen Dank richten wir an all diejenigen Personen, die zur Evaluation und zur Publikation beigetragen haben. Allen voran die 2 600 Schülerinnen und Schüler und die mehr als 300 Lehrerinnen und Lehrer, die den Erhebungsbogen ausgefüllt und damit entscheidend zur Entwicklung der neuen Oberstufenformate beigetragen haben. Auch den etwa 200 Personen, die uns in Kurz- oder Langinterviews Rede und Antwort standen, ebenso wie den Lernenden und Lehrenden, die ihre Materialien und Fotos zur Verfügung gestellt und uns ihr Einverständnis zur Veröffentlichung gegeben haben, danken wir von Herzen, denn damit hat die Publikation ein persönliches Gesicht bekommen. Unser Dank geht auch an die Software AG – Stiftung in Darmstadt und die Evangelische Schulstiftung in der EKBO in Berlin für die vertrauensvolle Zusammenarbeit und die Bereitstellung der finanziellen Mittel. Danken möchten wir darüber hinaus den studentischen Mitarbeitern Lisa Butz, Mira Ehrler und Stina Drexler, die im Wechsel an der Datenauswertung mitgewirkt haben, für ihre unterstützende und fachkompetente Arbeit. Ein besonderer Dank geht an Marie-Therese Hartogs aus Mainz für ihr umsichtiges und engagiertes Lektorat und die gute redaktionelle Überarbeitung des Manuskripts.

1 Die Evangelische Schule Berlin Zentrum (ESBZ)

Petra Ehrler und Dirk Randoll

Engagierten Eltern aus Berlin Mitte ist es zu verdanken, dass sich eine der innovativsten Schulen in Deutschland entwickelt hat – die Evangelische Schule Berlin Zentrum (ESBZ). Die ESBZ hat ihre Arbeit im Herbst 2007 in der Wallstraße 32 in Berlin Mitte zunächst mit der Jahrgangsstufe 7 aufgenommen, die damals von 16 Jugendlichen besucht und von zwei Lehrern begleitet wurde. Bis zum Schuljahr 2018/19 ist die Schule dann auf 642 Schülerinnen und Schüler angewachsen, die von 85 Pädagogen schulisch betreut wurden (Stand: Schuljahr 2018/19). Die Gründungseltern kamen aus dem Umfeld der Sophiengemeinde in Berlin-Mitte und haben nach einer Schulform gesucht, welche sich an christlichen Werten und Tugenden orientiert und in der sich ihre Kinder zu selbständig denkenden und selbstverantwortlich handelnden Persönlichkeiten entwickeln beziehungsweise entfalten können. Im Schulkonzept der ESBZ findet dies seinen Ausdruck zum Beispiel in der Verpflichtung zur Inklusion, in dem Bemühen um eine wertschätzende Haltung aller Beteiligten und in dem Bestreben nach mehr Achtung vor der Schöpfung.

Diese Eltern hatten zunächst die der ESBZ vorgelagerte Evangelische Schule Berlin Mitte (ESBM) gegründet, eine Schule für die Klassen 1 bis 6, die sich inhaltlich an der Pädagogik Maria Montessoris orientiert. Beide Schulen arbeiten heute an zwei verschiedenen Standorten. Im Jahr 2004 wurden sie in das Pilotprojekt *Gemeinschaftsschule des Landes Berlin* aufgenommen. Ziel dieser Schulform ist es, die Chancengleichheit und -gerechtigkeit der Schülerinnen und Schüler durch das gemeinsame Lernen von Klasse 1 bis 10 beziehungsweise 13 zu verbessern, unterstützt durch differenzierende Lernangebote, den Ganztagsbetrieb und durch individuelle Förderungen. In Berlin gibt es mittlerweile 26 Schulen dieser Art, davon sind die ESBM und die ESBZ die einzigen in freier Trägerschaft.

Der ersten Schulleiterin der ESBZ, Margret Rasfeld, ist es gelungen, gemeinsam mit ihrem Team von Pädagogen, den Eltern sowie mit Unterstützung durch externe Berater die Vision und das Ethos der Schule soweit umzusetzen, dass sie national wie international auf Anerkennung stieß und mehrfach ausgezeichnet wurde. 2016 übernahm Caroline Treier die formelle

Abb. 1.1 Die ESBZ in Berlin

Abb. 1.2 Die Aula der ESBZ

Schulführung. Die Kernelemente des pädagogischen Konzeptes an der ESBZ lassen sich wie folgt zusammenfassen:

- Aufhebung der äußeren leistungsbezogenen Differenzierungen,
- Unterstützung kreativen Denkens und Problemlösens,
- Vermittlung von Kommunikations- und Präsentationskompetenzen,
- Lernen durch Fragenstellen,
- Aufbau einer wertschätzenden Beziehungskultur und von Vertrauen,
- Förderung von Empathie und Teamverständnis,
- Peer Education,
- Projekt *Verantwortung,*
- Projekt *Herausforderung* – Lernen im Leben,
- Projekt *Alle ins Ausland,* ein mindestens dreimonatiger Aufenthalt im Ausland,
- Projektarbeit mit außerschulischen Partnern,
- Schüler als Experten in der Lehrerbildung.

In ihrem Curriculum der Zukunft orientiert sich die ESBZ an den im September 2015 von allen 193 Mitgliedstaaten der UN unterzeichneten 17 Global Goals, dem Zukunftsprogramm der Weltgemeinschaft. Als Agenda 21 Schule stellt sie sich auf ihrer Homepage deshalb wie folgt dar: „Unsere Vision ist es, die Schüler*innen zu mündigen, zukunftsfähigen und verantwortlichen Welt-Bürger*innen zu befähigen, um an einer lebenswerten Zukunft mitzugestalten. Wir unterstützen und begleiten die Jugendlichen auf ihrem Weg des Fragens und Suchens nach Werten, Sinn und Orientierung. Wir setzen uns für eine lebenswerte Zukunft ein und damit für die Agenda 2030, dem größten Menschheitsvertrag unserer Geschichte. Im Jahr 2015 hat die Weltgemeinschaft die Agenda verabschiedet. Die 17 Ziele für nachhaltige Entwicklung mit ihren 169 Unterzielen sind das Kernstück der Agenda 2030. Die Sustainable Development Goals (SDGs) sollen bis 2030 global und von allen UNO-Mitgliedstaaten erreicht werden, um die drängenden Herausforderungen der Welt gemeinsam zu lösen. Dies umfasst ökonomische, ökologische und soziale Entwicklungsaspekte."[10]

Die ESBZ ist gemeinschaftlich organisiert und aufgebaut; sie versteht sich daher als Teamschule. Die Kinder und Jugendlichen werden an wichtigen schulischen Entscheidungen genauso beteiligt wie die Pädagogen. So treffen

---

10 Evangelische Schule Berlin Zentrum: Lernkonzept, Pädagogik, Schulkultur, www.ev-schule-zentrum.de/paedagogik/lernkonzept-paedagogik-schulkultur (Abruf 16.01.2020).

Abb. 1.3 Die ESBZ in Vielfalt

sich Lehrer, Schüler und auch Gäste am Ende einer Woche regelmäßig zur Vollversammlung, die jeweils von einer Klasse vorbereitet und von Schülerinnen oder Schülern moderiert wird. Zur Bildung von Gemeinschaft und zur Übernahme von Verantwortung tragen auch die einmal im Monat stattfindenden Schülerkonferenzen und die Arbeit in den Klassenräten bei. Somit zählen Partizipation, Selbstwirksamkeit und soziales Lernen an der ESBZ zu den zentralen Elementen des Schullebens.

Zudem lernen die Schülerinnen und Schüler der Jahrgänge 7, 8 und 9 jahrgangsgemischt in einer Klasse. Sie arbeiten selbständig und in ihrem eigenen Tempo unter Selbstkontrolle in den täglich stattfindenden Lernbüros, in denen unter anderem Fachbücher, Materialkoffer, Aufnahmegeräte, PCs zur Verfügung stehen. Die Lernbüros gibt es für die Fächer Deutsch, Mathematik, Englisch und Natur & Gesellschaft; sie sind jeweils mit einem Fachlehrer besetzt. In dem Buch *Wie wir Schule machen*[11] gewähren drei Schülerinnen aus der ESBZ Einblick in ihren schulischen Alltag der Sekundarstufe I und zeigen, wie sie dort lernen, was ihnen dabei wichtig ist, an

11 De Zárate, A.; Tressel, J.; Ehrenschneider, L.-L.: Wie wir Schule machen: Lernen, wie es uns gefällt, München: Kaus 2014.

welchen Projekten sie in welcher Form arbeiten beziehungsweise gearbeitet haben und welche Erfahrungen sie mit den Modulen *Verantwortung* sowie *Herausforderung* gemacht haben. Die Lernbüros beschreiben sie wie folgt: „Am Anfang wird gesagt, was du am Ende des Jahres gelernt haben solltest. In Mathe, siebte Klasse, also zum Beispiel: die Welt der rationalen Zahlen, Zuordnungen, Arbeiten mit dem Dreieck, Prozent- und Zinsrechnung. So hast du einen Überblick über ein Jahr. Und kannst selber planen, wann du was machen möchtest. [...] Die Themen bauen aufeinander auf. [...] Das Schöne ist: Wir können morgens entscheiden, welches Fach wir wählen wollen. Wenn du also an einem Tag nicht in Mathe-Stimmung bist und lieber Deutsch machen willst, gehst du eben dorthin."[12] In den Lernbüros arbeiten die jungen Erwachsenen also gemeinschaftlich und eigenverantwortlich an verschiedenen fachwissenschaftlichen Themen und Aufgaben. Dazu können sie nach eigenem Interesse und Ermessen Aufbaumodule besuchen, bevor sie sich zu einem der obligatorischen Tests anmelden. Mit dem Erwerb eines Zertifikates weisen sie ihre Fähigkeiten nach. Eigenverantwortung, Selbständigkeit und soziales Lernen sind die zentralen Elemente bei den beiden Projekten *Verantwortung* und *Herausforderung*, in denen die jungen Erwachsenen ihre Selbstwirksamkeit erfahren, soziale Verantwortung übernehmen und sich besonderen Herausforderungen stellen. Zentrales Element des gesamten Unterrichts an der ESBZ ist also die Projektarbeit, in der Schüler jahrgangsübergreifend lernen, sich nach Interesse eigene Lern- und Arbeitsgebiete suchen und sich selbständig im Team in ihrem eigenen Lerntempo Fähigkeiten, Fertigkeiten und Wissen aneignen.

In der ESBZ stehen den Schülern jeder Klasse zwei Lehrkräfte als Tutor beziehungsweise Tutorin zur Seite, die mit ihnen regelmäßige Gespräche – mindestens alle zwei Wochen – über den individuellen Lernfortschritt führen. Die Vorhaben der Woche und der gegebenenfalls notwendige Unterstützungsbedarf werden dabei festgelegt, Lob und Anerkennung ausgesprochen. Darüber hinaus sind halbjährlich Bilanz- und weiterführende Zielgespräche *(Zwischenreflexionen)* eingerichtet. Durch diese intensive Begleitung entsteht zwischen den Schülern und den Pädagogen ein sehr persönliches Verhältnis, in der Regel ein tiefes Vertrauensverhältnis. So können die Tutoren den ihnen anvertrauten Jugendlichen oft auch in persönlichen Angelegenheiten unter die Arme greifen und sie bestärken.

Das in der Sekundarstufe I praktizierte und auf Partizipation sowie auf Förderung der Selbständigkeit und Eigenverantwortung der Schüler abzie-

12 De Zárate et al. 2014, S. 77 ff.

lende Lernen sollte auch in der Oberstufe umgesetzt beziehungsweise weitergeführt werden. Dazu wurden die folgenden neuen Lernformate entwickelt und erprobt, auf die in Kapitel 3, 4 und 5 ausführlich eingegangen wird:

- **Lernexpeditionen (LEX).** In einem einwöchigen Modul gestalten die Schülerinnen und Schüler ihr Lernen eigenverantwortlich und erarbeiten sich ein selbst gewähltes Thema alleine oder in der Lerngruppe. Sie dokumentieren ihre Lernwege und Lerninhalte und sind für das Erreichen ihrer selbst gesetzten Lernziele verantwortlich. Lernexpeditionen haben die Erweiterung außerschulischer Kompetenzen, die Vertiefung schulischen Wissens und Könnens oder die bewusste Studien- und Berufsorientierung zum Ziel.
- **Pulsare.** Im Wochenformat werden Querschnittsthemen aus den Rahmenlehrplänen interdisziplinär und holistisch verknüpft. Fachlehrer und externe Experten führen mit impulsgebenden Vorträgen in das Thema ein, in selbständigen Vertiefungsphasen verdichten die Schüler das Wissen, um in einer mehrperspektivischen Abschlusspräsentation die Komplexität des Themas erneut zu beleuchten.
- **Lebens- und Arbeitskompetenzen (LAK).** In mehreren, über zwei aufeinanderfolgende Tage verteilten Workshops werden den Schülern fachspezifische und/oder fachübergreifende Kompetenzen aus dem Leben und Arbeiten vermittelt wie Zeitmanagement, Umgang mit Stress, Kommunikations- und Konfliktmanagement, neue Lernstrategien und Fertigkeiten etc.

Von Anfang an hat ein Expertenbeirat die Entwicklung der neuen Lernformate an der NOS begleitet, bestehend aus Vertretern des Senats für Bildung, Jugend und Familie, des Schulträgers, der fördernden Stiftungen, der Alanus Hochschule, von Unternehmen und der Elternschaft. Der Beirat kam in der Regel einmal im Jahr zusammen, um mit Wissen und mit dem Blick von außen zu hinterfragen und zu unterstützen.

Im folgenden Kapitel zeichnet Margret Rasfeld, bis 2016 Schulleiterin an der ESBZ, die Gründung, Entwicklung und das Ethos der ESBZ nochmals aus ihrer Perspektive nach. Frank Olie, pädagogischer Vorstandsvorsitzender des Schulträgers, der Evangelischen Schulstiftung, beschreibt in Kapitel 1.2, welche schulrechtlichen und finanziellen Hürden mit der Einführung der Neuen Oberstufe überwunden werden mussten. Die Planung und Umsetzung der Neuen Oberstufe in die Praxis hatte das Neue Oberstufenteam (NOS-Team) verantwortet, das sich aus Lehrkräften der ESBZ zusammensetzte. In Kapitel 1.3 finden sich deshalb Auszüge eines Interviews mit der derzeitigen

Schulleiterin Caroline Treier sowie mit Barbara Stockmeier, Katja Reetz und Monika Eichinger aus dem NOS-Team über ursprüngliche Ideen, aufgetretene Schwierigkeiten und erzielte Erfolge im Prozess der pädagogischen Gestaltung der Neuen Oberstufe. Und weil nach dem Selbstverständnis der ESBZ letztlich auch die Eltern verantwortliche Mitgestalter des lernenden Organismus Schule sind, folgen in Kapitel 1.4. Auszüge eines Interviews mit Elisabeth von Haebler, Mutter von drei Kindern an der ESBZ und am Aufbau der Schule sowie an der Transformation der Oberstufe beteiligt.

1.1 Die ESBZ aus der Perspektive der ersten Schulleiterin *Margret Rasfeld*

Das Ethos als Maßstab für das Lernen und Handeln

Die Zukunft der Welt braucht neue Wege des Lernens und Lehrens. Vor den immer wieder zu hinterfragenden Entwicklungslinien und Szenarien zukünftiger Gesellschaften erkunden wir, was wir heute tun können und müssen in der Verpflichtung, junge Menschen darin zu fördern, ihre eigene Persönlichkeit auf der Grundlage eines globalen, offenen, toleranten und verantworteten Denkens und Handelns zu entwickeln. Zukunft ist Gestaltungsauftrag. Bildung muss für die großen Herausforderungen, vor denen wir stehen, Bedeutung haben. Der UNESCO-Bericht zur Bildung für das 21. Jahrhundert gibt uns die Orientierung – die Neugestaltung des Curriculums, basierend auf den Säulen: Lernen Wissen zu erwerben, Lernen zusammenzuleben, Lernen zu handeln, Lernen zu sein. Damit war 1996 das Leitbild der Bildung für nachhaltige Entwicklung geboren. Es ist ein ethisches Konzept. Es geht um Sinn- und Wertefragen im Bewusstsein um globale und intergenerationelle Gerechtigkeit und um dreifache Verantwortung: für mich, für andere, für unseren Planeten.

Diese Gedanken teilten im Februar 2007 hochengagierte, motivierte Eltern, die bereits eine Grundschule, die Evangelische Schule Berlin-Mitte, gegründet hatten und damals die Schulgründung der Evangelischen Schule Berlin Zentrum (ESBZ) als Elternverein vorantrieben. Die Eltern hatten mich angesprochen, die Leitung der ESBZ zu übernehmen. In nur 9 Monaten gelang dem Elternverein die Schulgründung – eine Glanzleistung! Im August 2007 feierte die ESBZ ihr Eröffnungsfest. Im Geiste der Agenda 21 wurde das Konzept der ESBZ entwickelt: Verantwortung für Kinder – Verantwortung für die Erde. Nachhaltig leben lernen – unsere gemeinsame Zukunft verantwortungsbewusst gestalten!

Der Start war herausfordernd. Denn erst drei Wochen vor den Sommerferien gab es ein Gebäude, Lehrer und Schüler mussten erst noch gefunden werden. So startete die ESBZ mit einer Klasse 7 mit 16 Kindern, der Schulleiterin, einer Kollegin (die heutige Schulleiterin Caroline Treier) und einer Englischlehrerin mit vier Wochenstunden. Schon in den ersten Monaten gab es Anfragen für Quereinsteiger, und so richteten wir zum zweiten Halbjahr zwei Klassen mit jeweils 23 Jugendlichen ein. Eine sehr heterogene Mischung, etliche Jugendliche mit gescheiterten Biografien und Schulverweigerung darunter. Trotz der schwierigen Startbedingungen haben wir eine hochinnovative Schule aufgebaut, und der gesamte Pionierjahrgang hat 2011 erfolgreich den Schulabschluss mit den zentralen Prüfungen absolviert, viele haben inzwischen Abitur. Auch das heruntergekommene leere Gebäude war ein Abenteuer der besonderen Art. Tische, Stühle, Schränke, die naturwissenschaftliche Grundausstattung holten wir aus einer Schule, die geschlossen wurde. Das war der erste große Eltern-Schüler-Lehrereinsatz. Kreativität und Anpacken waren gefragt. Dank vieler tatkräftiger Eltern und unseres großartigen Hausmeisters haben wir in vielen Bauwochenenden Vieles ansprechend gestalten können. Damit wir unser Forum, das kulturelle und demokratische Herzstück der ESBZ, bauen konnten, das wir dringend für unsere wöchentliche Schulversammlung brauchten, haben 2008 über 100 Eltern die öffentlichen Zuschüsse mit einem Bürgschaftskredit in Höhe von 100 000 Euro so erhöht, dass der ausstrahlungsstarke Bau gelang. Eine ermutigende Erfahrung gelebter Solidarität!

Der Aufbau der Sekundarstufe I

2008 bekamen wir als eine von 16 Schulen und als einzige Schule in freier Trägerschaft gemeinsam mit der Grundschule Berlin-Mitte den Zuschlag für das Pilotprojekt Gemeinschaftsschule des Berliner Senats. Das war ein Glückstreffer, denn dadurch hatten wir große Freiheiten. Gemeinschaftsschulen haben in Berlin den anspruchsvollen Auftrag, ohne äußere Differenzierung zu arbeiten. Das bedeutete, Lernsettings für den produktiven Umgang mit großer Heterogenität zu entwickeln. Auch können Zensuren bis Klasse 9 ersetzt werden durch andere Formen der Leistungs- und Entwicklungsrückmeldung. Demokratische Strukturen sind ausdrücklich gewollt. 2008 hatten wir bereits über 200 Anmeldungen und 144 Schüler in 5 Klassen, entwickelten wir mit einem Team von 10 Kollegen, Eltern und Jugendlichen unser Leitbild und legten die grundlegenden Strukturen: Jahrgangsmischung, Lernbüro, den wöchentlichen Projekttag, Werkstätten, Schulversammlung, Lernen im Leben, Teamarbeit auf allen Ebenen, Eltern als Partner auf Augenhöhe. Dabei war klar: Wir wagen Musterbrüche, lassen uns mutig auf Neues ein und werden gemeinsam immer besser. Und klar war auch, es geht um Haltung!

Unser pädagogisches Grundverständnis: Jeder zählt, jeder ist einzigartig! In der ESBZ sollte jede und jeder finden können, was man als Mensch immer und überall braucht: Anerkennung, Zugehörigkeit und Autonomie.

Nur wer radikal neu denkt, wird auch neu gestalten. Der in Fächer zersplitterte Stundenplan wurde abgeschafft. Die Jugendlichen lernen jahrgangsgemischt in den Jahrgängen 7 bis 9 und inklusiv. Gelernt wird in neuen Formaten, die auf Selbständigkeit und Eigenverantwortung basieren und Beziehungskultur stärken. Lehrer arbeiten in Kleinteams von je drei Klassen eng zusammen, jeder Jugendliche hat einen Lehrer als Mentor, mit wöchentlichen Coaching-Gesprächen. Die Schüler bestimmen selbst, wann sie sich testen wollen. Statt Zensuren gibt es individuelle Zertifikate, in denen auch der persönliche Lernfortschritt gewürdigt wird. Angst, Druck, Gleichschritt, Vergleich, Konkurrenz sind so aus dem System genommen. Eine wertschätzende Beziehungskultur ist zentrales Element der ESBZ. Vertrauen und Wertschätzung entsteht durch Freiheit, nicht durch Zwang. Begeisterung und Sinnhaftigkeit sind Schlüssel für erfolgreiches Lernen. Die entscheidenden Erfahrungen machen Menschen dann, wenn sie sich gemeinsam mit anderen um etwas Wichtiges kümmern. Erfahrungslernen im Leben und zivilgesellschaftliches Engagement waren daher seit Beginn Markenzeichen der ESBZ und sind in jedem Jahrgang strukturell verankert:

- im wöchentlichen fünfstündigen Projekttag, bei dem die Jugendlichen in drei großen interdisziplinären Projekten pro Jahr eigenen Forscherfragen nachgehen,
- im Projekt *Verantwortung*, bei dem alle Jugendlichen der Jahrgänge 7 bis 10 eine verantwortliche Aufgabe im Gemeinwesen übernehmen,
- im Projekt *Herausforderung*, in dem alle Jugendlichen dreimal eine selbstgesuchte dreiwöchige Herausforderung meistern.

Werte und Haltungen kann man nicht vermitteln. Sie müssen gelebt und erfahren werden, im täglichen Umgang, in der Würde der Begegnung, in der Mit-Menschlichkeit. Was die ESBZ auszeichnet, ist das radikale Vertrauen in die Menschen. Diesen Geist kann man spüren. Wir glauben an das Potenzial, das in jedem steckt, und es gibt so vielfältige Lerngelegenheiten, in denen jeder sein Potenzial entdecken, erleben und entwickeln kann. Viele Menschen haben als Mensch mit Botschaft die Herzen berührt, darunter Friedensnobelpreisträger, alternative Nobelpreisträger, Auschwitz-Überlebende und unbekannte Menschen, die Zivilcourage zeigen. Bewegende, prägende Begegnungen.

Wir kümmern uns um die wichtigen Fragen der Welt und das Klima. So haben wir in den Jahren von 2008 bis 2011 etwa 100 000 Bäume gepflanzt und 400 Grundschulkinder zu Klima-Botschaftern ausgebildet. Peer-Lernen, als ein durchgehendes Format, hat mit Kontrollabgabe und Vertrauen zu tun. Das prägt die Kultur der ESBZ. Zwischen Chaos und Ordnung kreiert sich die Innovation. Dieses Prinzip war lebendig bei unserem Aufbau – ungeplant, einfach zugelassen. Unsicherheit birgt schöpferisches Potenzial – auch das war beim Aufbau gelebte Haltung. Wenn wir spüren, dass wir alte Pfade nicht mehr treten können, neue Wege beschreiten müssen, entsteht natürlich Unsicherheit. Diese produktiv zu kommunizieren und Wege zu finden, damit umzugehen, hatte eine sehr starke Kraft. Es gab viele Unsicherheiten und Zweifel vor allem bei Eltern, doch die Gemeinschaft hat es immer wieder geschafft, auf die Vertrauensbasis zu kommen. Auf die Frage von Journalisten, ob denn das ESBZ-Modell für alle Kinder geeignet sei, antwortete beispielweise der zwölfjährige Bennet: „Wissen sie, ganz selten geht mal jemand und wenn, dann weil die Eltern glauben, dass ihr Kind nicht genug lernt. Ich finde wir sollten Elternschule machen“. Diese gute Idee griffen wir gleich auf. Am Schuljahresbeginn gibt es für alle neuen Eltern die Elternschule, die von Jugendlichen, Eltern und Lehrern gestaltet wird.

Das Lernen im Leben – Jugendlichen Verantwortung zutrauen und zumuten

Was die ESBZ noch auszeichnet, ist das radikale Vertrauen in die Potenziale der Jugendlichen. Mit den Projekten *Verantwortung* und *Herausforderung* haben wir Wege gefunden um zu fördern, was sonst oft zu kurz kommt, die Metakompetenzen für die Zukunft: Kreativität und Teamgeist, Umgang mit Ungewissheit, Intuition und Herzkraft, Verantwortung und Gemeinsinn, Vision und Bestimmung, Selbstwirksamkeitsüberzeugung, Handlungsmut und Gestaltungskompetenz. Beim Projekt *Verantwortung* engagieren sich alle Jugendlichen einmal in der Woche in einer selbst gewählten verantwortungsvollen Aufgabe im Gemeinwesen. Dadurch wird zivilgesellschaftliches Engagement ein zentrales Element in der Lernbiografie aller. Wo Kinder und Jugendliche verantwortlich mitwirken und erleben, dass sie etwas bewegen können, da entsteht Berührung, Sinn, Freude am Tun, Gemein-Sinn. Das ist nicht nur Herzens-Bildung, das ist Demokratie-Bildung durch frühe demokratische Selbstwirksamkeitserfahrungen. Ca. 300 Schulen haben inzwischen das Projekt *Verantwortung* eingeführt. Das Projekt *Herausforderung* ist ein seit 2008 erfolgreich erprobtes Setting, um junge Menschen auf eine ungewisse Zukunft vorzubereiten. Jugendliche von heute werden mit Fragen umgehen müssen, auf die es noch keine Antworten gibt, und für Probleme Lösungen finden, für die sie unbekannte Wege einschlagen müssen. Vertrauen in Ungewissheit ist eine hochbedeutsame Zukunftskompetenz. Sich mit Fremdem und Fremden anfreunden – wie sollen wir Heranwachsende darauf vorbereiten? Die Antwort ist eigentlich ganz einfach: Schule muss Kindern und Jugendlichen Räume bieten, um hinauszugehen ins reale Leben, um eigene Grenzen austesten zu können, um Fähigkeiten zu entdecken und vor allem auch Fehler machen zu dürfen. *Herausforderung* bedeutet: Schüler in der Stufe 8, 9 und 10 bekommen jährlich drei Wochen Zeit, um eine Herausforderung zu meistern, die sie sich selbst gesucht und eigenständig vorbereitet haben. 50 Euro haben sie bislang wöchentlich pro Person zur Verfügung für Unterkunft, Fahrtkosten und Verpflegung. Übernachtungen in einer Jugendherberge kann man sich davon nicht leisten, das heißt, die Kids müssen kreativ werden: irgendwo anklingeln, ihre Hilfe anbieten, mitarbeiten. Unterwegs sind sie meist zu Fuß, mit dem Fahrrad oder auf dem Wasser. Oder sie unterstützen soziale oder ökologische Projekte, arbeiten auf einem Bauernhof, ernten Oliven, pflanzen Bäume oder gründen eine Band. Dabei lernen sie Durchhaltevermögen, an eigene Grenzen zu stoßen, das Ziel nicht aus den Augen zu verlieren, gemeinsam stark zu sein und zusammenzuhalten. Das Verzichten-Können auf üblichen Schlaf- und Wohnkomfort sowie die Allzeit-Verfügbarkeit von Kühlschrank, Toilette, Wasser, Strom und Internet gehören zu den zentralen Erfahrungen, die dazu führen, dass die Jugendlichen Wertschätzung entwickeln und dankbar sind für das, was sie vorher als selbstverständlich erachtet haben. Eine der wichtigsten Erfahrungen ist die, wie freundlich die Menschen sind. Schöner kann man nicht lernen, dass es sich lohnt, sich auf Neues einzulassen und Unsicherheiten auszuhalten. Begleitet werden die Gruppen von Lehramtsstudierenden, die auf der *Herausforderung* genau das lernen, was im Studium meist fehlt: die neue Rolle als Coach, Einblick in Gruppenprozesse, Zutrauen in die Fähigkeiten von jungen Menschen, Loslassen und Vertrauen in ergebnisoffene Prozesse – die Geheimnisse von Potenzialentfaltung. Ein Riesengewinn für die zukünftige Generation an Lehrern! *Herausforderung* hat sich inzwischen an ca. 50 Schulen in der deutschen Schullandschaft verbreitet. Es ist ein Beispiel für einen Graswurzelinnovationsprozess durch direkte Diffusion zwischen selbstorganisierten Netzwerken, verstärkt durch Medienberichte. Dass Jugendliche, die so aufwachsen dürfen, auch für die Sekundarstufe II neue Lernformate einfordern, hat die Wirksamkeit gezeigt und uns gefreut.

1.2 Die ESBZ verändert sich
Frank Olie

Eine Schule, die bereits mit großem Erfolg individualisiertes Lernen und Potenzialentfaltung in Klasse 7–10 praktiziert, kommt irgendwann an den Punkt sich zu fragen, warum dies nicht konsequent in der gymnasialen Oberstufe fortgesetzt werden kann und soll. Mit diesem Anliegen kam die Schule im Laufe des ersten Durchgangs der gymnasialen Oberstufe 2013 auf ihre Trägerin zu. Es zeigte sich in der Durchführung der Qualifikationsphase für den ersten Abiturjahrgang immer deutlicher, wie stark der Bruch ist, der beim Übergang von der 10. Klasse in das Kurssystem entsteht. Aus Trägersicht war die Initiative, die von allen Teilen der Schulgemeinschaft getragen wurde (Schulleitung, Kollegium, Schüler- und Elternschaft), von Anfang an sinnvoll nachvollziehbar und unterstützenswert. Wir sahen darin einen wertvollen Impuls, starre Strukturen aufzubrechen – nicht nur für die ESBZ, sondern auch für die anderen Schulen der Evangelischen Schulstiftung. Und wenn eine Schule die Chance hätte, auch in der Sekundarstufe II ähnliche Veränderungen hin zu einer individuellen Begabungsförderung wie in der Sekundarstufe I zu erreichen, dann die ESBZ, die zu diesem Zeitpunkt bereits über die Grenzen Berlins und Deutschlands hinaus für ihre innovative pädagogische Konzeption große Anerkennung erfahren hatte. Im November 2013 erstellte eine Arbeitsgruppe aus Lehrern, Schülern und Eltern einen sogenannten Prototyp unter der Vorgabe ‚Individuelle Begabungsförderung dank vielfältiger Lernwege in der gymnasialen Oberstufe'. Daraus wurde im Januar 2014 eine Konzeptskizze für die *Transformation der gymnasialen Oberstufe* entwickelt.

Die Dimension des Veränderungsprozesses, die aus diesen ersten Konzeptskizzen erkennbar wurde, definierte zwei Kernbereiche, in denen die Evangelische Schulstiftung die Schule begleiten und unterstützen musste, damit eine Umsetzung realisiert werden konnte. Es musste erstens eine Strategie entwickelt werden, um die rechtlichen Hürden überwinden zu können, die sich auf Länderebene durch die Verordnung für die gymnasiale Oberstufe (VO-GO) und auf Bundesebene durch die Erlasse der Kultusministerkonferenz (KMK) ergaben. Zweitens musste ein Netzwerk zur Rekrutierung zusätzlicher Ressourcen aufgebaut werden, da die Evangelische Schulstiftung die Finanzierung für den zusätzlichen Personalbedarf alleine nicht hätte leisten können.

Bei der rechtlichen Thematik kam uns zugute, dass sowohl die Schule bei der regionalen Schulaufsicht als auch die Trägerin bei der Senatsverwaltung für Bildung, Jugend und Familie (Sen BJF) hohes Ansehen für die Qualität und Zuverlässigkeit ihrer Bildungs- und Erziehungsarbeit genießen. Von Anfang an unterstützte Dieter Jacob als zuständiger Schulrat der Außenstelle im Bezirk Berlin-Mitte die konzeptionelle Arbeit mit großem persönlichem Engagement. Darüber hinaus begleitete die Fachgruppe *Schulaufsicht für Schulen in freier Trägerschaft* in der Senatsverwaltung intensiv den Prozess, der zur Genehmigung der neuen Lernformate führte. Die Fachgruppenleiterin Anja-Maria Teichert sowie Carmen Witt, zuständige Schulaufsicht für die gymnasiale Oberstufe in der Fachgruppe, schufen mit zahlreichen Schulbesuchen und Beratungsgesprächen die Grundlage dafür, dass der Antrag der Evangelischen Schulstiftung auf Erweiterung der Genehmigung für die gymnasiale Oberstufe (Sekundarstufe II) der Gemeinschaftsschule am 20. 12. 2016 genehmigt werden konnte. Hiermit wurde die Rechtsgrundlage dafür geschaffen, dass das jahrgangsübergreifende Lernen in fächerverbindenden und fächerübergreifenden Lernmodulen (Pulsaren) sowie an außerschulischen Lernorten (Lernexpeditionen) und an Lebens- und Arbeitskompetenztagen (LAK) als Teilnahme am Unterricht gewertet werden kann. Außerdem können Lernerfolgskontrollen in unterschiedlichen Formen erbracht werden und sind Klausur-Ersatzleistungen in Einzel- und Gruppenarbeit bis zur Hälfte der Klausuren in einem Schuljahr zulässig. Schließlich ist in Jahrgansstufe 11 nur noch ein Jahreszeugnis am Schuljahresende zu erteilen, so dass Rückmeldungen zum Lernstand im Halbjahr verbal erfolgen können. Damit waren zwar nicht die Maximalforderungen des Entwicklerteams erfüllt worden, aber die Genehmigung der neuen Lernformate bot nun die Basis für die weitere Flexibilisierung der gymnasialen Oberstufe an der ESBZ als Pilotvorhaben.

Die große Aufgabe, die nun die ESBZ und die Evangelische Schulstiftung gemeinsam zu leisten haben, besteht darin, das Projekt der Transformation in den Regelbetrieb zu überführen. Hierzu wird aktuell ein Modell von Schulleitung, Projektleitung und Stiftungsvorstand entwickelt. Darüber hinaus ist der Veränderungsprozess noch nicht abgeschlossen und es gilt Mitstreiter zu finden, um die Hürden auf Kultusministerkonferenzebene zu überwinden, so dass beispielsweise die einzelnen Elemente der Flexibilisierung in ein Gesamtkonzept für eine dreijährige Oberstufe überführt werden können. Erste Ansätze dazu sind der Arbeitskreis Neue Oberstufe Berlin-Brandenburg sowie das Innovationslabor Oberstufe der Deutschen Schulakademie.

1.3 Die Neue Oberstufe

Interview mit Caroline Treier, Barbara Stockmeier, Katja Reetz und Monika Eichinger

2012 startete die ESBZ zunächst mit einem üblichen Kurssystem in die Oberstufe. Bereits im zweiten Jahr kam Unmut bei den Schülerinnen und Schülern über das tradierte Lernen und Arbeiten auf. Dieser markierte den Beginn eines intensiven Veränderungsprozesses, der unter der Leitfrage stand: Wie sieht eine Oberstufe aus, in der Jugendliche in die Verantwortung hineinwachsen können, um die demokratische und multikulturelle Gesellschaft mitzugestalten?

Seit Sommer 2013 arbeiteten Lehrkräfte, Schüler, Eltern und externe Berater gemeinsam an der Entwicklung neuer Lernformate und -strukturen. Durch eigenverantwortliches Lernen und Handeln sollten die Heranwachsenden fundiertes und breites Wissen erwerben und Fähigkeiten zum interdisziplinären, vernetzten Denken und Handeln entwickeln. Die Planungen bezogen sich auf eine Lerngemeinschaft, bestehend aus Schülern, Lehrern und Externen, die sich multiperspektivisch mit sozialen, gesellschaftlichen, kulturellen sowie wirtschaftlichen Themen und Fragen unserer Zeit auseinandersetzen. Diese Aufgabe erforderte unter anderem die persönliche Beschäftigung mit beispielsweise dem eigenen Selbstverständnis als Oberstufenlehrer sowie mit neuesten Erkenntnissen aus der Lehr- und Lernforschung.

2014 konstituierte sich das Team der Neuen Oberstufe (NOS) unter Leitung von Barbara Stockmeier und der Mitarbeit von Lehrkräften aus der Oberstufe, das den Transformationsprozess seither koordiniert und organisiert. In dem folgenden Interview aus dem Jahr 2019 erzählen die Verantwortlichen der Neuen Oberstufe Barbara Stockmeier, Caroline Treier, Katja Reetz und Monika Eichinger. Sie schildern, wie das Lernen in der Neuen Oberstufe zunächst begonnen hat und welche Schritte der Entwicklung hin zu einer neuen Lernkultur gegangen worden sind.

Petra Ehrler: Das Team der Neuen Oberstufe blickt auf sieben Jahre intensive Entwicklungsarbeit zurück. Die entstandenen neuen Formate und Strukturen wurden nun vier Jahre lang in der Praxis erprobt. Gehen wir noch einmal an den Anfang. Woher kam der Impuls, die Oberstufe zu verändern?

Barbara Stockmeier: Die Idee zur Neuen Oberstufe kam von einem aufbegehrenden Impuls der Schülerinnen und Schüler. Die ESBZ ist mit einer normalen Kursoberstufe gestartet. Von Anfang an war darin das besondere Modul *Alle ins Ausland* verankert: Alle Schülerinnen und Schüler der 11. Klasse suchen sich für drei Monate ein interkulturelles Projekt, in dem sie mitarbeiten in Deutschland oder im Ausland. Ansonsten war es eine reguläre Kursoberstufe. Und der zweite Jahrgang hat im Rahmen seines schulischen Engagements gefragt: Warum machen wir klassische Oberstufe? Wo sind unsere Werte, wie selbstorganisiertes Lernen, Lernen an Herausforderungen, Lernen in eigener Verantwortung, Lernen im Leben, sinnhaftes Lernen und nicht Lernen für Noten? Und die Schülerinnen und Schüler haben das so lange an uns herangetragen, bis wir gesagt haben: ‚Also, dann lasst es uns versuchen.' Ich habe als Oberstufenleiterin insofern länger gezögert, weil die Richtlinien in der Oberstufe sehr eng sind und der Spielraum nicht sehr groß ist. Irgendwann sagten die Jugendlichen zu mir: ‚Jetzt hören Sie auf ‚Ja – aber' zu sagen. Sagen Sie ‚Ja – und'.' Und so sind wir gestartet. Interessierte Schülerinnen und Schüler, Lehrerinnen und Lehrer sowie Eltern fingen an darüber nachzudenken, wie die Oberstufe anders aussehen könnte. Wir haben die *Initiative Neues Lernen* gebucht, die auf partizipative Schulentwicklungsprozesse spezialisiert ist. Die Trainer haben uns in einem Anstoß-Workshop zwei Tage lang durch einen kreativen und sehr tiefgehenden Prozess geführt. Es nahm das ganze Oberstufenteam, etwa zehn Schülerinnen und Schüler und unsere damalige Schulleiterin, Margret Rasfeld, teil.

Katja Reetz: Danach haben wir uns regelmäßig einmal die Woche nach Schulschluss getroffen, um zwei Konzepte, die bei dem Workshop entstanden sind, weiterzudenken und tatsächlich so weit zu konzipieren, dass wir es jemanden vorstellen können, nämlich einer Critical-Friends-Runde. Zunächst haben wir eine Critical-Friends-Runde aus Schülern und Schülerinnen gebildet, haben ihnen das Konzept vorgestellt, deren Feedback eingesammelt und damit weitergearbeitet. Danach haben wir es in einer Extrarunde einigen Eltern vorgestellt, haben deren Stimmen eingesammelt und diese wieder mit in unser Konzept eingearbeitet. Die Schülerinnen und Schüler haben die ganze Zeit zusammen mit uns gearbeitet.

Barbara Stockmeier: Und letztlich haben wir dann noch Unternehmer und Bildungsgestalter aus Stiftungen und Universitäten als kritische Freunde eingeladen und ihr Feedback eingeholt. Das war wie ein Vorläufer unseres hochkarätigen Beirats, den wir dann Schritt für Schritt aufgebaut haben, um regelmäßig von seiner Expertise profitieren zu können. Wir hatten überlegt, welche Menschen wir in der Bildungs- und Unternehmenslandschaft spannend finden, haben sie angeschrieben oder angerufen und gefragt: ‚Wollen Sie Teil unseres Beirats sein? Wir brauchen Sie, wir brauchen Ihr Know-how.'

Unserem Beirat gehören Professorinnen und Professoren von Universitäten, Unternehmer, Eltern und Repräsentanten von Stiftungen an. Sie geben uns fachliche Unterstützung und stehen uns mit ihren Netzwerken zur Seite. Der Beirat war und ist ein wichtiger Rückenwind.

Caroline Treier: Das waren neue Kontakte, die wir knüpften und auch Menschen, mit denen wir schon in Kontakt standen, auch über das Netzwerk von Frau Rasfeld. Wir wussten am Anfang ja nicht, ob die Neue Oberstufe Erfolg haben wird, da waren die Namen von Frau Rasfeld und der Schule sehr hilfreich. Es gibt ja noch wenig andere Modelle in Deutschland, die sich auf den Weg gemacht haben, die Oberstufe zu transformieren. Das war natürlich auch eine Motivation, in den Beirat einzutreten.

Barbara Stockmeier: Das war eine Nische, die wir besetzten. Zu den ersten größer angelegten Netzwerktreffen, zu denen wir als Schule eingeladen haben, kamen mehr als 90 bis 100 Teilnehmende aus Deutschland, Österreich und der Schweiz. Es war ein großer Bedarf nach Ideen und Austausch, wie man Oberstufe anders gestalten kann, von Schulen, Stiftungen und auch Behörden. Wir haben dann bis zum Sommer 2014 ein Erstkonzept für die Neue Oberstufe entwickelt, das so überzeugend und schlagkräftig war, dass wir mit Fördergeldern erfolgreich in eine erste Finanzierungsphase eintreten konnten. Damit konnte eine systematischere, intensivere Pionierphase beginnen.

Katja Reetz: Mit der Finanzierung hatten wir dann zusätzliche Ressourcen, wohingegen im Vorfeld alles nur in unserer Freizeit stattgefunden hat.

Caroline Treier: Ein Kernteam gab es von Beginn an. Es hat immer geschaut, dass das ganze Lehrerteam über die Entwicklungen informiert bleibt, Raum für Feedback hat und dahintersteht. Das Kernteam traf sich regelmäßig und hat sich nicht nur im Kollegium, sondern auch auf Konferenzen immer wieder Feedback und Inspiration geholt – das war ein hartnäckiges Kernteam.

Barbara Stockmeier: Das Kernteam hat beispielsweise alle zwei Wochen Informationsmailings an das gesamte Oberstufenteam geschickt: Wo steht die Arbeitsgruppe, welche neuen Ideen wurden entwickelt, wann finden die nächsten Arbeitstreffen statt? Die Treffen waren immer angekündigt, damit keine geschlossene Gruppe entsteht, sondern dass es eine offene Arbeitsgruppe blieb. In dieser Zeit ist auch die Idee unserer Arbeits-Retreats entstanden. Wir wollten mehrere Tage am Stück ohne Unterbrechung arbeiten, um in eine intensivere Zusammenarbeit zu kommen. Und wir wollten uns vor allem als Gemeinschaft stärken, andere Arbeitsweisen und Organisationsprozesse ausprobieren, die wir uns auch für die Neue Oberstufe vorstellen konnten. Mittlerweile waren wir neunmal für vier Tage auf dem Land in einem Selbstversorgerhaus, immer mit Schülerinnen und Schülern und Kolleginnen und Kollegen gemeinsam. Ein Großteil der Ideen und Konzepte ist auf diesen Retreats entstanden. Den Feinschliff haben wir dann wieder im Alltag vorgenommen.

Caroline Treier: Das waren und sind Innovationstreffen, an denen die Ideen an einem anderen Ort Zeit und Raum bekommen und weitergesponnen werden. Es ist immer eine besondere Energie.

Petra Ehrler: Das feste Kernteam spielte dabei eine wichtige Rolle.

Katja Reetz: Das Kernteam war besonders wichtig, auch um sich immer wieder den Rücken zu stärken und um immer wieder zu prüfen, ob das noch der richtige Weg ist. Wohin wollten wir gehen? Was braucht es jetzt? Müssen wir nochmal ganz anders denken? Haben wir unsere eigene Vision aus den Augen verloren? Da fand ich es ganz wichtig, dieses Kernteam zu haben und zu wissen, hier gibt es den Raum und den Rückhalt immer wieder diese Fragen stellen zu können und zu dürfen, um dann weiter zu denken und weiter zu entwickeln, weiter zu gehen. Eben nicht stehen zu bleiben und zu sagen ‚Ah ja, das haben wir ja jetzt.'

Barbara Stockmeier: Und auch das Kernteam dafür zu haben, dass es sich bewusst um die Evaluationserkenntnisse kümmert, sie einbezieht und überlegt, was es aus den Rückmeldungen ablesen kann: Was bedeuten die Ergebnisse für die weitere Entwicklung, was heißt das für die Arbeit mit den Kolleginnen und Kollegen? Das war ein steter Prozess, der uns manchmal leicht von der Hand gegangen ist, und manchmal gab es Phasen, da hatten wir das Gefühl, wir müssten über ein Geröllfeld. Das gehört wahrscheinlich dazu.

Monika Eichinger: Diese Anfangszeit war eine Zeit des Entwerfens, Sichrüstens, Zusammenwachsens und Sichinspirierens. Im Sommer 2015 haben wir relativ überraschend vom Senat Bescheid bekommen, dass wir Teile unserer Ideen umsetzen dürfen. Barbara hat dann gesagt, dass sie das alleine nicht stemmen kann – sie brauche ein Team. Auf dem Retreat meldeten sich ein paar Lehrkräfte, die auch unentgeltlich noch viel mehr unterstützend mitarbeiten wollten. Im Herbst 2015 haben wir den Elternverein gebeten, uns zu unterstützen, und das hat er dann auch getan, wodurch die Entwicklungsstunden gezahlt wurden. Davon sind wir überhaupt nicht ausgegangen. Dann gingen wir in die erste Umsetzungsphase mit unserem ersten Pulsar.

Petra Ehrler: Sind so die neuen Formate PULSAR, LAK und LEX entstanden?

Barbara Stockmeier: PULSAR, LAK und LEX sind die Lernformate aus unserem Konzept für eine Neue Oberstufe, die wir in Absprache und Kooperation mit dem Berliner Senat in einer Testphase erproben konnten. Zum ganzheitlichen Konzept gehört natürlich noch mehr. Gestartet sind wir – und das war ein sehr wichtiges Zugpferd für unsere Schulentwicklungsaufgabe – mit einer großen Vision von einer ganzheitlichen Oberstufe. Sie war unser Energieträger: Wie kommen wir Schritt für Schritt dahin, dass wir alle Betroffenen und Beteiligten mitnehmen in diesen Kulturwandel, in diese Veränderung des Systems, so, dass unsere Schule die Transformation erfolgreich gestalten kann? Bei unserem Schulentwicklungsprozess geht es im Wesentlichen darum, eine neue Haltung zu leben, neue Glaubenssätze aufzubauen und alte über Bord zu werfen. Es ist für uns wichtig, an unseren eigenen Mustern zu arbeiten, in die wir zurückrutschen, weil die meisten von uns anders schulisch sozialisiert worden sind. Und das ist das, woran wir als Kollegium immer arbeiten dürfen. Das heißt auch, Kolleginnen, Kollegen und Familien, die neu an Bord kommen, mit ins Boot zu holen und uns gegenseitig zu coachen, wenn wir zurück in alte Verhaltensmuster fallen. Das ist kein selbstverständlicher oder einfacher Weg, aber ein total spannender. Nach vier Jahren der erfolgreichen Erprobung und Weiterentwicklung an der Evangelischen Schule Berlin Zentrum konnten wir die Formate nun übrigens fest implementieren.

Caroline Treier: Das Aufbrechen von Arbeitsstrukturen in der gymnasialen Oberstufe, um interdisziplinär zusammenzuarbeiten, ist ganz zentral. Es stellen sich dann neue Fragen wie etwa: Wie viel Freiheit und wie viel Verbindlichkeit brauchen Schüler und Lehrer, um in einem Wochenformat wie dem Pulsar gut arbeiten zu können? Die Kolleginnen und Kollegen müssen sich dabei auch in neue Rollen einfinden, die der Berater und Begleiter. Das ist ein hoher Anspruch, weil es außerhalb der gewohnten Komfortzone ist. Und gleichzeitig sind die Pulsare auch deswegen so überzeugend, weil die Kolleginnen und Kollegen Raum für aktuelle Themen und Herzensprojekte haben, die sie sonst so nicht anbieten könnten, auch wenn alle Themen auf den Rahmenlehrplan bezogen sind.

Petra Ehrler: Bei der Frage kamen Sie sehr schnell auf die Haltung, die ein Lehrender einnimmt oder vielleicht sogar einnehmen muss, um diese Veränderungsprozesse mitzugehen. Können Sie dazu aus Ihren Erfahrungen noch mehr berichten?

Monika Eichinger: Es ist auf jeden Fall hilfreich, wenn man sich von dem Dogma löst, dass nur gelernt wird, wenn klassisch unterrichtet wird, und dass nur gelernt wird, wenn das im Rahmenlernplan Stehende vermittelt wird, sondern dass im Gegenteil das Selber-Lernen und Etwas-anderes-Lernen genauso Lernen ist. Das ist sehr wichtig. Die Basis all dessen ist Beziehungslernen. Lernen ist besonders erfolgreich, wenn man zueinander eine gute Beziehung hat und wenn das im Vordergrund steht. Selbstverständlich vermitteln und prüfen wir Fähigkeiten wie: Kannst du dich schriftlich ausdrücken und wie schnell kannst du etwas gliedern, wie gut kannst du Inhalte verstehen und lernen? Aber es gilt eben, andere Wege zu finden, wie Wissen dargeboten und erworben werden kann. Ganz wichtig ist, großes Vertrauen darin zu haben, dass Kinder etwas lernen wollen. Das machen sie in der Regel, und wenn nicht, dann steckt meistens ein Problem dahinter, aber nicht, dass sie renitent sind, weil sie einfach renitent sein möchten. Das zu erfahren und dann das Lernen dementsprechend zu organisieren, dafür braucht es Räume und Zeit für Begegnungen. Und dann passiert so etwas wie eine Entsockelung, so nenne ich das mal. Dann rutscht der Lehrer von seinem Sockel und bildet eine Lerngemeinschaft mit seinen Schülern. Ansonsten sind natürlich Methoden wie selbstorganisiertes Lernen hilfreich und alle, nach denen Schülerinnen und Schüler handlungsorientiert und selbstbestimmt und frei in ihrer Zeiteinteilung lernen können. Das ist etwas, was in 45-Minuten-Blöcken nicht gelingt, das geht gar nicht. Deswegen finde ich, der Lehrer kann sich nur ändern, wenn die Strukturen dementsprechend sind. Manche Strukturen lassen keine Veränderungen zu, da ist es eher so, dass sich der Lehrer den Strukturen anpassen muss und sich in seinen Möglichkeiten und seinem Horizont beschränkt. Er deformiert. Zeitlich-räumliche Strukturen, Haltung und Unterricht bedingen einander.

Katja Reetz: Das ist nicht nur ein Ändern seiner eigenen Haltung, sondern ein Wachsen mit der eigenen Entwicklung. Das ist ein Prozess, der ganz viel Reflexionsarbeit erfordert. Was ist eigentlich meine Rolle? Wo positioniere ich mich? Wie bewege ich mich durch dieses Schulsystem? Wie bin ich von diesem Schulsystem geprägt? Was möchte ich eigentlich den jungen Menschen mit auf den Weg geben? Was kommt von außen an Erwartungen an mich heran, von den Eltern – auch von den Jugendlichen, die wiederum von gesellschaftlichen Erwartungshaltungen geprägt sind? Haltung ist eines der spannendsten Themen und gleichzeitig auch eines der komplexesten und am schwersten zu greifenden Dinge.

Barbara Stockmeier: Und eins, das niemals zu Ende ist. Das ist nichts, von dem man sagen kann: Wir haben jetzt drei Weiterbildungen gemacht und jetzt sind wir fertig. Solange unsere Schule mit ihrer Oberstufe existieren wird, so lange wird uns das begleiten.

Caroline Treier: Und auch zu schauen, dass man in eine gute Balance kommt zwischen eigenem hohen Anspruch und Machbarkeit. Ich empfinde eine wahnsinnige Dankbarkeit beim Blick auf die Anzahl der neuen Formate. Auch wenn wir noch viel mehr Neues implementieren möchten, sehen wir, wenn wir uns mit anderen Schulen vernetzen, welche Schätze wir hier schon entwickelt haben. Alles braucht seine Zeit.

Petra Ehrler: Was könnte man anderen Schulen empfehlen, was braucht es, um eine Oberstufe zu verändern?

Monika Eichinger: Das ist eine Frage nach den Gelingensbedingungen. Ganz wichtig ist, dass der Impuls aus der Schule heraus und von allen, die daran beteiligt sind, kommt. Ich glaube, eine Reform von oben ist ganz schwierig. Sie muss auf breiten Schultern aufgebaut sein. Und es ist extrem wichtig, Ressourcen für die Entwicklungsarbeit freizustellen, weil es eine saubere Vorbereitung braucht. Denn wenn die ersten Schritte gelingen oder zumindest annehmbar sind, dann haben alle Lust weiterzumachen. Und es braucht gleichzeitig die Ressourcen, um die Prototypen, die man entwickelt hat, also beispielsweise das erste Lernformat, was man implementieren möchte, zu reflektieren und weiterzuentwickeln und so anzupassen, dass alle Ideen und Kritikpunkte, die bei den ersten Durchführungen entstehen, zur Verbesserung eingearbeitet werden. Ein spiralförmiges Arbeiten ist sinnvoll unter Einbezug am besten aller Beteiligten, also sowohl Lehrerinnen und Lehrer als auch Schülerinnen und Schüler, als auch Eltern. Und es ist extrem hilfreich, sich Expertise zu holen, als Fortbildungen, weil man sich weiterbilden muss, weil es motiviert, und um die Gemeinschaft zu stärken. Und: Nie ohne Schülerinnen und Schüler planen. Das ist eine der wesentlichen Gelingensbedingungen. Deren Perspektive ist einfach extrem hilfreich. Dann natürlich eine unterstützende Chefetage, die umsichtige Organisation braucht, weil alle Stundenpläne durcheinandergeraten, wenn man einen ganztägigen Block einfügt. Und es ist wichtig, dass man nicht nur die ganz interessierten Kolleginnen und Kollegen, sondern das ganz breite Kollegium mitnimmt. Ich habe auch schon das Gefühl gehabt, dass es Phasen gab, in denen wir sehr beansprucht waren, ständig etwas Neues umzusetzen, und in denen wir, so glaube ich, nicht mehr genau wussten, ob das alles sinnvoll ist. Das muss ich ganz ehrlich sagen, diese Durststrecke gab es. Es hilft, darüber aufzuklären, dass es ein normales Gefühl ist, das sich im Veränderungsprozess einstellt, wenn alle Routinen abhandenkommen und alles neu ist. Dann ist da einfach Verunsicherung und Überlastung das Gefühl, mit dem zu rechnen ist. Aber man muss irgendwann mal fertig sein, so dass wieder Routine einkehrt, das ist total wichtig. Und eben all das wäre mir nicht so klar gewesen, wenn ich das nicht auf einer Fortbildung gehört hätte, und das hilft einfach sehr. Wir sind ja normale Lehrer, woher sollen wir wissen, wie man eine so große Transformation macht? Das ist ja eigentlich kein Geheimnis, aber man muss sich das Wissen einfach aneignen.

Barbara Stockmeier: Die Prozesse laufen selten geradlinig und sind mitunter vielleicht steiniger als gedacht. Es gab die Phase, in der wir das Konzept für unsere große Vision ausgearbeitet hatten. Und dann wurde deutlich, dass diese Vision erst einmal zu groß ist, als dass wir sie mit unserem Ziel, nach wie vor ein schulinternes Abitur anbieten zu können, rechtlich verankern konnten. Wir gingen dann einen langen und herausfordernden Findungsweg, indem wir Teile aus unserem ganzheitlichen Oberstufenkonzept herausnahmen und exemplarisch erprobten. Wir haben lange und kontrovers abgewogen, welchen Preis diese Zerstückelung haben könnte. Denn es war klar, dass wir uns mit einer Mischung von Kursoberstufe und Elementen aus der neuen Oberstufe in ein Spannungsfeld begeben würden, in dem sich unterschiedliche Rollen, Haltungen und Muster reiben würden. Der Wechsel zwischen jahrgangshomogenem Fachunterricht und interdisziplinären Lernformaten in jahrgangsgemischten Lerngruppen, die die Kolleginnen und Kollegen im Team unterrichten und in denen individuelle Lernwege und ein hoher Anteil selbstorganisierten Lernens besonders gefördert werden, ist für alle Beteiligten fordernd. Wir haben uns dennoch dafür entschieden, es so zu machen, und das war sicherlich der bestmögliche Entscheid. Denn so konnten wir zeigen: Die Freude am Lehren und Lernen geht in den neuen Formaten mit einer hohen Lernqualität Hand in Hand. Schülerinnen und Schüler wie auch Lehrerinnen und Lehrer wachsen immer wieder über sich hinaus und fühlen sich als Menschen gesehen und gewertschätzt. Wenn mich andere Schulen fragen, was sie beim Aufbau ihrer Oberstufe beachten sollten, empfehle ich immer, soweit wie möglich mit den gewünschten neuen Konzepten zu starten. Das System später wieder zu ändern ist erheblich anstrengender als es von Beginn an anders zu gestalten.

Petra Ehrler: Gab es wichtige Schulungen oder Weiterbildungen für die Lehrkräfte, um in diesen Veränderungsprozess zu gehen?

Caroline Treier: Die Studientage waren als Entwicklungstage dazu sehr wertvoll. Wir haben extra Studientage in unserem Jahresplan integriert. Sie dienten dazu, über die Lernformate zu sprechen und unsere interdisziplinären Pulsare zu entwickeln. Ich erinnere mich sehr gerne an den 4. Januar 2018. Wir begannen das Jahr gemeinsam mit den Kolleginnen und Kollegen und überlegten, welche Pulsare wir inhaltlich anbieten möchten. Wir entwickelten zehn Pulsarideen und arbeiteten sie methodisch und inhaltlich aus. Für die fachübergreifende Vernetzung der Kolleginnen und Kollegen sind solche Planungszeiträume unabdingbar.

Barbara Stockmeier: Die Studientage leisten auch einen wesentlichen Beitrag zum Gemeinschaftsgefühl und um die Energie zu halten. Ansonsten haben wir uns in drei Bereichen immer wieder professionalisiert. Das eine ist, dass wir aus dem Kernteam heraus, auf unterschiedlichen Ebenen Moderations- und Trainerinnenausbildungen gemacht haben, die uns insbesondere befähigt haben, das Oberstufenteam oder die Studientage oder die Retreats anzuleiten, zu moderieren und den Raum zu halten. Dann haben wir sowohl für das Kernteam als auch für alle interessierten Kolleginnen und Kollegen sowie Schülerinnen und Schüler Visualisierungs-Workshops gemacht mit dem Ziel, dass sie ein weiteres Handwerkszeug erlernen, das ihnen beim selbstorganisierten Lernen hilft: Wie kann ich mit Hilfe der Visualisierung Lernprozesse besser dokumentieren und reflektieren oder Inhalte aufarbeiten und vernetzen? Wir haben die Visualisierung als wertvolles Tool für uns entdeckt. Wir haben uns außerdem im Coaching weitergebildet in dem Bewusstsein, dass wir als Lehrende zunehmend andere Rollen einnehmen und in der Begleitung der Jugendlichen mehr als nur Fachlehrerinnen und Fachlehrer sind. Eine besonders gewinnbringende und wichtige Weiterbildung war für uns ‚Art of Hosting'.

Monika Eichinger: Wir haben extrem von den Art of Hosting-Fortbildungen profitiert, wobei wir lernten, wie man Menschen wertschätzend und sehr effektiv, partizipativ miteinander sinnvoll ins Gespräch bringt und zur Weiterarbeit anregt. Das ist nicht nur für die Projektentwicklung und unser Entwicklerteam wichtig, sondern auch für die Arbeit mit unseren Umsetzern, also unseren Kolleginnen und Kollegen. Und letztendlich geschieht nichts anderes im Unterricht, vor allem in den Pulsaren, wo wir ja eine lernende Gemeinschaft sind und versuchen auf sehr gleichberechtigte, auf sehr sinnvolle

Weise miteinander ins Gespräch zu kommen. Das hat uns in vielen Ebenen geholfen. Und es ist auch einfach der Geist, mit dem wir hier lernen möchten. ‚Art of Hosting' bietet einen guten Rahmen, gute Methoden und die Möglichkeit, die Haltung zu leben und erleben, die wir uns für unsere Arbeit wünschen.

Katja Reetz: Ja, genau. ‚Art of Hosting', als die Kunst des Gastgebens, hat ganz viel mit unserer Haltung, mit unserer Kultur gemacht. Wie gestalten wir Schule, den Schulraum, den Lernraum, das Miteinander und Untereinander – sowohl zwischen den Kollegen als auch zwischen Lehrerkräften und Schülern – in Pulsaren, Lernexpeditionen und Lebens- und Arbeitskompetenztagen? Wie halten wir den Raum, wie dokumentieren und wie ernten wir – all das, was an wertvollen Dingen hier passiert – auf ganz unterschiedliche Arten und Weisen? Es ist wichtig, auch die Sensibilität zu entwickeln, wie man miteinander ins Arbeiten kommt, unabhängig vom WAS ist das WIE das Wesentliche.

Monika Eichinger: Einige wenige von uns haben dazu eine drei- bis viertägige Ausbildung gemacht, die sehr intensiv war. Wir hatten auch ein- bis dreitägige Fortbildungen im Haus für die Lehrenden, auf freiwilliger Basis, da haben knapp 30 Personen teilgenommen, also richtig viele, wenn man bedenkt, dass sie ja an einem Wochenende stattfanden und das Ganze nicht unanstrengend ist. Die Schulungen waren so wichtig, denn es muss sich nicht nur die Haltung der Lehrenden zu den Schülerinnen und Schülern ändern, sondern auch die der Lehrenden untereinander sowie die der Leitung mit allen Beteiligten; das greift überall hinein. Eine Transformation lässt nichts unberührt und ist überall dort, wo Menschen zusammenkommen und miteinander arbeiten.

Caroline Treier: Eine weitere Fortbildung, die alle Kollegen an unserer Schule wahrnehmen, ist eine zweitägige Ausbildung in gewaltfreier Kommunikation. Damit stärken wir unsere Gemeinschaft. Seit diesem Jahr bieten wir unseren Kolleginnen und Kollegen auch eine Tutorenqualifizierung mit einer Kinder- und Jugendpsychologin an, damit wir dieser verantwortungsvollen Aufgabe noch besser gerecht werden. Im nächsten Jahr bauen wir noch unser pädagogisches Café auf, denn auch Genusszeit ist total wichtig. Feste und Feiern – das kommt bei uns manchmal ein bisschen zu kurz. Also feiern wir unsere Erfolge!

1.4 Die Perspektive einer Schülermutter
Interview mit Elisabeth von Haebler

Elisabeth von Haebler ist Mutter von drei Kindern, die die ESBZ besucht haben beziehungsweise noch besuchen. Sie hat den Aufbau der Schule und der Neuen Oberstufe von Anfang an begleitet und den Schulalltag ihrer Kinder gestaltet. Im Interview spricht sie über ihre Erfahrungen und die ihrer Kinder.

Elisabeth von Haebler: Mein jüngster Sohn ist in der 13. Klasse, ein Sohn machte 2017 hier Abitur und meine Tochter, die älteste, ist jetzt 23 Jahre und war im zweiten Abiturjahrgang der ESBZ. Wir kamen nicht von der ESBM, sondern alle unsere Kinder waren auf einer Montessori-Schule in Charlottenburg. Nach sechs Jahren Grundschule mit engagierter Lehrerschaft und sehr guter Ausstattung suchten wir damals nach einer guten weiterführenden Schule zunächst für unsere Tochter. Bei einer Veranstaltung, als Kinder die Initiative *Plant for the planet* vorstellten, haben unsere Kinder, die Klimabotschafter waren, Frau Rasfeld kennengelernt, die daraufhin unter anderem unsere Tochter zusammen mit Schülern der ESBZ und den Baupiloten der TU einlud, Entwürfe für das Schulgelände der ESBZ zu machen. Die Baupiloten, Studierende der TU Berlin für partizipative Architektur, haben mit den ersten Schülern der ESBZ überlegt, wie die Räume aussehen sollen, in denen sie lernen wollen. Das Gebäude ist ein DDR-Schulbau und hat Bestandsschutz, sollte also Schule bleiben, hatte allerdings nichts Charmantes oder Schönes. Meine Tochter war noch in der sechsten Klasse der Grundschule, wurde aber freigestellt um hierherzukommen, wo es damals knapp 20 Schülerinnen und Schüler und zwei Lehrerinnen gab. Seit diesem partizipativen Projekt hat sie das Gefühl, die Schule mit aufgebaut zu haben und spricht von ‚ihrer Schule'. Im Sommer 2008 kam sie in die 7. Klasse an der ESBZ. Meine Tochter hat sich in vielen Projekten wie *Schüler schulen Lehrer* und *Klimabotschafter* engagiert, sie war mit Frau Rasfeld in ganz Deutschland unterwegs, um von der ESBZ zu erzählen und Lehrerinnen und Lehrer zu schulen, sie hat also viel miterlebt und mitgemacht, was eben ganz anders war als Schule.

Da die ESBM und die ESBZ von Eltern gegründet wurden, ist das Elternengagement eine tragende Säule geblieben und das macht den großen Unterschied. Eltern aus dem Umfeld der Sophiengemeinde in Berlin Mitte wollten eine moderne, gute Schule für ihre Kinder und haben die Grundschule ESBM gegründet. Nach sechs Jahren haben sich einige von ihnen sehr engagiert um den Aufbau einer weiterführenden Schule gekümmert. Sie haben ein Schulgebäude gesucht, Anzeigen geschaltet und schließlich bei einer Veranstaltung des Pädagogen Otto Herz den Tipp bekommen, dass Frau Rasfeld als Schulleiterin in Frage käme. Mit einer Anzeige in der ZEIT wurde damals eine Schulleiterin gesucht und Frau Rasfeld ausgewählt. Wir kamen ein Jahr später dazu, alles war noch im Aufbau und wir packten mit an. Der Elternverein war zunächst Träger der weiterführenden Schule, der organisierte ein Assessment Center, aus dem die ersten Lehrerinnen und Lehrer der ESBZ hervorgingen. Die Eltern waren bei Bauwochenenden, in Werkstätten oder Workshops in der Schule immer präsent und unterstützten den Auf- und Ausbau. Ich habe mich außer der Gremien- und Ausschussarbeit sehr stark im Schulentwicklungsprozess eingebracht. Im Elternverein habe ich mit anderen publizistisch interessierten Eltern den Newsletter für die ESBZ gegründet, mit wieder anderen habe ich eine Zeit lang einen pädagogischen Salon für Eltern, Lehrer und Schüler veranstaltet und zu bestimmten Themen eingeladen. Wir zeigten Filme, machten Lesungen, musikalische Abende und Diskussionsveranstaltungen. Beispielsweise hatten Schülerinnen und Schüler der ESBZ in einem Film mitgespielt, der hier über die jüdischen Nachbarschaften gedreht wurde, wir sahen den Film gemeinsam und diskutierten anschließend über das Thema. Oder Schüler aus dem Creative Writing Kurs hielten eine Lesung mit eigenen Texten. Das fand alles im Rahmen des Salons statt, immer montagabends, einmal im Monat.

Unsere Kinder sollten auf eine Schule gehen, an der jedes Kind in seinem eigenen Rhythmus lernt, Stärken gestärkt und nicht Schwächen betont werden, Begabungen gefördert werden und sich Selbstbewusstsein, Eigenständigkeit und Kreativität entwickeln können. An der ESBZ hat sich sehr bewährt, dass die Kinder und Jugendlichen Bereiche kennenlernen, die man in der Schule normalerweise nicht erlebt wie das Projekt *Verantwortung* und insbesondere das Projekt *Herausforderung*. Die Schüler meistern mit einem knappen Budget drei Wochen lang eine selbst gestellte, selbst organisierte Herausforderung außerhalb Berlins und kommen so erfüllt, stolz und stark zurück, weil sie mehr, aber vor allem etwas ganz anderes für sich gelernt haben als in drei Wochen Schule. Im Alltag gibt es nämlich immer wieder Herausforderungen, die sie jetzt leichter meistern. Ein Beispiel: Frau Rasfeld flog mit einer Gruppe Schüler nach München. Dort boten sie gemeinsam die Veranstaltung *Schüler schulen Lehrer* an. Danach hatten die Schüler noch ein bisschen Freizeit und sind dann zum Flughafen gefahren, aber Frau Rasfeld, die die Tickets hatte, war nicht da. Die Kinder gingen zum Einchecken und erklärten, man könne die Schulleiterin anrufen, die sich offensichtlich verspätet habe, aber sie müssten den Flug nehmen, denn ihre Eltern würden in Berlin am Flughafen stehen und warten und außerdem sei es ja schon ziemlich spät abends. Da haben sie mutig und selbstbewusst das Flughafenpersonal überzeugt und entgegen aller Regeln schließlich ihre Tickets bekommen und durften fliegen. Frau Rasfeld kam tatsächlich so spät, dass sie erst am nächsten Tag zurückfliegen konnte. Sie hatte sich um eine Stunde vertan. Solche Situationen zu meistern, das haben sie gelernt! Sie waren damals in der 8. Klasse, also weit davon entfernt volljährig zu sein. Aber sie standen sehr sicher auf ihren Füßen und wussten, was möglich ist.

Meine Kinder sind alle so unglaublich unterschiedlich und trotzdem hat jeder seinen eigenen Weg gefunden und so geht es hier, glaube ich, den meisten. Das ist tatsächlich individualisiertes Lernen und das geht eben auf und macht dazu noch Spaß.

Petra Ehrler: Wie haben die Veränderungen in der Oberstufe begonnen?

Elisabeth von Haebler: Die Unruhe begann im 10. Jahrgang, die Schülerinnen und Schüler haben plötzlich alle auf den MSA hin geackert und Schule hat sich für sie plötzlich so anders angefühlt. Die 10. Klasse war nicht mehr jahrgangsübergreifend, sondern altershomogen und das Lernen für den MSA schien alles zu bestimmen Die ersten beiden Jahrgänge (Abitur 2014 und 2015) haben später in der Oberstufe alles hinterfragt: Das kann nicht sein, wir haben in den Klassen 7 bis 9 so frei gelernt und uns Inhalte sehr selbständig erarbeitet und jetzt der ganze Druck und die Prüfung und das Curriculum, das kann nicht der richtige Weg sein. Geht's denn nicht anders? In Frau Stockmeiers Französisch-Grundkurs hatten sie gerade den kleinen Prinzen gelesen und da gibt es diese Schlüsselszene, in der ein Schiff gebaut wird. Und die Essenz ist: Wenn man ein Schiff bauen will, braucht man natürlich die handwerklichen Fähigkeiten, aber man muss auch die Liebe zum Meer und zum Wasser wecken, also man darf keine Angst davor haben. Und das wurde zum Sinnbild, ein Schiff bauen und lossegeln – ohne Angst. Einige Schüler haben mit Frau Stockmeier zusammen an einem neuen Oberstufenkonzept gearbeitet und dies in der Schule zunächst einem kleinen Kreis vorgestellt, dazu war ich als ‚critical friend' geladen. Das war der Samen für die NOS, die Neue Oberstufe. Vieles davon wurde umgesetzt. Der Ausgangspunkt war, die gelungenen Lernformate der Mittelstufe in passende für die Oberstufe zu transformieren. Heute haben wir Pulsare, Lernexpeditionen, Lebens- und Arbeitskompetenztage. [...] Mein Jüngster profitiert jetzt von dem ganzen Spektrum und freut sich vor allem, dass er Klausurersatzleistungen machen darf. Er kann sehr gut auftreten und vortragen und bereitet gerne Präsentationen vor, aber für Klassenarbeiten zu lernen, kurzfristig Wissen anzuhäufen, den Stoff kurz wiederzugeben und danach schnell wieder zu vergessen, das ist nicht sehr nachhaltig. Wenn er sich wirklich in ein Thema reinkniet, lernt er natürlich viel, viel mehr. Das hat er in der Oberstufe genutzt und tolle Plakate, Powerpoints und Vorträge gemacht.

Petra Ehrler: Haben ihre Kinder nach dem Abitur einen Weg für sich gefunden?

Elisabeth von Haebler: Auf jeden Fall, das fing schon in der Schulzeit an, weil sie ausprobieren können, was sie interessiert. Unsere Älteste ist sehr klima-öko-umweltbewusst und hat viele Jahre intensiv im Projekt *Plant for the Planet* mitgearbeitet. Das Projekt wurde von dem Schüler Felix Finkbeiner in Bayern ins Leben gerufen und Schüler der ESBZ waren maßgeblich an Aktionen in Berlin und im ganzen Bundesgebiet beteiligt. Sie haben nicht nur Bäume gepflanzt, sondern auch für Klimagerechtigkeit gekämpft, sich bei Klimakonferenzen politisch eingemischt, Petitionen in den Botschaften in Berlin verteilt und an dem Buch *Jetzt retten wir Kinder die Welt: Baum für Baum*[13] mitgearbeitet. Vieles durften sie in der Unterrichtszeit machen, es wurde als Projekt *Verantwortung* anerkannt und es gab Zertifikate und Auszeichnungen dafür. Nach dem Abi ist unsere Tochter mit zwei Freundinnen aus ihrem Jahrgang nach Malaysia gefahren und hat dort in zwei ökologischen Projekten gearbeitet: Auf einer kleinen Insel haben sie auf Schildkröteneier aufgepasst und in einer Schildkrötenstation kranke Tiere aufgepäppelt. Die drei haben dort, ähnlich wie beim Projekt *Herausforderung*, nur für Kost und Logis auch in einem kleinen Café mitgeholfen und in selbstgebastelten Zelten gewohnt. Nach einem furchtbaren Sturm haben sie auf der kleinen Insel beim Wiederaufbauen und Reparieren geholfen. Als ein Korallenspezialist auf die Insel kam, der seit zwanzig Jahren mit sichtbarem Erfolg Korallenriffe restauriert, machten die Mädchen einen Tauchschein und halfen beim Restaurieren der Korallen. Außer dass sie viel über Ökosysteme, Meeresbiologie, Land und Leute gelernt haben, kamen sie mit einem Tauchschein und mit einem Zertifikat als Coral Gardener wieder zurück. Ihre Biologie-LK-Lehrerin wollte daraufhin in ihrem Sabbatical auch gerne Coral Gardener werden, so profitieren Lehrer und Schüler gegenseitig von ihren Erfahrungen. Heute studieren die drei, unsere Tochter an der Hochschule für nachhaltige Entwicklung in Eberswalde. Der Zweite ist viel gereist, vor allem in Südamerika und studiert jetzt Internationale Beziehungen, also Geschichte, Politik und Soziologie im Grundstudium, was er auch in den Leistungskursen gemacht hat und was so sein Steckenpferd ist.

---

13 Finkbeiner, F.: Baum für Baum. Jetzt retten wir Kinder die Welt. München: oekom 2010.

Petra Ehrler: Hat ihre Tochter nach dem Abitur noch Kontakt zur Schule oder zu Mitschülerinnen und Mitschülern?

Elisabeth von Haebler: Das hat sie noch, ja. Diese Freundesgruppe fasziniert mich unglaublich. Meine beiden, die jetzt aus der Schule heraus sind, haben einen ganz festen Freundeskreis, der einen Großteil des Jahrgangs umfasst. Das ist ein Zusammenhalt, der ist unglaublich. Die verabreden sich und fahren zusammen weg, auch die, die schon ganz woanders studieren. An der Schule gibt es das Alumnifest, Aufführungen, das Schulfest und die Abschlussfeiern beim MSA und beim Abitur, wo man regelmäßig ‚alte' ESBZler antrifft. Aber etwas ganz Besonderes gab es auch schon, nämlich dass ehemalige Schüler selbst Pulsare oder Workshops anbieten. So bereichern einige mit ihren Fähigkeiten die neuen Formate besonders in der Oberstufe.

Unsere Tochter wollte ursprünglich ganz praktisch mit einer Schreinerlehre beginnen und hat zunächst ein freiwilliges Jahr in der Denkmalpflege gemacht. Ein ganz tolles Projekt, von dem meine Tochter sagt, dass es sie auf die Idee gebracht hat, war eine Kooperation der ESBZ mit den Kukuk-Kultur-Kids aus Stuttgart. Schüler der ESBZ haben gemeinsam mit Kukuk einen Spielplatz gebaut in der Nähe von Skopje in Mazedonien, in dem größten Roma-Slum Europas. Auf dem Gelände gab es eine Schule, eine Moschee und eine Kinderbetreuung, dort bauten sie den Spielplatz. Es war ein großes sozialpolitisches Projekt, um dort den Kindern Bildung zu ermöglichen, unterstützt unter anderem vom Auswärtigen Amt. Für den Kunst LK hat sie später ein riesiges Modell von dem Spielplatz gebaut. Das Spielplatzprojekt war für sie wohl mit das spannendste Projekt ihrer Schulzeit.

Petra Ehrler: Wenn ich das so höre, habe ich das Gefühl, ihre Tochter war oft unterwegs und hat gar nicht so viel im Unterricht gesessen. Trotz allem hat sie das Abitur gemacht.

Elisabeth von Haebler: In Projekten lernen ist auch etwas anderes als im klassischen Unterricht, Zusammenhänge lernt man da praktisch und theoretisch, interdisziplinär, fächerübergreifend, an außerschulischen Orten; das, was jeder daraus mitnimmt, ist individuell unterschiedlich. Das war auch oft die Angst der Eltern: Was machen die auf dem Alex, wenn sie mit Sammelbüchsen *1 Baum – 1 Euro* unterwegs sind oder zu irgendwelchen Demos gehen? Die Aktionen mussten sie sich aber immer von der Schulleitung genehmigen lassen. Mit den ersten Jahrgängen war man noch sehr flexibel, aber die Inhalte der Unterrichtseinheiten kann man eben offensichtlich auch anders lernen. Bevor der erste MSA oder das erste Abi an der ESBZ geschrieben waren, haben sich einige Eltern gefragt: Wie sollen die denn eine Prüfung bestehen, wenn sie gar keine Naturwissenschaften im klassischen Sinn machen? Aber offensichtlich kann man auch außerhalb der Schule lernen und muss dafür nicht unbedingt im Klassenzimmer sitzen. Immer wieder gab es die Diskussion, Naturwissenschaften wieder fächerspezifisch aufzusplitten, um eben eine Physik- und Bio-Note generieren zu können. Aber Frau Rasfeld, als Naturwissenschaftlerin, hat klar gesagt, gerade bei den Naturwissenschaften ist interdisziplinärer Unterricht wichtig und die Anteile fließen alle ein. Manche Eltern hatten Vertrauen und manche haben erst nach dem Abitur daran geglaubt, dass es auch anders geht.

Eine große Rolle spielt, wie man Arbeitsprozesse organisiert und was wichtig ist, wenn man selbständig lernt. Es gab in der ESBZ beispielsweise Workshops vom Hasso Plattner Institut für Design Thinking, eine Methode, in der man in kurzer Zeit im Team zu Ergebnissen kommt, wenn man an Projekten arbeitet. Das war für meine Kinder sehr wertvoll. Und immer der Anspruch, globales Lernen und individualisiertes Lernen gemeinsam zu denken, um eine Idee zu bekommen, wie etwas mit unserer Gesellschaft und der Welt zusammenhängt – in den neuen Formaten der Oberstufe wird das nun zu einem Guss. Denn die Konzepte aus der Mittelstufe und Oberstufe passen jetzt zueinander, es gibt Anschlüsse und Oberthemen, Agendaschule, Global Goals, Entrepreneurship, Blue Economy, politische und soziale Verantwortung, Menschenrechte. Vieles davon nimmt die Schule sich in Projekten vor oder in den gemeinsam geplanten Versammlungen, wo von Menschen mit Botschaft, beispielsweise alternativen Nobelpreisträgern oder anderen Vorbildern, Impulse aus- und in die Schulgemeinschaft eingehen.

Petra Ehrler: Offensichtlich lernen die Jugendlichen an der ESBZ anders als an vielen anderen Schulen. Wie erlebten Sie das?

Elisabeth von Haebler: Diese Projekte, die hier in die Schule getragen worden sind, wie das erwähnte Spielplatzbauen und sich dabei mit dem Leben der Roma auseinanderzusetzen und nicht nur im Buch zwei Seiten gelesen oder im Internet recherchiert zu haben, das waren sicherlich wichtige Erfahrungen, um die Selbstwirksamkeit der Jugendlichen zu stärken. Bei *Plant for the Planet* habe ich gestaunt. Da sind die Jugendlichen hier in Berlin in die ganzen Botschaften gegangen, haben Briefe abgegeben und gesagt, wenn sich jedes Land darum kümmert, so und so viele Bäume zu pflanzen, dann trägt das zur Klimaverbesserung für nachfolgende Generationen bei. Also die Idee von Nachhaltigkeit politisch durchsetzen und verbreiten zu wollen und dabei auch noch zu merken, man wird freundlich empfangen. Die

Klimabotschafter waren in fast allen Botschaftsgebäuden empfangen worden – das ist doch wichtig: Keine Angst zu haben, am Flughafen ohne Ticket dazustehen, einfach in eine Botschaft zu gehen und mit einem Botschafter oder einer Botschafterin zu sprechen, auch das ist Selbstwirksamkeit rund um ihr Thema, davon profitiert Schule, wenn das Lernen positiv erfahren wird. Wie bildet sich ein Wissen und Verständnis von sozialer und kultureller Gerechtigkeit beispielsweise gegenüber Geflüchteten? Als Geflüchtete in Berlin ankamen, wurden hier an der Schule die Tore aufgemacht und eine bereichernde Auseinandersetzung in unserer Schulgemeinschaft begann. Es gab Jugendliche, die wollten zumindest ein paar dieser unglaublich schön aussehenden arabischen Schriftzeichen lernen oder wenigstens den Grundwortschatz kennen und vom kulturellen Leben erfahren. Sie waren neugierig, was die anderen essen und so wurde zusammen gekocht; sie waren neugierig, welche Feste gefeiert werden und feierten gemeinsam, bis hin zu einer Veranstaltung, die ich nicht vergessen werde. Nach den Terroranschlägen am 13.11.2015 in Paris erfuhr Frau Rasfeld von einer Pressekonferenz im ‚House of One' mit dem Imam, dem Rabbi und dem Pfarrer, der der Gemeindepfarrer der ESBZ ist. Spontan lud sie alle drei in die Schule ein, sie standen in der Aula nebeneinander und alle Schüler standen dicht gepackt – es war wie eine Schulversammlung, aber auch wie ein Gottesdienst oder eben wie eine Pressekonferenz, also es war ein Zwischending. Dann hat ein geflüchteter Schüler gesagt, das habe mit dem Islam überhaupt nichts zu tun, das war für ihn so ein Bedürfnis spontan zu reden. Alle haben ihm zugehört und jeder hat ihn in diesem Moment ernst genommen, weil man gesehen hat, dass Politik aus Menschen und einzelnen Meinungen besteht. Zum Schluss haben sich alle an den Händen gefasst und ‚We shall overcome' gesungen, das war ein echter Gänsehautmoment. Da war diese Schule so eine feste Gemeinschaft, so eng zusammen, ein christlich-muslimisch-jüdisches Zusammensein, das war großartig. Und ich denke, so etwas zu erleben bringt die Schüler und Menschen dazu, persönlich zu reifen, tatsächlich Verantwortung zu übernehmen und in der Gesellschaft eine Rolle zu spielen. Das muss nicht unbedingt politisch sein oder sozial, aber eine Haltung in der Gemeinschaft, die kein Abstraktum ist, sondern gelebt wird. Dabei wird ganz viel gelernt.

Es ist keinem an der ESBZ gleichgültig, wie sich die Gesellschaft entwickelt. Pläne werden geschmiedet, wenn irgendwo rechte Demos sind, diskutiert, wie man sich positioniert, oder ob man nicht doch mit denen reden kann und solche Gedankenspiele. Meine Jungs entwickelten ein sehr ausgeprägtes politisches Interesse und große Diskussionsbereitschaft bei gutem Zuhörenkönnen. Das sind Fähigkeiten, die wir bei uns zuhause schätzen, aber ich sehe auch bei den Mitschülern, dass es nicht nur bei unseren Kindern so ist, sondern dass sie es in der Schule lernen. Man lässt nicht einfach geschehen, sondern man steht auf und zeigt Zivilcourage, wenn einem irgendetwas nicht passt oder nicht gefällt. Ich finde auch sehr gut, dass eine Lehrerin hier an der Schule Wahlen veranstaltet hat. Sie hat Bezirksabgeordnete eingeladen, die ihre Parteien vorstellen und dann haben die Jugendlichen einen Urnengang gemacht und die Unter-18-Wahlen abgehalten. Da ist natürlich die Frage, wie werde ich ein mündiger und politischer Bürger, es gab eine Spielfläche, auf der sie sich mit Argumenten ausprobieren und zur Wahl gehen konnten. Da lernt man eher, wie eine Wahl funktioniert als im Politikunterricht, wenn man die Funktionen von Bundesrat und Bundestag aus dem Buch abschreibt. Politik lernen, Soziales lernen, zur Gesellschaft beitragen, Selbstwirksamkeit, das ist das, was Lernen für die Gesellschaft und für das eigene Leben ausmacht. Und ich finde es interessant, dass in der Oberstufe Anfragen für Workshops kamen wie: *Meine Steuererklärung* oder *Wie miete ich meine erste Wohnung?* oder *Worauf muss ich bei Versicherungen achten?*, das wollten sie echt wissen. Sie sind alles andere als weltfremd. Keiner, der hier raus kommt ist ein guter Schüler, weil er viele Einsen auf dem Zeugnis hat, sondern der hat viel Rüstzeug, sehr viel erlebt und eben auch viel fürs Leben gelernt.

Ich denke, dass hier die Welt in die Schule geholt wird und umgekehrt, dass das Weltlernen eine wesentliche Rolle spielt, das bietet sich bei unseren Lernformaten viel mehr an als im fachgebundenen Unterricht.

Petra Ehrler: Wie hat sich die Mitarbeit der Eltern verändert?

Elisabeth von Haebler: Also ursprünglich haben die Eltern die Schule gegründet und auch die ersten Lehrer eingestellt und später die Schulstiftung als Träger gefunden und somit hatten Eltern lange Jahre eine andere Rolle als an anderen Schulen. Jetzt sind wir im Prinzip ein sehr engagierter Förderverein. Wir geben Gelder für bestimmte Projekte oder unterstützen, dass alle Kinder auf *Herausforderung* fahren oder ins Ausland gehen können, das sind regelmäßige Unterstützungen. Aber auch die Entwicklung der neuen Oberstufe haben wir finanziell unterstützt, ebenso die Bibliotheksstellen, den IT Support, da haben wir sogar kleine Stellen geschaffen und finanziert. Drei Stunden Mitarbeit im Monat sind für Eltern verpflichtend, das hat zweierlei Gründe: Das eine ist die Schulgemeinschaft, zu der eben auch die Familien und Eltern gehören, am sichtbarsten an den Bauwochenenden, wenn hier jeder mit Spaten und Kuchen aufläuft, um am Wochenende gemeinsam die Schule auf Vordermann zu bringen. Da sind immer viele dabei, die unter der Woche weniger Zeit haben. Man lernt sich auch besser kennen, Elternarbeit ist gemeinschaftsstiftend. Was eine gute Schule ausmacht, ist tatsächlich eine demokratische, partizipative, offene Gemeinschaft zu sein, zu der die Eltern ganz viel beitragen können, nicht nur als Experten wie beim LAK-Tag oder in der Mittelstufe bei den Werkstätten, wo Eltern unterrichten oder Gruppen betreuen. Wir entwickeln die Schule mit, es ist auch unsere Schule ein Stück weit. Mich hat an dieser Schule fasziniert, wie offen und frei sich Lehrende, Schülerinnen und Schüler etwas ausdenken und lernen können, das unterstütze ich gerne. Die Schule vertritt ihr riesengroßes Projekt einer neuen Schule auch in der Welt beispielsweise mit dem Projekt *Schüler lehren Lehrer,* das es immer noch gibt. Aber auch auf Podien in Netzwerken, auf Plattformen wollen wir etwas weitergeben, für das Projekt stehen, es in die Welt hinaustragen, nicht missionarisch, sondern einfach alle teilhaben lassen, auch an dem Erfolg der Neuen Oberstufe. Die ESBZ wird ja viel besucht und bewundert, viele wollen hospitieren. Vieles wirkt am besten, wenn es die Jugendlichen selbst überzeugend darstellen, die Schulleitung sagt programmatisch, wie es funktioniert und die Schülerinnen und Schüler sehr authentisch, wie es sich anfühlt so zu lernen.

Petra Ehrler: Wie ist Ihre Idee für die Zukunft dieser Schule?

Elisabeth von Haebler: Wir wollen versuchen, andere, die den Mut haben ihre Schulen zu verändern, zu befähigen, Teile unserer Idee zu übernehmen, denn es gibt eine unglaubliche Nachfrage nach neuen Lernformen. Schon einige Male konnte ich Schulgründungsinitiativen unterstützen oder beraten. Ich würde mich sehr freuen, wenn wir ‚Schule machen' und sich viele Schulen weiterentwickeln, denn es gibt großes Interesse, was man nicht zuletzt an den Bewerbungszahlen für die ESBZ sieht. Wir hatten 2018 nur 10 oder 12 Plätze für neue Schüler in der 7. Klasse zu vergeben: Von der Grundschule kamen über 90 % zu uns, dazu Geschwister- und Kollegenkinder. Wir achten bei der Aufnahme auf die soziale Mischung und auf Inklusion, damit sind wir eigentlich schon voll belegt. Die Global Goals als Ziel und inhaltliche Vorgabe für unsere Schule weiter auszubauen, da lassen sich immer gute Projekte anschließen. Zudem wünsche ich dem Haus B eine Gestaltung im Zuge des Umbaus. Und dass man dabei nicht denkt, wenn Geld da ist, dann lassen wir's machen. Gerade für die Schüler ist es ganz wichtig, nicht einfach Tische zu kaufen, sondern sie auszuwählen, etwas gemeinsam zu entwickeln und am Bauwochenende gemeinsam anzupacken und zu renovieren. Der Schulhof ist immer noch nicht schön, da gäbe es viel zu tun, immerhin ist das Mobiliar, das draußen steht, von Schülern gebaut; und wenn da ein Boot steht, das sie in der Holzwerkstatt selbst gebaut haben, dann machen sie es nicht so leicht kaputt. Die Gestaltung, die Mitgestaltung ist, davon wünsche ich mir mehr, es kann zusammengetragen sein, es muss keine Architekturidee verwirklicht werden, sondern es soll eine gemeinsame, lebendige Sache bleiben. Das Demokratielernen und mutige Bürger in der Welt werden, das kann man in den Formaten wie den Versammlungen noch weiterentwickeln. Ich finde es schade, dass unsere Aula eigentlich zu klein ist für die ganze Schule und wir dort nie etwas mit allen zusammen machen können, dass man aufteilen muss in Mittel- und Oberstufe. Das Format *Menschen mit Botschaft,* in dem Menschenrechtler, alternative Nobelpreisträger und andere Persönlichkeiten eingeladen werden, sollte für alle Schüler, das gesamte Kollegium und alle Mitarbeiter gleichzeitig erlebbar sein. Die Eltern haben noch ein anderes schönes Projekt in der Schublade, das jederzeit umsetzbar wäre. Wir würden gerne eine Küche einbauen, in der man selber kochen kann – ich glaube, wenn die Schulgemeinschaft für die Schulgemeinschaft kocht, dann ist die Zufriedenheit größer, die Verantwortung und Gemeinschaft gestärkt und das wäre eine weitere schöne Möglichkeit der Erweiterung.

2 Die Evaluation: Intention und methodisches Vorgehen

Dirk Randoll und Petra Ehrler

Mit Einführung der neuen Lernformate wurde die klassische Oberstufenstruktur an der ESBZ aufgehoben und modifiziert. Die einwöchigen Projektphasen in den Pulsaren und Lernexpeditionen sowie die Lebens- und Arbeitskompetenztage sollten nicht nur das jahrgangsübergreifende Lernen und Arbeiten ermöglichen, sondern auch das Lernen unter neuen strukturellen Bedingungen und unter neuen didaktisch-methodischen Gesichtspunkten fördern. Ziel war und ist es, den Schülern die Möglichkeit zu geben, ihre fachlichen Kenntnisse durch fächerübergreifendes beziehungsweise interdisziplinäres Lernen und Arbeiten zu vertiefen, neue Lernstrategien und -methoden kennenzulernen und zu erproben, und die jungen Erwachsenen in ihrer Eigenverantwortung zu stärken. Die Umsetzung und Weiterentwicklung der neuen Lernformate wurde über den Zeitraum von vier Jahren (von 2015 bis 2019) durch das Institut für Erziehungswissenschaft und empirische Bildungs- und Sozialforschung im Fachbereich Bildungswissenschaft der Alanus Hochschule wissenschaftlich begleitet. Den Lehrenden aus der NOS wurde jeweils nach Abschluss eines Lernmoduls ein unmittelbares Feedback über ihre Arbeit und die der Schüler gegeben, damit sie aus den gewonnenen Erkenntnissen und Erfahrungen Schlussfolgerungen über die Gelingensbedingungen und/oder über notwendige Modifikationen ihrer eigenen Arbeit ableiten konnten. Diese Form der Prozessevaluation diente demnach vor allem der Qualitätsentwicklung und Qualitätssicherung, insbesondere auch unter dem Aspekt, ob den Schülern durch die neuen Lernformate keine Nachteile gegenüber dem Lernen nach dem traditionellen Oberstufenkonzept entstehen. Letzteres war für den Senat für Bildung, Jugend und Familie von besonderem Interesse. Die Evaluation der NOS zielte letztlich auch darauf ab, die pädagogische Praxis so zu dokumentieren, dass sie für Außenstehende erfahrbar und nachvollziehbar wird.

Die wissenschaftliche Begleitung hat im Dezember 2015 mit der Durchführung des ersten neuen Lernformats, einer Lernexpedition, begonnen und endete im Juni 2019 mit Ablauf des Schuljahres 2018/19. Im Zeitraum von vier Jahren wurden Daten zu elf Pulsaren, sieben Lernexpeditionen und fünf Lebens- und Arbeitskompetenztagen erhoben und ausgewertet. Dabei kamen unter anderem Fragebogen zum Einsatz, die sich aus geschlossenen und offenen Fragen zusammensetzten. Die Items orientierten sich inhaltlich zunächst an den Zielen der NOS und wurden im Verlauf des Projektes an die sich verändernden Rahmenbedingungen und aktuellen Fragestellungen angepasst. Die Auswertung der Antworten auf die geschlossenen Fragen erfolgte univariat, für gezielte Gruppenanalysen wurden Mittelwerte errechnet und Vergleiche vorgenommen. Die offenen Fragen haben vor allem explorativen Charakter und wurden mittels qualitativer Inhaltsanalyse in Anlehnung an Mayring[14] ausgewertet. In die Auswertung gingen nur diejenigen Fragebogen ein, bei denen mindestens zwei Drittel der Fragen beantwortet wurden. Methodisch wurde dabei so vorgegangen, dass die Schüler sowie die Lehrkräfte nach Abschluss eines Kurses einen Zugangslink erhalten haben, mit dem sie den anonymisierten Online-Fragebogen aufrufen und bearbeiten konnten. Die meisten Jugendlichen haben den Fragebogen bereits unmittelbar am Ende einer Veranstaltung per Smartphone ausgefüllt, obwohl er noch bis 10 Tage danach freigeschaltet war.

Neben der Fragebogenerhebung fanden zu allen Einheiten der neuen Formate Unterrichtsbeobachtungen statt, in regelmäßigen Abständen wurden zudem Einzelinterviews mit den Lehrenden und den Lernenden durchgeführt. Insgesamt haben 4 693 Schüler und 499 Lehrkräfte den Online-Fragebogen über einen Zugangslink zur Beantwortung vorgelegt bekommen. Die Rücklaufquote bei den Lernenden lag bei 55 % (2 570 gültige Fragebogen), bei den Lehrenden bei 59 % (293 gültige Fragebogen). Darüber hinaus wurden 209 Kurz- und Langinterviews durchgeführt.

Die Ergebnisse zum Evaluationsumfang sind in Tabelle 2.1 nochmals im Überblick zusammengefasst. Weitere Angaben hierzu finden sich in den Kapiteln 3, 4 und 5.

Nach jedem Pulsar, jeder Lernexpedition und jedem Lebens- und Arbeitskompetenzblock wurden die Ergebnisse aus der Fragebogenerhebung, aus den Unterrichtsbeobachtungen und den Interviews in einem Evaluationsbericht im Umfang von 40–80 Seiten dokumentiert und dem NOS-Team zur Verfügung gestellt.

In Ergänzung zur prozessbegleitenden Evaluation wurden die Abiturienten am Ende der Schuljahre 2017/18 und 2018/19 nochmals schriftlich über ihre Erfahrungen mit den neuen Lernformaten im Rückblick befragt. In Ergänzung dazu erfolgte zum Ende des Schuljahres 2018/19 zudem eine

14 Mayring, P.: Qualitative Inhaltsanalyse. Grundlagen und Techniken, Weinheim: Beltz 2015.

Tab. 2.1 Evaluationsumfang der neuen Formate PULSAR, LEX, LAK

Format	Format Anzahl	Schüler Anzahl	Lehrer Anzahl	Fragebogen Rücklauf Schüler		Fragebogen Rücklauf Lehrer		Interview Anzahl
				Anzahl	Prozent	Anzahl	Prozent	
PULSAR	11	1774	274	1152	65%	156	57%	116
LEX	7	1004 647 TN 357 N-TN	78	534 357 TN 177 N-TN	53% 55% 50%	42	54%	51
LAK	5	1915	147	884	46%	95	65%	42
Gesamt	23	4693	499	2570	55%	293	59%	209

schriftliche Befragung der Lehrkräfte. Die Ergebnisse hierzu finden sich in Kapitel 6, die entsprechenden Fragebogen im Anhang.

Allgemeine Angaben zu den Schülern der Neuen Oberstufe

Die Ergebnisse zu den personenbezogenen Daten zeigen, dass 56% der NOS-Schüler bereits in Jahrgansstufe 7 – also zum frühestmöglichen Zeitpunkt – in die ESBZ eingeschult worden sind. Etwa ein Drittel (32%) ist mit Beginn der 11. und 5% der 12. Klasse an die ESBZ gekommen. Insofern sind mehr als ein Drittel der an der ESBZ beschulten Oberstufenschüler sogenannte Quereinsteiger, die ihre schulische Sozialisation in anderen Schulformen außerhalb der ESBZ erfahren haben. Etwas mehr als 35% der Schüler haben angegeben, vor Einschulung in die ESBZ eine reformpädagogische Schule (Montessori-, Waldorf- oder Freie Alternativschule) besucht zu haben, 18% waren vorher auf einem Gymnasium, 12% auf einer Gesamtschule und 9% auf einer Realschule.

3 Das Format LEX

Petra Ehrler

„Du kannst eine Woche lang lernen, was du willst,
dazu musst du nicht zur Schule kommen,
hast keinen vorgegebenen Stundenplan, keine Fächer oder sonstige Vorgaben.
Suche dir ein Thema, wofür du brennst oder was du schon immer lernen wolltest.
Und es ist dir freigestellt, wie du lernen möchtest.
Bewirb dich alleine oder im Team – und dann starte deine eigene Lernexpedition!"

Mit dieser Einladung des Lehrerteams an 75 Schülerinnen und Schüler des 11. Jahrgangs der ESBZ zur freiwilligen Teilnahme an einer Lernexpedition hat das neue Format LEX seinen Einzug in die Oberstufe gehalten. 36 Jugendliche haben sich beworben, 12 das Bewerbungsverfahren auf Anhieb bestanden, 7 wurden abgelehnt, weil sie die Vorgaben nicht erfüllt hatten. 17 Bewerbungen mussten nachgebessert werden, 13 davon konnten schlussendlich angenommen werden. Nach Absolvierung des verpflichtenden Vorbereitungstrainings durften die ersten 21 Schülerinnen und Schüler im Dezember 2015 eine Woche lang auf ihre erste Lernexpedition gehen. Eigenverantwortliches Lernen mit einem hohen Maß an Freiheit – kann das gelingen?

3.1 Organisation und Durchführung

Das Format Lernexpedition, kurz LEX genannt, bietet den Schülerinnen und Schülern maximale Freiheit und Eigenständigkeit im Lernen. Nur der organisatorische Rahmen ist durch die Schule vorgegeben. Lernexpeditionen sind zu festgelegten Zeiten des Schuljahres für Jugendliche bestimmter Oberstufenjahrgänge möglich. Eine LEX dauert eine Woche, mit einer Arbeitszeit von 5 Tagen à 6 Stunden, gefolgt von einer Präsentations- und Reflexionsphase am darauffolgenden Montag. Die 15- bis 19-Jährigen wählen ihr Lernthema und die Konstellation, in der sie lernen möchten, ob alleine oder im Team. Sie bestimmen das Lernziel und den Lernort und suchen sich gegebenenfalls unterstützende Personen. Frei sind sie letztlich auch in der Tagesplanung und -organisation, frei auch in der Art der Dokumentation ihrer gemachten Erfahrungen und gewonnenen Erkenntnisse. Eigenverantwortlich bearbeiten sie ein Thema, das sie aus der Bandbreite zwischen Praxis und Wissenschaft, Orientierung und persönlicher Motivation wählen – mit dem Ziel, schulisches Wissen zu vertiefen, Orientierung zur Studien- oder Berufswahl zu finden, die Entwicklung eigener Fähigkeiten und Begabungen voranzutreiben, interkulturelle Kompetenzen im Ausland zu erwerben, ein Lernangebote für andere Schüler und Lehrer auszuarbeiten oder einfach das zu lernen, was sie schon immer einmal lernen und erkunden wollten, wofür sie aber nie Zeit gefunden haben. Um an einer Lernexpedition teilzunehmen, reichen die Jugendlichen eine Bewerbung ein, für die die Schule folgende Leitlinien aufgestellt hat.

ESBZ-Leitlinien zur Bewerbung

1. *Was möchte ich während meiner Lernexpedition lernen?*
   Bedenke: Auch wenn dir klar ist, was du in dieser Woche machen möchtest, ist es wichtig, dass du uns an deinen Ideen und Vorstellungen teilhaben lässt. Beantworte daher diese Frage so konkret wie möglich!
2. *Warum möchte ich das erlernen bzw. mich mit diesem Thema auseinandersetzen?*
   Was hat dich an deinem gewählten Thema begeistert? Welche Gründe gibt es für dich, sich genau mit diesem Thema auseinanderzusetzen?
3. *Wie arbeite ich an meinem Thema?*
   Beschreibe bitte, wie du vorgehst, um dein gewähltes Thema zu bearbeiten. Wie kommst du an notwendige Informationen (Bücher, Filme, Interviews)? Was für Lernmaterialien benötigst du gegebenenfalls? Welche Fähigkeiten und Kompetenzen sind von dir gefragt, um dein Thema zu bearbeiten?
4. *Welche konkreten und nachvollziehbaren Ziele möchte ich erreichen?*
   Was kann oder was weiß ich, was ich vorher nicht konnte/wusste? Denke dabei an
   a) neue Informationen und neues Wissen
   b) neue Fähigkeiten
   c) das, was am Ende der Woche entstanden ist. Ein Produkt? Ein Buch? Ein Prototyp?

   Diese Formulierung kann dir dabei helfen: Am Ende der Woche kann/habe ich …
5. *Mit wem bzw. von wem will ich in dieser Woche lernen?*
   Wer kann mich bei meinem Thema unterstützen (Experten/Firmen/Mitschüler/Freunde)? Wie stelle ich den Kontakt her? Wer ist mein Ansprechpartner? Bitte benennt so konkret wie möglich eure Lern- und Ansprechpartner!

6. *Wie gestalte und rhythmisiere ich meine Tage?*
   Wie plane ich den Ablauf meines Tages?
7. *In welcher Form kann ich meine neu erworbenen Kompetenzen voraussichtlich zeigen?*
   Wie kann ich andere an meinen Erfahrungen und an dem was ich gelernt habe teilhaben lassen? Was wünsche ich mir, am Ende der Woche erzählen zu können? Was ist meine größte Angst, die diese Woche mit sich bringen könnte?

Neben der schriftlichen Form kann die Bewerbung auch als Video, Visual Summary, als Audio-Datei oder in Form eines Modells eingereicht werden – der Phantasie der Bewerber sind keine Grenzen gesetzt. Sie beschreiben das von ihnen gewählte Thema, stellen die geplanten Lernwege dar, benennen den Lernort und gegebenenfalls unterstützende Personen, definieren ihre Lernziele und die Art der Dokumentation, siehe nachfolgendes Beispiel.

Bewerbung zur Lernexpedition
Vom 10. bis zum 14. Dezember 2018
Bewerberinnen: Antonina Kolpowska und Karolina Mrózek

Kulturelle Reise durch Polen und polnische Kultur in Fotos
Wir sind in einer Multikulti-Stadt aufgewachsen, Berlin. Unsere Eltern haben uns bilingual aufgezogen und gleichzeitig die Kulturen der beiden Länder nah gelegt. Wir sind in Deutschland aufgewachsen, aber sind oft nach Polen gereist. Bei diesen Reisen stand das Besuchen der Familie im Mittelpunkt und nicht der kulturelle Aspekt. Deshalb wollen wir die LEX-Woche dafür nutzen, unsere volle Aufmerksamkeit auf die polnische Kultur zu legen, wie wir sie als bilinguale Jugendliche wahrnehmen, denn diese Zeit stand uns nie zur Verfügung.

Unsere Reise wollen wir in Gilowice, ein Dorf in Südpolen, beginnen. Es ist eine Provinz, in welcher die einfache Tradition vorzufinden ist. Einen Tag wollen wir damit verbringen zu erlernen, ein polnisches Gericht zu kochen. Eine weit verbreitete Gerichtskombination sind Barszcz und Pierogi, für welche viel Zeit investiert werden muss, denn deren Herstellung ist sehr aufwendig. Einen weiteren Tag wollen wir damit verbringen, nach Zywiec zu fahren und dort ein anliegendes altes Schloss, eine Schule und typisch polnische Läden zu besuchen. Unseren letzten Tag in Gilowice wollen wir dazu nutzen, einen Versuch zu wagen, unseren bilingualen Blick auf die polnische Kultur in Fotos festzuhalten.

Unsere Reise soll dann nach Krakau gehen. Hier wollen wir Museen, das Jüdische Viertel und das Schloss Wawel besichtigen, um die Geschichte und somit die entstandene Kultur von Polen zum Abschluss besser zu verstehen.

Es fällt uns beiden schwer, uns vollkommen zu identifizieren, denn beide Kulturen und Sprachen, die deutsche sowie die polnische, liegen uns sehr am Herzen. Dadurch dass wir in Deutschland leben, haben wir also mehr Zeit, uns mit der deutschen Kultur und Sprache zu beschäftigen. Deshalb sehen wir die LEX-Woche als Chance, welche wir intensiv dafür ausnutzen wollen, die heutige Kultur Polens besser nachzuvollziehen und in Zukunft mit unserem neu erlernten Wissen bewusst umzugehen. Das wird uns dabei helfen, unsere Wurzeln und somit auch unser Selbst besser zu kennen und zu verstehen.

Die Schülerinnen und Schüler können in der Bewerbungsphase stets auf ihre Klassenlehrer, die Tutoren, zurückgreifen, um die Dimension ihres Themas und der selbst gestellten Aufgabe auszuloten und Fragen zu Antrag, Durchführung und Dokumentation mit ihnen zu klären. Damit soll soweit wie möglich sichergestellt werden, dass die Jugendlichen in einem für sie realistischen Rahmen planen und ihre selbst gesetzten Ziele auch erreichen können. Die Tutoren sollten dabei offen sein für Themen der Jugendlichen, die ihnen selbst fremd sind, die sie problematisch finden oder die viel Einfühlungsvermögen erfordern. Jeweils zwei Tutoren bewerten die Bewerbungen nach folgenden Kriterien:

- Ist das Thema oder die Forschungsfrage in einer Woche sinnvoll zu erarbeiten?
- Ist die Aufgabe geeignet, um sich eine Woche lang ca. sechs Stunden am Tag damit auseinanderzusetzen?
- Wie stellt sich der zu erwartende Lerngewinn dar?
- Welche Fähigkeiten und Kompetenzen erwirbt der Jugendliche, die er vorher nicht hatte?
- Ist das Thema seinem Wissens- und Erkenntnisstand angemessen und stellt es eine geistige Herausforderung dar?

Die Bewerbung soll inhaltlich und formal dem qualitativen Niveau der Oberstufe entsprechen. Die Tutoren geben den Jugendlichen eine schriftliche Rückmeldung und weisen auf die Überarbeitung unvollständiger oder mangelhafter Bewerbungen hin, um diese nach wiederholter Einreichung erneut zu bewerten. Das Bewerbungsverfahren wird über das schulinterne Itslearning-System kommuniziert. Die Fristen zur Abgabe und gegebenenfalls notwendigen Überarbeitung sind zeitlich festgelegt, die minutengenaue Abgabezeit wird von den Tutoren ernst genommen; eine verspätete Abgabe wird konsequent abgelehnt.

Nach erfolgreicher Bewerbung nehmen die Schüler an einem verpflichtenden Training zur Vorbereitung ihrer Lernexpedition teil. Hier werden neben individuellen Fragen zur Durchführung auch Fragen zum Zeitmanagement, zum Umgang mit Krisen, zum Scheitern und zu den Möglichkeiten der Dokumentation besprochen.

Bei der Durchführung der Lernexpedition sind sie dann ganz auf sich gestellt. Eigenverantwortlich und selbstbestimmt setzen sie ihren zuvor ausgearbeiteten Plan in die Praxis um, lernen zu Hause oder an ihren zuvor bestimmten Lernorten und gegebenenfalls mit unterstützenden Personen. Bei Schwierigkeiten und Hindernissen können sie jederzeit telefonisch Kontakt zu ihrem Tutor aufnehmen. Während der LEX-Woche dokumentieren sie, was auf ihrem Lernweg wichtig und wesentlich war. Ziel ist nicht die Erfolgsgeschichte, sondern der Weg, der Umgang mit dem Geplanten, die (Selbst-) Erkenntnis, wozu auch die Erfahrungen des Scheiterns zählen.

Am Montag nach jeder LEX-Woche laden die Tutoren zu einer Reflexionsrunde ein, in der die Jugendlichen die individuellen Dokumentationen präsentieren und über ihre Erfahrungen, Erkenntnisse und Lernprozesse berichten. Die Teilnahme an dieser Runde sowie das Erstellen der Dokumentation sind verpflichtend. Eine Sonderregelung gilt für diejenigen, die während der LEX-Woche an ihrer 5. Prüfungskomponente, der PK[15], arbeiten; sie müssen keine Dokumentation erstellen. Diejenigen Schüler, die nicht an einer LEX teilnehmen, sind zum Unterrichtsbesuch verpflichtet. Während der LEX-Woche wird ein Alternativprogramm zur Wiederholung fachlicher Inhalte in unterschiedlichen Disziplinen angeboten. Neue Inhalte werden in dieser Zeit nicht unterrichtet. Die Teilnahme an den Lernexpeditionen 1–6 hat die ESBZ auf freiwilliger Basis eingerichtet, für LEX 7 war sie aus experimentellen Gründen verpflichtend organisiert.

15 Zur Abiturprüfung hat die Senatsverwaltung von Berlin die fünfte Prüfungskomponente (PK) genehmigt, die neben den vier Prüfungsfächern im Abitur eingebracht wird und deren Ergebnis zu 20 % in den Abiturblock eingeht. Die 5. PK kann als schriftliche Arbeit (Besondere Lernleistung – BLL) oder als Präsentationsprüfung abgelegt werden. Das Thema muss fächerübergreifenden Charakter haben und ist einschließlich der Darbietungsform von den Schülern selbst zu wählen. Die Handreichung des Senats zur 5. PK ist abrufbar unter: Bildung für Berlin. Die fünfte Prüfungskomponente im Abitur. Senatsverwaltung für Bildung, Jugend und Wissenschaft, Berlin 2012. www.berlin.de/…/abitur/handreichung_5pk.pdf (Abruf 16.01.2020).

3.2 Beispiele aus den Lernexpeditionen

Eigenverantwortliches Lernen mit einem hohen Maß an Freiheit – kann das gelingen? So lautete die Frage bei Einführung des neuen Formats. Es war ein ganz besonderer Tag, jener Montag, der 21. Dezember 2015, an dem die 21 Jugendlichen nach der ersten LEX-Woche ihre Projekte der gesamten Oberstufengemeinschaft vorstellten mit Hilfe von beeindruckenden Filmen, Plakaten, Tagebüchern, Zeichnungen und Apps. Sie schilderten ihre Lernschritte, ihre Entdeckungen und Erfahrungen, ihre Erfolge und auch ihre Irrwege.

Alma beispielsweise wollte herausfinden, wie viele Worte sie in einer ihr fremden Sprache, dem Französischen, innerhalb einer Woche lernen könne. Sie begann wie gewohnt und lernte aus Büchern. Das langweilte sie sehr bald. Daraufhin beschloss sie, eine Muttersprachlerin zu treffen und organisierte die Begegnung im Internet. Kurze Zeit später plauderte sie mit einer Französin im Café und beim Spaziergang durch Berlin. Das Erlebnis war so intensiv, dass sie am Ende der Woche den Sprachtest Level A2 bestand. Paula und Charlotte hatten geplant, fremde Kulturen und die politische Lage in unterschiedlichen Ländern kennenzulernen. Sie arbeiteten deshalb in einem Flüchtlingsheim und stießen sowohl an bürokratische als auch an eigene emotionale Grenzen. Daraufhin änderten sie ihre Pläne und lernten eine Menge über das Mensch-Sein. Mila verbrachte ihre Zeit im Gerichtssaal und begleitete einen Richter bei der Arbeit, weil sie der Frage auf den Grund gehen wollte, ob Recht auch wirklich gerecht sei. So berichteten die Schüler von ihren Schwierigkeiten, vom Aufgebenwollen und der Freude, dass sie es letztendlich doch geschafft hatten. Ein Kurzfilm zur ersten Lernexpedition findet sich auf der Homepage der ESBZ[16].

„Diese hervorragende Qualität hatten wir nicht erwartet", so Barbara Stockmeier und Katja Reetz, die die erste Lernexpedition betreut haben, in der Abschlussrunde. „Viele der Jugendlichen, von denen wir etliche schon aus der Mittelstufe kennen, sind in dieser Woche weit über sich hinausgewachsen. Das hätten wir ihnen nie beibringen können." Vier Aspekte haben die beiden Lehrkräfte besonders hervorgehoben:

- das hohe Maß an selbständigem und eigenverantwortlichem Lernen und Arbeiten während der gesamten Woche, ohne dass eine Lehrkraft im Hintergrund steht

16 NOS. Neue Oberstufe. Lernexpeditionen, www.neue-oberstufe.de/lernformate/lex/lernexpedition (Abruf 16. 01. 20)

- mannigfaltige Lernerfahrungen
- Aha-Erlebnisse, die kein Unterricht hätte leisten können
- die hohe Qualität der Dokumentationen.

3.2.1 LEX-Kulturreise durch Polen
Interview mit Karolina Mrózek und Antonina Kolpowska

Karolina und Antonina sind in Polen und in Deutschland aufgewachsen. Sie machten sich in ihrer Lernexpedition gemeinsam auf den Weg, suchten ihre kulturellen Wurzeln und fanden auf ihrer Reise nach Polen Gemeinsamkeiten, Halt und Erfüllung. Beide Schülerinnen besuchten zu dieser Zeit die Jahrgangsstufe 12.

Petra Ehrler: Erzählt doch mal von eurer LEX-Woche, die ihr zusammen organisiert habt.

Karolina: Also wir sind beide bilingual aufgewachsen, mit der Mutter jeweils polnisch und dem Vater deutsch, und wir haben uns ganz spontan in der Pause hier in der Schule kennengelernt. Vorher hatten wir noch nie miteinander gesprochen. Dann kam die LEX-Woche und wir wollten beide irgendetwas mit Polen machen. Da wir beide auch polnisch sprechen, kam dann irgendwann heraus, dass wir gerne eine LEX zusammen in Polen machen würden. Das Ziel dieser LEX war, die polnische Kultur kennenzulernen, da wir sehr viel Zeit in Deutschland mit der deutschen Kultur und Geschichte verbringen und nur wenig Zeit haben, uns mit der polnischen Kultur und Geschichte zu befassen. Wenn wir mal nach Polen fahren, dann steht der Besuch der Familie im Vordergrund, weil wir eher unsere Großeltern besuchen. Es war sozusagen unser Verlangen, diese Zeit zu haben und unser zweites Heimatland in dieser Weise kennenzulernen. Und dann sind wir nach Polen gefahren und haben versucht, kulturelle und auch geschichtliche Aspekte aufzugreifen. Einmal in einem sehr kleinen Dorf, wo meine Oma wohnt, da haben wir gelernt, wie man Pierogi und Barszcz macht, die typisch polnischen Gerichte. Dann haben wir uns dort die Kultur angeschaut. Also zum Beispiel waren wir in der Kirche und sie war so voll, dass die Menschen außen herumstanden; auch drinnen standen sie, es war wirklich voll, also man kam da gar nicht richtig rein, was ja in Deutschland so nie passiert. Und wir haben einen Friedhof besucht. Das ist ganz typisch, dass viele polnische Familien am Sonntag nach der Kirche auf den Friedhof gehen. Später sind wir noch in die Nachbarstadt und nach Krakau gefahren, wo wir beide auch

Abb. 3.1 Das alte Stammlokal – ein Mehrgenerationentreff

schon einmal waren. Aber bisher hatten wir nie die Zeit gefunden, uns dort die Geschichte genauer anzugucken. Jetzt haben wir es geschafft, viele Museen in sehr kurzer Zeit zu besuchen. Wir haben uns den Wawel angeguckt, obschon wir nicht wirklich reingekommen sind, weil es mittlerweile sehr touristisch und teuer geworden ist, aber wir haben die Kathedrale von außen bewundert. Und wir haben ein richtig uriges Gasthaus besucht, wo meine Mutter schon als Kind einkehrte, mit sehr typischen polnischen Gerichten; da sind wir dann auch jeden Tag essen gegangen – auch wieder Pierogi und diese Suppen.

Antonina: Eine sehr einfache Gaststätte, nur eine kleine Karte ohne Getränke, nur mit Essen und die ganz typischen und klassischen Sachen. Da hat man gesehen, dass da jeden Tag Leute hinkommen, die in der Gegend arbeiten oder auch alte Menschen, die einfach alleine zuhause sind und dorthin essen gehen. Es ist schon ein Stammlokal. Sehr lecker, sehr freundlich und sehr einfach – angenehm eben.

Karolina: Ja genau, man saß sofort mit anderen Leuten am Tisch und hat sich begrüßt. Es war mehr noch diese alte Kultur, die man hier in Deutschland und vor allem in Berlin niemals finden würde. Das war sehr natürlich, nicht so aufgezwungen. Es gibt ja Orte, die kulturell sein sollen, aber es nicht wirklich sind und es ist eben ein sehr altes Café, das gibt es schon seit vielen Generationen. Insgesamt hatten wir aber sehr wenig Zeit, hatten uns viel vorgenommen und wir beide wollten die Zeit hundertprozentig nutzen. Es

Abb. 3.2 Polnische Rote-Bete-Suppe – Barszcz

wurde dann auch irgendwann zu viel und wir haben drei Tage vor Abreise noch einmal telefoniert und den Plan umgeworfen. Auch zwischendrin haben wir unsere Pläne nochmal geändert.

Antonia: Es war eine sehr intensive Zeit, sehr schön und eindrucksvoll.

Karolina: Die LEX geht ja eigentlich von Montag bis Freitag. Wir sind aber schon Samstag losgefahren, weil es eine längere Reise in das Dorf meiner Oma ist. Erst mit dem Zug zum Flughafen, dort angekommen dann in den Bus nach Katowice, wieder in den Zug umsteigen und dann hätte man mit dem Bus fahren können, aber von dort hat uns meine Oma mit dem Auto abgeholt. Wir waren 12 Stunden unterwegs. Es war leichter aus Krakau zurückzukommen, da ist eine recht gute Verbindung nach Berlin.

Petra Ehrler: Gab es etwas, dass euch auf der Reise so richtig intensiv ergriffen hat?

Karolina: Also ich glaube das, was ich vorher schon einmal gesagt hatte. Wir leben in Deutschland und haben immer das Deutsche vor uns und man hört immer mal wieder so die Polen, also oft gar nicht im bösen Zusammenhang, aber trotzdem habe ich oft das Gefühl, ich weiß sehr viel über deutsche Geschichte. Und über polnische Geschichte weiß ich viel von meiner Mutter, Oma oder auch Uroma. Oft auch über dieses große Leiden während des Kommunismus, was da alles passiert ist. Meine Mutter ist auch geflüchtet.

Man weiß das irgendwie ungefähr, aber es ist kaum greifbar. Man hat so wenig Zeit, sich diese Kultur und die Städte einmal näher anzugucken. Für mich war das einfach ein bisschen so, dass wir beide ein Herz hier und ein Herz dort haben. Und das Herz hier in Deutschland ist eben häufig erfüllt, einfach weil wir hier so viel Zeit verbringen, und wir eben das Zuhause, sage ich mal, in Polen vermissen. Und dass es so schwierig ist, diese Erfüllung in kurzer Zeit zu bekommen, doch ich glaube wir haben diese Zeit so richtig gut genutzt. Genutzt, unsere Sehnsucht zu stillen, wobei sie natürlich teilweise nicht verschwinden wird. Vor allem, dass wir auch einfach mal die Zeit hatten Pierogi zu machen, das ist ein Riesenaufwand, für den man nie so im Alltag Zeit hätte. Und es ist eben einfach so diese Sehnsucht zu stillen.

Antonina: Was uns auch irgendwie so wichtig war, ist, dass wir beide das Gleiche fühlen. Zum Beispiel kenne ich niemanden anderes als meine Schwester, die mit mir gleich aufgewachsen ist. Aber das ist nicht das Gleiche wie jetzt mit Karolina dahinzufahren, weil wir einfach beide die gleichen Hintergründe haben. Und dass wir das dann zusammen machen konnten, das war gut, das zu teilen.

Karolina: Dieses erste Treffen in der Pause, dass einfach so viele verbindende Sachen da waren: „Ja, das kenne ich auch! Das ist genauso!" Oft haben wir auch gemerkt, dass wir ähnliche Ansichten oder ähnliche Erfahrungen gemacht haben und Sachen ähnlich sehen und uns da helfen können. Also ich habe meine Kindheit in Polen verbracht. Antonia hat auch ein Jahr während ihrer Kindheit dort gewohnt und ist dort zur Schule gegangen. Auch wenn wir oft in den Ferien in Polen waren, unterscheidet sich diese jetzige Reise von den anderen, weil es sehr intensiv kulturell und geschichtlich war. Ich habe noch nie so viele Museen besucht.

Das alles zusammen erleben können, war toll. Klar, ich habe auch meinen Bruder, der hat die gleiche Geschichte, trotzdem würde ich nie mit ihm über so etwas reden, das macht man irgendwie nicht. Dieses Gespaltene ist halt irgendwie da, aber da ist nie diese wirkliche Diskussion, das Reden darüber. Und dass wir einfach auf diese Reise gegangen sind, um das zu erleben und darüber zu reden, das war, glaube ich, der größte Unterschied zu anderen Ausflügen nach Polen.

Antonina: Also es hat sich jetzt vielleicht nicht viel an unserer Einstellung geändert zu Polen oder zu Deutschland, aber man fühlt sich vielleicht einfach ein bisschen mehr erfüllt. Diese Kleinigkeiten zählen, wir wissen jetzt, wie man Pierogi macht und Barszcz kocht und generell, dass wir einfach diese

Abb. 3.3 Museumsbesuch in Polen

Zeit hatten, das wahrzunehmen. Daher ist es auch so schwierig diese Frage zu beantworten, weil einfach vieles zusammenkommt.

Karolina: Also ich glaube jede Person, die bilingual aufgewachsen ist, also beide Kulturen so erleben durfte, wird diese Sehnsucht verstehen. Sehnsucht ist vielleicht auch nicht ganz das richtige Wort, aber es ist auch nicht Fernweh, es ist einfach dieses Verlangen.

Antonina: Ja genau, ein Verlangen.

3.2.2 LEX-Untersuchung eines 4-Takt-Benzinmotors

Interview mit Mattis Meretz und seinem Tutor Milan Smalla

Mattis und Anton sind Freunde. Beide interessieren sich für Technik. Gemeinsam hatten sie sich zu einer handwerklich orientierten LEX beworben, um eine Woche in einer kleinen Werkstatt außerhalb von Berlin an ihrem Golf zu arbeiten. In den nachfolgenden Interviews erzählt zunächst Mattis und anschließend dessen Tutor von den LEX-Erfahrungen.

Petra Ehrler: Bitte erzähl' doch mal von deiner Lernexpedition.

Mattis Meretz: Na ja, ich habe mir vor einem halben Jahr einen Golf 3 gekauft, von einem Schrotthändler für 250 Euro. Dann hatte ich vor, den auseinanderzuschrauben um zu gucken, was da alles an Technik drinsteckt und wie das alles funktioniert. Und zur LEX wollte ich eigentlich den Motor ausbauen und in Berlin auseinanderschrauben. Dann habe ich aber in

Abb. 3.4 Mattis und Anton zerlegen ihren Golf

Berlin keinen Ort gefunden, an dem ich das machen kann. Anton hat davon Wind bekommen und mich gefragt, ob er mitmachen kann, ich habe zugestimmt und wir haben uns überlegt, es dort zu tun, wo das Auto stand, im Wochenendhaus meiner Familie in Brandenburg. Das hat einen großen Werkstattbereich und genug Werkzeuge, dass wir dort den Motor ausbauen und auseinanderschrauben können. So kam das dazu.

Petra Ehrler: Habt ihr euch selbst versorgt?

Mattis Meretz: Ja, es gibt etwas, sieben Kilometer von Templin entfernt. Wir sind mit dem Fahrrad dorthin, haben eingekauft und für uns gekocht. Na ja, und dann hatten wir erst Schwierigkeiten, weil wir nicht das richtige Werkzeug für das Abschrauben der Antriebswelle hatten. Das ist so ein komischer Schlüssel. Dann haben wir einen Schrauber aus dem nächsten Ort gefragt, ob wir uns so einen Schlüssel ausleihen können. Er wollte uns den nicht ausleihen, weil er Angst hatte, dass er sich abnutzt oder so. Also haben wir uns den bestellt. Und dann kam er einen Tag später und wir konnten den Motor ausbauen. Damit hatten wir einen Tag Verzögerung. Dann haben wir den Motor herausgehoben. Also mein Vater ist Tischler, der hat einen Kran und mit dem haben wir den Motor aus dem Auto gehoben und die Einzelteile abgeschraubt.

Petra Ehrler: War das einfach?

Mattis Meretz: Ich hatte zwei Bücher, Reparatur-Bücher für den Golf 3. Damit ging das relativ fix. Also ein paar YouTubes mussten wir uns auch angucken, weil die Erklärung nicht so einfach war. Aber das ging. Man hat schon rausgefunden, wie das funktioniert.

Abb. 3.5 Blick auf die Nockenwelle

Petra Ehrler: Habt ihr das Auto auch wieder zusammengebaut oder wie ging es weiter?

Mattis Meretz: Nee, eigentlich war die Idee, den Motor rauszubauen, komplett auseinanderzunehmen, sauber zu machen und dann wieder reinzubauen und zu gucken, ob er wieder angeht. Soweit sind wir aber leider nicht gekommen.

Petra Ehrler: Fuhr das Auto vor dem Auseinanderbau?

Mattis Meretz: Am Anfang fuhr er. Also er fuhr nicht gut, aber er fuhr. Ich glaube, der ist halt extrem dreckig, ziemlich verrußt und alles so ein bisschen abgenutzt. Vielleicht hätten wir Teile, die ein bisschen beschädigt sind, wechseln sollen. Wir haben jetzt auch schon ein paar Teile, die kaputt waren, Zylinderkopfdichtung zum Beispiel, nachbestellt, damit wir die austauschen und wieder einbauen können.

Petra Ehrler: Das heißt, ihr baut nach der LEX-Woche noch weiter am Auto?

Mattis Meretz: Ja, ich weiß nicht, ob Anton weitermacht, aber ich glaube schon. Also ich werde auf jeden Fall den Motor bis zum Grund auseinandernehmen und dann wieder einbauen.

Petra Ehrler: Was hast du für dich gelernt?

Mattis Meretz: Grundsätzlich habe ich in der LEX gelernt, dass ich mich mehr damit beschäftigen sollte, was ich will und was ich dazu brauche. Ich werde ja noch fünf weitere Lernexpeditionen haben, das war meine erste.

Denn zunächst einmal war ich davon ausgegangen, dass wir alles Werkzeug haben. Und ich habe viel über mein Auto gelernt, wie die einzelnen Teile zusammenspielen und welche Kräfte auf einen Motor wirken.

Petra Ehrler: Und war der Moment, als ihr nicht das richtige Werkzeug hattet oder als irgendetwas Unvorhergesehenes passiert ist, schwierig für euch?

Mattis Meretz: Na ja, es war erst mal frustrierend. Auch dass die Werkstatt nicht beheizt war. Also es war ein geschlossener Raum, aber er war eben nicht geheizt. Deshalb wurde es nach einiger Zeit sehr kalt und wir haben regelmäßig Pausen gemacht um uns aufzuwärmen. Und dann hattest du so einen Moment, wo du gedacht hattest „Ach Mann, das geht jetzt nicht weiter!". Dann hast du dich wieder vor den Kamin gesetzt, hast eine halbe Stunde nachgedacht und danach irgendetwas anderes ausprobiert. Mit einem anderen Schlüssel oder so. Oder du hattest jetzt irgendeine Idee, wie das weitergehen kann. Das hat eigentlich immer funktioniert. Zum Beispiel zum Aufbocken des Autos. Man muss das Auto aufbocken, um die Räder abzuschrauben. Also wir haben es vorne aufgebockt, auf Montagesteine, ich weiß nicht wie das heißt. Und dieses Aufbocken und wie man das unterstützt, damit das sicher hält, das hat uns ein bisschen Kopfzerbrechen gebracht. Also da haben wir auch ein paar Sachen ausprobiert und dann eine Lösung gefunden.

Petra Ehrler: Ja, super. Bist du zufrieden mit deiner LEX?

Mattis Meretz: Ja, schon. Es war ein großartiger Moment, als der Motor am Kran hing und frei schwebte. Und nicht mehr im Auto war. Das war schon cool. Das war ja auch kein richtiger Motorkran. Wir mussten uns ein bisschen helfen, weil das eigentlich ein Palettenwagen war. Mit einem Motorkran kannst du den Motor viel genauer ausrichten, dass er gerade hängt. Und da mussten wir viel mit Ketten arbeiten, damit wir ihn gerade aufhängen konnten. Was halt auch ein bisschen schwierig war, ist, dass das Auto von 1993 ist, glaube ich, und stark gerostet ist. Und dann sitzen halt ein paar Schrauben fest. Und das frustriert, wenn man lange an einer Schraube sitzt und versucht, mit einem großen Hebel aufzuschrauben und der Kopf dann abbricht. Dann funktioniert alles nicht.

Petra Ehrler: Du hast eine LEX-Woche hinter dir, die einen großen handwerklichen Anteil hatte. Wie war das für dich?

Abb. 3.6 Motorblock und Getriebe werden herausgehoben

Mattis Meretz: Na ja, vor allem durch die Arbeit bei meinem Vater bin ich handwerklich schon gut dabei. Also, das eine ganze Woche lang durchzuziehen, das war nicht so schwierig, weil ich das schon im Fach *Herausforderung* einmal gemacht habe. Damals habe ich ein Gewächshaus gebaut. Ich würde schon sagen, dass ich mehr Spaß habe an einem Handwerk, als jetzt in der Schule etwas zu schreiben. Das war schon cool, eine Zeit zu haben, in der man sich nicht so auf diese Regeln konzentrieren musste, irgendwelche Satzbaustellungen. Sondern einfach mal ausprobieren, ob die Schraube losgeht, wenn man da fest draufhaut. Also persönlich mache ich ja viel Handwerkliches dadurch, dass mein Vater die Tischlerei hat. Und da beschäftige ich mich mit Holz und wie das zusammenspielt, damit das hält. Mit Motoren habe ich mich auch schon beschäftigt, als ich ein Praktikum in einer Oldtimer-Werkstatt gemacht habe. Aber ich habe die Materie Stahl und wie das alles zusammen funktioniert noch nicht so begriffen und vor allem noch keinen Bezug dazu gefunden.

Petra Ehrler: Möchtest du noch etwas zur LEX sagen?

Mattis Meretz: Was ich gut finde an dem Konzept LEX ist, dass es nicht wieder wie bei der *Herausforderung* etwas ist, wo sie sagen, du musst bis dahin etwas gefunden haben. Sondern die Schule stellt frei: Hier, ich habe ein Angebot für dich. Du kannst, wenn du willst, dir eine Woche frei nehmen und etwas lernen, was du immer schon lernen wolltest und musst das begründen. Das finde ich extrem stark, dass das nicht verpflichtend ist. Sondern wenn du einen guten Grund hast, eine Sache zu lernen, die dir Spaß macht und die du immer mal machen wolltest, kannst du dich bewerben und das dann durchziehen, wenn du es gut begründen kannst. Das finde ich besser als beim Konzept *Herausforderung*, ihr müsst bis dahin etwas haben, was ihr machen wollt, auch wenn ihr gar keine Lust habt, drei Wochen wegzufahren.

Petra Ehrler: Wenn ich es richtig verstehe, ist es die Freiwilligkeit, die dir so gut gefällt?

Mattis Meretz: Erstens das und dann auch die Bandbreite, komplett frei zu überlegen, was und wie du lernen willst und das mit deinem Tutor abzusprechen, ob das jetzt realisierbar ist oder nicht. Und wenn das nicht realisierbar ist, kannst du weiterdenken und dir was anderes ausdenken, was du machen willst. Das finde ich schon ziemlich gut.

Milan Smalla, Biologielehrer an der ESBZ und Tutor von Mattis und Anton, hat deren Lernexpedition vom Bewerbungsprozess bis zur Reflexion begleitet. Nach der Reflexionsrunde in der Tutorgruppe berichtet er im Interview von seinen Eindrücken.

Milan Smalla: Anton ist in der 12, Mattis in der 11. Die beiden kennen sich schon länger und haben ein gemeinsames Interesse an Motortechnik. Beide haben jetzt eine Woche lang versucht, einen Motor auseinanderzunehmen. Und sie sind gleich auf die Schwierigkeiten gestoßen, die wir alle kennen, dass nämlich das richtige Werkzeug nicht da ist und dass es doch komplizierter ist. Dass also das, was man sich vornimmt, letztendlich viel länger dauert, weil man diesen Prozess zum ersten Mal durchmacht. Dieses Prozessdenken und die Reflexion von Prozessen, das ist eigentlich das Allerwichtigste. Im Prinzip gilt das für alle: Sie nehmen sich alle etwas vor und stoßen dann auf Schwierigkeiten. Und das sind dann viele kleine Details, die dazu führen, dass man den Plan ändern muss, umdenken muss, improvisieren muss und dergleichen. Und das haben die beiden auch erlebt. Sie konnten den Motor nicht einfach so rausnehmen und daran schrauben, weil das Werkzeug nicht da war. Diese Schwierigkeit haben sie dann doch gemeistert. Aber sie haben den Motor nicht wieder eingebaut. Sie haben jetzt also noch etwas zu tun.

Petra Ehrler: Waren die Jugendlichen stolz auf ihre Lernexpeditionen, sahen sie einen Wert darin?

Milan Smalla: Da waren einige sehr, sehr stolz. Und da waren auch einige unerwartet stolz. Da hat das Produkt etwas mit den Schülerinnen und Schülern gemacht. Einer war eine Woche beim ‚Martial Arts Training'. Er hat sehr viel gelernt und in der Reflexionsrunde auch der Klasse etwas beigebracht, nämlich was der Unterschied ist zwischen gewaltsamem Auftreten und Freude am Kampf. Also das, was viele männliche Personen fühlen, sie wollen etwas machen, was natürlich ist, aber ohne, dass jemand einen Schaden nimmt. Dieses Dilemma, das hat er versucht zu erkunden. Das fand ich gut. Das war ein richtig schöner Ansatz, das war wirklich einmalig.

Petra Ehrler: Wie war die Qualität der Dokumentationen?

Milan Smalla: Die war auf jeden Fall höher als im letzten Jahr. Die Dokumentationen waren viel besser ausgearbeitet. Vielleicht hat das LEX-Training dazu beigetragen. Das ist jetzt mein individueller Eindruck. Die Leute, die die Arbeit bei mir bewerkstelligt haben, die hatten viel Freude, auch in der Reflexionsrunde. Dass man das Gelernte auch vortragen muss, das muss man im Hinterkopf haben. Das ist für die Schüler sehr wichtig, damit sie nicht überrascht werden. Sie können in schriftlicher oder einer anderen medialen Form dokumentieren. Die 6. LEX-Woche war auch insofern genial, weil insbesondere die 13er profitiert haben. Sie durften ihre 5. Prüfungskomponente weitermachen und konnten beispielsweise Institute besuchen, Dinge, die man nur vormittags machen kann. Das war richtig wertvoll und sie hatten dadurch einen sehr hohen Mehrwert, mehr als das, was sie vielleicht in der Schule geleistet hätten. Insbesondere wenn sie immer den Gedanken mit sich herumtragen, dass sie die 5. PK noch fertigmachen müssen, das stresst und nervt die Schüler. Da hat die LEX-Woche Druck herausgenommen und es war genau zu dem Termin jetzt im Dezember gut.

Petra Ehrler: Was gibt es zur LEX noch zu sagen? Was hat Sie überrascht?

Milan Smalla: Überrascht hat mich, dass alle aus meiner Gruppe Lust hatten mitzumachen, alle wollten dabei sein. Die LEX-Woche ist einfach ein hervorragendes Format. Und ich finde keine Begründung, warum das Format an anderen Schulen nicht auch zur Regel werden sollte. Also es gehört für mich zum Standardprogramm, weil es extrem wertvoll ist, den Schülern zu vertrauen in dem, was sie lernen möchten. Da schwingt so viel mit. Das ist echte Beziehungsarbeit, jemandem eine Woche Vertrauen zu schenken. Und das haben sie genutzt. Ich war richtig erfreut, die Ergebnisse zu hören. Wunderbar!

Petra Ehrler: Mussten Sie sich als Lehrer verändern, um Lernexpeditionen begleiten zu können?

Milan Smalla: Ja natürlich, ich muss sehr viel mehr vertrauen. Das muss ohne Zweifel passieren und das soll in dem Gespräch vor der LEX-Woche auch ganz klar vermittelt werden. Das ist das reine Vertrauen in den Schüler. Und das spiegelt derjenige ja auch immer wider ‚Ich will dein Vertrauen nicht brechen. Ich will dich nicht damit verletzen, dass du Vertrauen gegeben hast.' Das ist ganz wichtig. Das ist das, was zwischenmenschlich abläuft. Und wenn das die ganze Woche über positiv ist, dann ist das ein Stück neue Beziehung, eine Festigung der Beziehung. Und das ist sehr wertvoll.

Petra Ehrler: Und deswegen haben die LEX-Wochen auf das ganze Schulgefüge einen Einfluss?

Milan Smalla: Ja, das ist es: Jetzt seid ihr dran. Jetzt habt ihr die Wahl, lernt selbständig, eine Woche lang, nehmt euch selbst an die Hand. Das ist so wichtig, weil die Schüler das ja sonst noch nie hatten. Das ist in der Phase, in der die 16- bis 18-Jährigen sind, genau das, was sie brauchen. Sie brauchen diesen Versuchscharakter. Wie gehe ich mit einer Situation um. Wie ich schon eingangs sagte, diese Detailschwierigkeiten und das Improvisieren. Das ist die hohe Kunst dabei. Improvisieren kann man nur lernen, indem man improvisieren muss. LEX ist Lernen fürs Leben und nicht für das, was wir hier in unserem kleinen Planeten der einzelnen Fächer so wollen. Unsere Schule macht mich in der Hinsicht stolz, sie lebt durch neue Formate und – ich bin auch Biologe und sehe es so – durch Experimente. Experimente sind das, was das Leben ausmacht. Immer wieder neue Experimente, diese prüfen und damit einen Schritt weiterkommen. Nichts total umschmeißen, sondern immer probieren, woran kann ich arbeiten, woran kann ich knabbern. In der Woche ist wirklich viel passiert. Und die Schüler sehen, was man in einer Woche lernen kann, wenn man sich richtig auf etwas freut und intrinsisch lernt. Die Schüler lernen auch bei der Präsentation viel voneinander. Wir sollten noch mehr fördern und nutzen, was im gemeinsamen Lernen in der Gruppe Gleichaltriger passiert, wenn sie sich gegenseitig Dinge präsentieren, die sie geschaffen haben. Das ist sehr wichtig. Zur Begleitung braucht es erfahrene Lehrer. Denn jeder Schüler ist anders, und es war die tolle intellektuelle Leistung vieler Schüler, die eigenen Baustellen zu erkennen und in der LEX-Woche daran zu arbeiten. Wir Lehrkräfte werden lernen, wie man die Schülerinnen und Schüler noch besser begleiten kann, adäquater und individueller. Wir experimentieren ja auch und das Spannende ist, jeder leistet hier seinen kleinen Experimentierteil dazu. Das ist etwas, was die ganze Gemeinschaft der Schule stärkt. Die Freiheit in diesem Unterrichtsgeschehen bringt den Lehrern so viel, dass sie mit ihrer Motivation auch dort sind, wo sie sein müssen – nämlich in der Schule.

3.2.3 LEX-Erfahrungen zur Studien- und Berufsorientierung
Interview-Ausschnitte

Wie vielfältig und intensiv das selbstgestaltete Lernen der Jugendlichen ist, wie groß die intrinsische Motivation dabei sein kann und wie die Jugendlichen ihre Lernexpeditionen zur beruflichen Orientierung nutzen können, wird in den nachfolgenden Interviews deutlich. Zunächst erzählt Zora Luna Eggert aus Jahrgang 12; sie blickt auf ihre erste Lernexpedition zurück. Danach berichtet Ole Striezel aus Jahrgang 13, der bereits dreimal teilgenommen hat.

Petra Ehrler: Erzähl' doch bitte einmal von deiner Lernexpedition.

Zora Luna Eggert: Also, ich habe mich schon immer für Psychologie und Hirnstrukturen interessiert und hatte aber nie Zeit herauszufinden, ob mein Leben mal in diese Richtung gehen will. Die Schule ist ja gerade dafür da, auch so zu gucken, was ich mit meinem Leben später anfangen will. Also ich wollte dann schauen, wie ich das herausfinde und dachte mir, dass ich etwas zur Traumpsychologie mache. Und ich bin also an verschiedenen Universitäten zu offenen Vorlesungen gegangen und in Bibliotheken, hab' ein paar Interviews geführt und habe mir im Internet und in Büchern eine Woche lang Material zusammengesucht und dann zum Schluss eine Art Portfolio erstellt […]. Und das war sehr interessant, und ich habe auch für mich herausgefunden, dass ich das später nicht als Beruf machen will, aber ich habe diese Woche sehr genossen und viel gelernt.

Petra Ehrler: Hast du noch weitere Themen, die du gerne bearbeiten würdest?

Zora Luna Eggert: Also bei *Alle ins Ausland* kann man sich aussuchen, ob man ein Jahr oder drei Monate weggeht. Ich war drei Monate weg und war in Belize, das ist ein kleines Land in Mittelamerika neben Guatemala in der Karibik; ich habe mich für den Meeresschutz eingesetzt. Dort gibt es eine invasive Fischart, wir haben die Fischbestände analysiert. Wir sind dann auch an Schulen gegangen, um die Leute darüber aufzuklären. Also das war ein Projekt, wo ich wirklich sehr viel ins Tauchen eingebunden wurde, was einfach wahnsinnig Spaß gemacht hat, nur das Datenauswerten mussten wir als freiwillige Mitarbeiter nicht machen, wir mussten Daten sammeln, aber wir mussten sie nicht auswerten. […] Und wenn ich Meeresbiologin werden will, ist das aber ein Teil davon und deshalb wollte ich mal schauen, wie groß der Teil ist und ob es letztendlich vielleicht nur Laborarbeit ist und ob es dann langweilig ist oder super interessant. Deshalb möchte ich mal gern eine Woche in ein Labor gehen und Daten auswerten und schauen, ob das was für mich wäre. Das würde mich interessieren. Mit den Lernexpeditionen versuche ich mein Themenfeld einzuschränken oder zu erweitern über das, was ich nach der Schule machen will, weil ich noch keinen genauen Plan habe, wie viele es vielleicht schon haben. Da hilft es mir hoffentlich herauszufinden, was ich studieren will.

Petra Ehrler: Ist es für dich schwierig, eine Bewerbung zur Lernexpedition zu schreiben?

Zora Luna Eggert: Also generell finde ich das nicht so schwierig. Wenn man ein Thema hat, dann ist man motiviert und die Schule möchte ja auch, dass man das macht. Man muss sich nur rechtzeitig darum kümmern, man muss immer im Blick haben, wann die LEX ist, um frühzeitig eine Bewerbung zu schreiben. Wenn von der Schule kommt ‚Ja übrigens, nächste Woche ist LEX', dann noch eine Bewerbung zu schreiben, das funktioniert nicht. Aber wenn man sich frühzeitig darum kümmert, dann wird das auch was. Manchmal bekommt man von Organisationen, bei denen man arbeiten möchte, auch Absagen. Damit muss man dann halt leben können, aber es geht.

Petra Ehrler: Und hast du die Zeit, eine Lernexpedition zu organisieren neben deinen anderen Arbeiten an der Schule oder ist das sehr stressig?

Zora Luna Eggert: Na ja, man ist ja nicht verpflichtet zur LEX zu gehen, man könnte auch weiter zur Schule gehen. Aber wenn man ein Thema hat, das einen interessiert, dann findet man auch die Zeit dafür.

Petra Ehrler: Ole, erzähl' bitte einmal, welche Lernexpeditionen du schon unternommen hast?

Ole Striezel: Ich habe an drei Lernexpeditionen teilgenommen. Zwei waren eine Art Minipraktikum in Themenfeldern, die ich sehr interessant finde. Das erste war in einer französischen Patisserie. Vor Weihnachten habe ich

Abb. 3.7 Ole arbeitet in der Patisserie

eine Woche lang mitgearbeitet, selbst einen neuen Keks entworfen und ihn verziert. Das hat sehr viel Spaß gemacht, das war sehr interessant.

In meiner zweiten LEX war ich in einer Riesentischlerei mit sehr moderner Ausstattung. Sie bauen für Museen und fertigen Bühnenbilder und ähnliches. Sie haben auch eine eigene Metallwerkstatt, in der ich zum ersten Mal schweißen konnte. So habe ich viele neue Sachen kennengelernt, was ziemlich gut war. Und bei meiner dritten LEX habe ich mir etwas gesucht, wo ich nicht abhängig von einem Betrieb war. Ich habe einen Rahmen für ein Bild gebaut, was ich in der Holzwerkstatt der Schule machen konnte. Und weil das nicht den ganzen Tag in Anspruch genommen hat, habe ich mich gleichzeitig noch mit dem Zehn-Finger-Tippen beschäftigt, Übungen gemacht und das weitestgehend in einer Woche gelernt. Das hat sehr gut funktioniert.

Petra Ehrler: Hast du die Lernexpeditionen geplant, um beruflich eine Perspektive zu finden?

Ole Striezel: Ja, das war mit Hintergedanken. Ich glaube ich werde auch nochmal ein Praktikum in einer Konditorei machen, weil mich das sehr interessiert und mir Spaß macht. Ob das jetzt letztendlich mein Beruf wird, bin ich mir noch nicht sicher. Und in dem Betrieb dachte ich, dass ich mehr in Richtung Holzwerkstatt arbeiten würde. Es war zwar interessant, aber so einen richtigen Einblick in den Beruf hat es mir nicht gegeben, fand ich. Insgesamt war es sehr anschaulich und ich konnte in das Berufsleben reinschauen, aber nicht so tief, also ich konnte mich mit den einzelnen Techniken und den einzelnen Personen nicht so ausführlich auseinandersetzen, sondern es war etwas oberflächlich, man hat mal so geschaut, mal kurz ausprobiert, aber man ist nicht in die Tiefe gegangen.

Petra Ehrler: Bereitete dir das Bewerbungsverfahren Schwierigkeiten?

Ole Striezel: Nein, das ist eigentlich ziemlich einfach. Also wenn man eine gute Begründung hat, muss das Bewerbungsschreiben gar nicht lang sein, eine halbe Seite reicht vollkommen. Wenn man jetzt etwas Spezielleres machen will und man viel zuhause ist, muss man halt mit guten Argumenten kommen und dann ein entsprechendes Endprodukt vorzeigen können.

Petra Ehrler: Wurden deine Bewerbungen ohne Rückfragen genehmigt?

Ole Striezel: Nein, nicht immer. Bei der letzten Bewerbung hatte ich zuerst nur das Zehn-Finger-Tippen, das war zu wenig. Daraufhin habe ich noch weiter überlegt und auch gefragt, was andere gemacht haben. Die Tutoren verweisen oft auf andere Schüler, die ähnliche Probleme hatten und dann aber eine Lösung gefunden haben, so dass man sich mit ihnen austauscht. Dann hatte ich die Idee und habe noch ein handwerkliches Projekt dazu genommen, weil ich den Rahmen ja selbstständig bauen wollte, hat sich das super angeboten.

Petra Ehrler: Bereitete dir die Planung der Woche Schwierigkeiten?

Ole Striezel: Als ich die Minipraktika in den Betrieben machte, war das eigentlich relativ vorgegeben, da musste ich kaum selber organisieren, hatte nicht viel zu planen. Und die dritte LEX war schon eine Herausforderung, da ich auf die Holzwerkstatt angewiesen war und mich viel danach gerichtet habe, wann dort frei war und ich arbeiten konnte. Ansonsten hatte ich mir vorgenommen, zwei bis drei Stunden am Tag das Zehn-Finger-Tippen zu üben, selbstständig, und das über den Tag verteilt, das bringt mehr, glaube ich, wenn man es verteilt über den Tag macht.

Petra Ehrler: Und waren deine Planungen realistisch?

Ole Striezel: Ja, meiner Meinung nach ist das gut aufgegangen. Ich war Freitag auch mit dem Bilderrahmen fertig, er musste noch trocknen, Montag habe ich ihn dann abgeholt.

Petra Ehrler: Du hast an drei Lernexpeditionen teilgenommen. Wie beurteilst du das Format?

Ole Striezel: Also mir persönlich gefällt es sehr gut, ich hatte sehr schöne Lernexpeditionen und konnte viele Sachen machen, die mich interessiert haben und die ich bislang noch nicht ausprobieren konnte. Und insgesamt finde ich es gut, weil man sich in der LEX auch auf schulische Themen fokussieren kann, wenn man in Fächern hinterher ist. Was auch im Hinblick aufs Abitur gut ist, weil man sich auf die fünfte Prüfungskomponente oder ähnliches gut vorbereiten und in dieser Zeit drauf konzentrieren kann. Das einzige Problem war, dass es Abgabefristen für die Bewerbungen gab, die von einigen Schülern nicht eingehalten werden konnten, obwohl sie an der LEX teilnehmen wollten; sie hatten in der Schule zu viel zu tun. Das hat zu vielen Komplikationen geführt, die man, denke ich, auch vermeiden kann. Das ist das Einzige, was mir noch aufgefallen ist, was noch echt verbesserungswürdig ist.

3.3 LEX-Evaluationsergebnisse

Im Evaluationszeitraum von Dezember 2015 bis Juni 2019 wurden 7 Lernexpeditionen wissenschaftlich begleitet und kontinuierlich weiterentwickelt. Jugendliche der Oberstufe konnten unterschiedlich häufig an den LEX-Wochen teilnehmen: Sechsmal wurden sie für Jahrgang 11 angeboten, viermal für Jahrgang 12 und einmal für Jahrgang 13. Somit hatten die Schüler aller Jahrgänge zwei bis dreimal Gelegenheit, an einer Lernexpedition teilzunehmen, siehe Tabelle 3.1. An den Lernexpeditionen 1–6 nahmen die Jugendlichen freiwillig teil, bei LEX 7 war die Teilnahme aus experimentellen Gründen verpflichtend.

3.3.1 Teilnehmer, Themen, Bewerbungsverfahren

An den LEX-Wochen 1–7 hätten insgesamt 1 004 Schülerinnen und Schüler aus den Jahrgängen 11–13 teilnehmen können – 647 Jugendliche (64 %) haben die Chance letztlich ergriffen, sich erfolgreich beworben und ihre individuelle Lernexpedition durchgeführt. Über die Online-Befragungen äußerten sich 55 % der Teilnehmer, 50 % der Nicht-Teilnehmer und 54 % der Tutoren zu ihren Erfahrungen mit LEX 1–7. Darüber hinaus wurden 51 Kurz- und Langzeitinterviews durchgeführt. Detaillierte Angaben zu allen Lernexpeditionen finden sich in Tabelle 3.1.

An der ersten Lernexpedition im Februar 2015 nahmen nach erfolgreicher Bewerbung 28 % der Jugendlichen aus der Jahrgangsstufe 11 teil. Mit

Tab. 3.1 LEX-Teilnehmer und -Interviews, Rückläufe zum Online-Fragebogen

LEX	1	2	3	4	5	6	7	1–7
Jahrgang	11	11	11/12	11	11/12	11–13	12	11–13
Schuljahr	2015/16	2016/17	2016/17	2017/18	2017/18	2018/19	2018/19	2015–2019
Schüler Gesamtzahl	75	88	183	90	184	291	93	1004
Anzahl Teilnehmer	21	41	81	72	109	230	93	647
Teilnehmeranteil aus den Jahrgängen	28 %	47 %	44 %	80 %	59 %	79 %	100 %	64 %
Rücklauf Fragebogen Teilnehmer	91 %	90 %	84 %	69 %	41 %	38 %	54 %	55 %
Anzahl Nicht-Teilnehmer	54	47	102	18	75	61	–	357
Rücklauf Fragebogen Nicht-Teil-nehmer	80 %	89 %	53 %	44 %	21 %	23 %	–	50 %*
Anzahl Tutoren	2	4	12	10	13	26	11	78
Rücklauf Fragebogen Tutoren	100 %	0 %	75 %	100 %	46 %	54 %	64 %	54 %
Anzahl Interviews	12	10	3	9	11	3	3	51

* Der Wert errechnet sich aus LEX 1–6, da nur die Teilnahme an diesen Lernexpeditionen freiwillig war.

zunehmendem Bekanntheitsgrad des Formats stieg die Teilnehmerzahl bei LEX 2 auf 47 %. Durch Weiterqualifizierung der Tutoren konnten die Jugendlichen individueller und intensiver beraten werden, woraufhin bis zu 80 % der Schüler eines Jahrgangs freiwillig an einer Lernexpedition teilgenommen haben. Das verbesserte Coaching der Tutoren hat sich dauerhaft bewährt. Dies zeigt sich beispielsweise in LEX 6, zu der sich 79 % der Schüler aus der Jahrgangsstufe 11 erfolgreich beworben hatten, obwohl knapp 40 % davon erst vier Monate zuvor in die Oberstufe der ESBZ aufgenommen wurden und auch von Schulen kamen, in denen weniger selbständig gearbeitet und gelernt wird. Im Durchschnitt haben etwa 10 % der Bewerber keine Zulassung zu einer LEX-Woche erhalten. Darunter waren auch diejenigen, die bei dem verpflichtenden Vorbereitungstraining unentschuldigt gefehlt haben.

Die im Mai 2019 für die 12. Jahrgangsstufe angebotene 7. Lernexpedition war die letzte im Evaluationszeitraum. Sie war für alle Schüler erstmals verpflichtend, dementsprechend haben auch alle Jugendlichen aus diesem Jahrgang (N = 93) daran teilgenommen. 67 % hatten den Bewerbungsprozess erfolgreich durchlaufen, 29 % erhielten zunächst keine Teilnahmegenehmigung, 4 % gaben erst gar keine Bewerbung ab. Nur durch Nachhaken und intensive Begleitgespräche seitens der Tutoren ist es gelungen, dass alle Jugendlichen LEX 7 durchgeführt haben. 54 % von ihnen haben an der Online-Befragung teilgenommen. Deren Antwortverhalten lässt allerdings vermuten, dass die Schüler, die sich mit der Bewerbung schwergetan haben, in dieser Gruppe unterrepräsentiert sind.

Im Rahmen der wissenschaftlichen Begleitung wurden auch die Schüler befragt, die nicht an den Lernexpeditionen 1–6 teilgenommen haben. Abbildung 3.8 zeigt, welche Gründe für die Nicht-Teilnahme an LEX 6 ausschlaggebend waren.

Die überwiegende Mehrzahl der Schüler[17] (86 %) gibt an, dass die Nicht-Teilnahme an LEX 6 nicht notwendigerweise im Zusammenhang damit steht, dass sie als zu schwierig angesehen wurde. Zwei Drittel haben bereits ein Thema für ihre LEX im Sinn gehabt, zumeist aus den Bereichen *Lebenspraxis/eigenes Interesse: Wie beeinflussen soziale Medien die heutige Jugend (13–20 Jahre)* oder *Das Bild der Frau in unserer heutigen Gesellschaft?*

17 Die Befragten konnten ihre Einschätzungen auf einer vierstufigen Likert-Skala abgeben (trifft voll zu, trifft eher zu, trifft eher nicht zu, trifft gar nicht zu). Zudem konnte die Auswahloption *kein Urteil* gewählt werden. Aus Gründen der Prägnanz sind in den Grafiken die Antwortoptionen *trifft eher nicht zu, trifft gar nicht zu* zusammengefasst. Bei den Prozentangaben kann es aufgrund von Rundungen zu Abweichungen von ± 1 % kommen.

Abb. 3.8 Gründe für die Nicht-Teilnahme an LEX 6 (in %)*

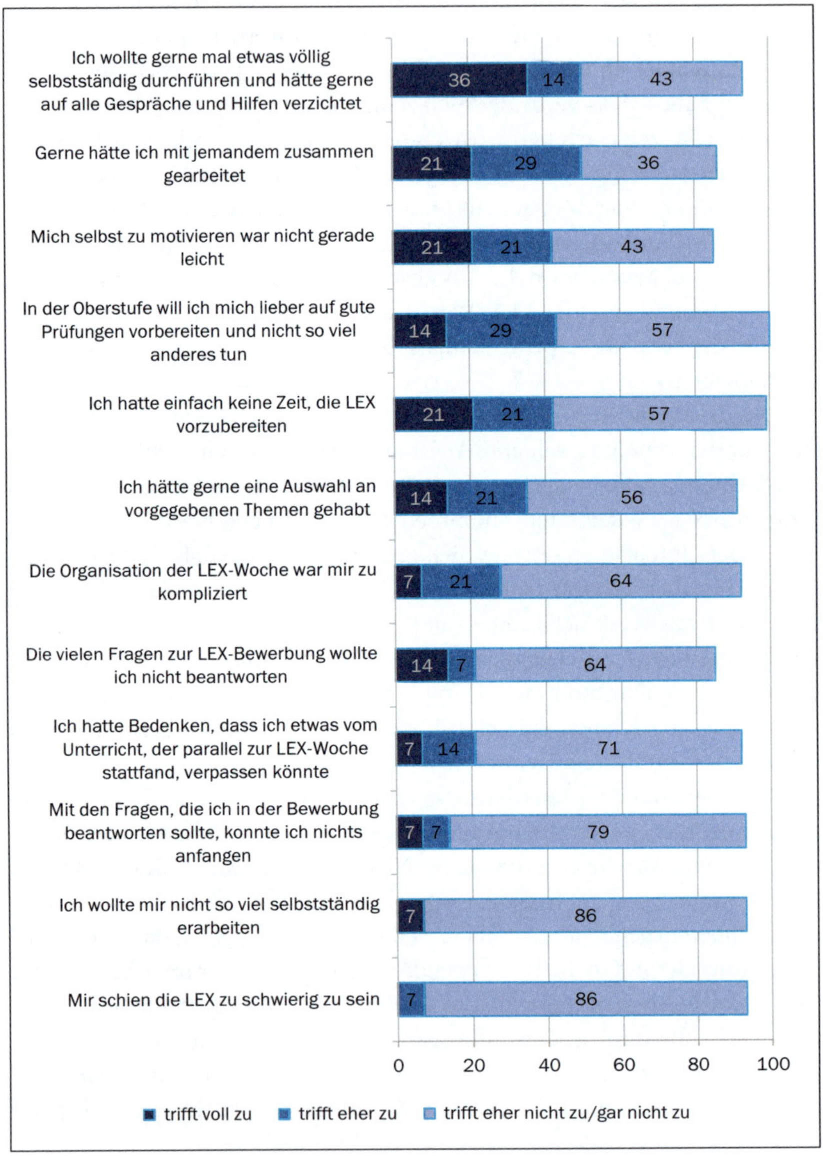

* Die fehlenden Abschnitte der Balkensummen zur 100-Prozent-Marke entsprechen dem jeweiligen Anteil derjenigen, die diese Frage nicht beantwortet haben.

oder *Professionelle Produktion eines Songs* oder *Ägyptologie – prädynastische archäologische Funde* oder *Meine alte Schule und ihr System.* Für mehr als 90 % ist das Format Lernexpedition spannend und motivierend genug, um später einmal daran teilzunehmen. Für ihre Nicht-Teilnahme an LEX 6 geben die Jugendlichen folgende Gründe an (Mehrfachnennungen): 50 % hätten gerne einmal ganz ohne Gespräche und fremde Hilfe eigenständige Ideen entwickelt und realisiert. Gleichermaßen geben 50 % an, dass sie gerne mit jemandem zusammengearbeitet hätten, aber keinen Partner gefunden haben. Für 43 % trifft es mehr oder weniger zu, sich in der Oberstufe lieber auf gute Prüfungen vorbereiten zu wollen. 42 % finden es hingegen schwierig, sich selbst zu motivieren, und ebenso viele haben keine Zeit zur Vorbereitung gehabt. Für 29 % der Schüler ist die Organisation der geplanten LEX nach eigenem Ermessen zu kompliziert. 21 % der Nicht-Teilnehmer haben sich für die attraktiven Parallelangebote zur LEX entschieden, in denen Unterrichtsinhalte aus unterschiedlichen Fächern wiederholt werden.

Die Teilnehmer an den Lernwochen hatten vielfältige Themen für ihre Expeditionen gewählt. Einige nutzten die Zeit, um ihr schulisches Wissen zu vertiefen oder Lücken aufzuarbeiten und befassten sich beispielsweise selbständig mit englischer Grammatik oder sie erledigten anstehende Aufgaben und arbeiteten an der 5. Prüfungskomponente für ihr Abitur. Andere wiederum erweiterten ihre Interessensgebiete um Themen wie *Survival, Reittherapie, Kochen, Fermentieren, Häkeln;* sie lernten *Ukulele* oder *Mandoline zu spielen, eigene Lieder zu produzieren, zu fotografieren,* starteten *Selbstversuche mit Verzicht auf digitale Medien zur vielfältigeren Freizeitgestaltung* oder *Experimente mit polyphasischem Schlaf, bauten Tische und Betten,* lernten *plastikfrei zu leben* oder sie brachten sich das *Schweißen* bei. Die Lernexpedition wurde auch genutzt, um sich beruflich oder studientechnisch zu orientieren, beispielsweise um *Küchen der Welt kennenzulernen, im Kindergarten zu arbeiten, Studieninformationen zu sammeln, die Universität in Stirling/Schottland zu besuchen* oder *Politiker und Künstler in ihrem Arbeitsalltag zu begleiten.*

In der Lernexpedition 7 interessierten sich 16 % der Schüler für eine Berufs- oder Studienorientierung, 38 % für eine Vertiefung schulischen Wissens und 46 % für außerschulische Schwerpunkte, siehe Abb. 3.9.

Auffällig ist, dass zwischen LEX 4 und LEX 7 etwa 25 % mehr Schüler eine Lernexpedition zur Bearbeitung schulischer Aufgaben durchgeführt und etwa 20 % weniger einen außerschulischen Inhalt gewählt haben. Einerseits wird damit deutlich, dass auch lernschwächere Schüler zunehmend häufiger das Format genutzt haben, um schulische Defizite eigenverantwortlich aufzuarbeiten. Andererseits gab es terminliche Überschneidungen seitens der Schule, wodurch manche Jugendliche schulische Aufgaben zu erledigen

Abb. 3.9 Themenschwerpunkte der Lernexpeditionen 4 bis 7 (in %)

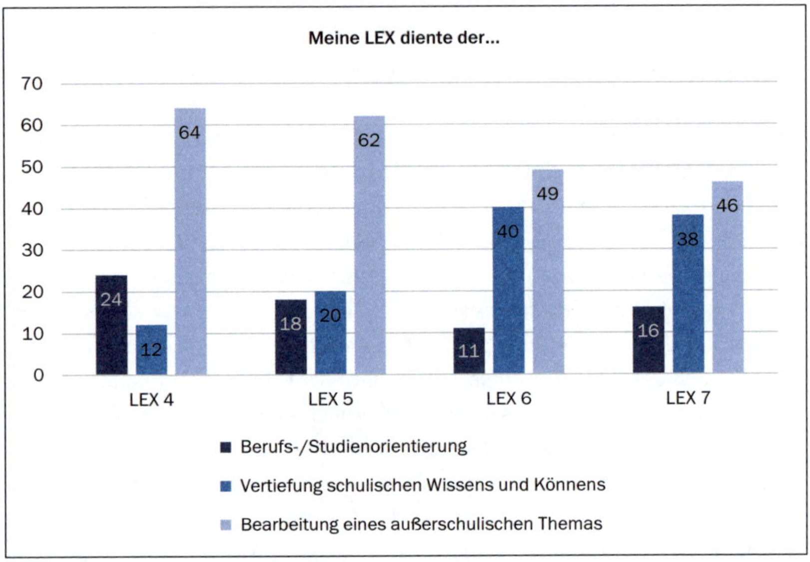

hatten und sich selbstgewählten Themen deshalb nicht widmen konnten. Die ursprüngliche Intention des neuen Moduls, den Jugendlichen die Möglichkeit zu geben, vor allem eigene Fragen zu bearbeiten, ist damit etwas in den Hintergrund geraten. Ein Schüler äußerte sich im Interview dazu wie folgt: „Ja, ich habe jetzt schon dreimal eine LEX gemacht. Und erstmals kann ich sagen, dass die LEX mit das Beste war, was die Schule für mich bietet. Bei den drei Lernexpeditionen, an denen ich teilgenommen habe, konnte ich mir komplett alleine das Programmieren aneignen. Anfangs war es natürlich ein bisschen schwierig, aber dann habe ich es geschafft und jetzt ist es ein Hobby geworden. Nur zu dieser einen LEX 7 konnte ich mich nicht voll und ganz auf mein eigenes Thema fokussieren. Da musste ich Klausurersatzleistungen vorbereiten, die ich dann auch fertiggestellt habe. Aber das war eben nicht mehr die Lernexpedition, so wie ich sie mir vorgestellt hatte. Wenn ich weiß, dass noch Sachen am Ende der LEX-Woche abgegeben werden müssen, zu denen ich noch sehr viel machen muss, dann kann ich mich nicht auf etwas, worauf ich Lust habe, konzentrieren. Das ist schon schade. Da müsste von Seiten der Schule etwas geändert werden, damit sich Schüler wirklich zeitlich auf eine Lernexpedition einlassen können."

Wie die Schüler ihren Bewerbungsprozess für LEX 7 beurteilten, geht aus Abbildung 3.10 hervor. 94 % der Schüler, die an der Befragung zu LEX 7

Abb. 3.10 Bewerbungsverfahren für LEX 7 im Urteil der Schüler (in %)

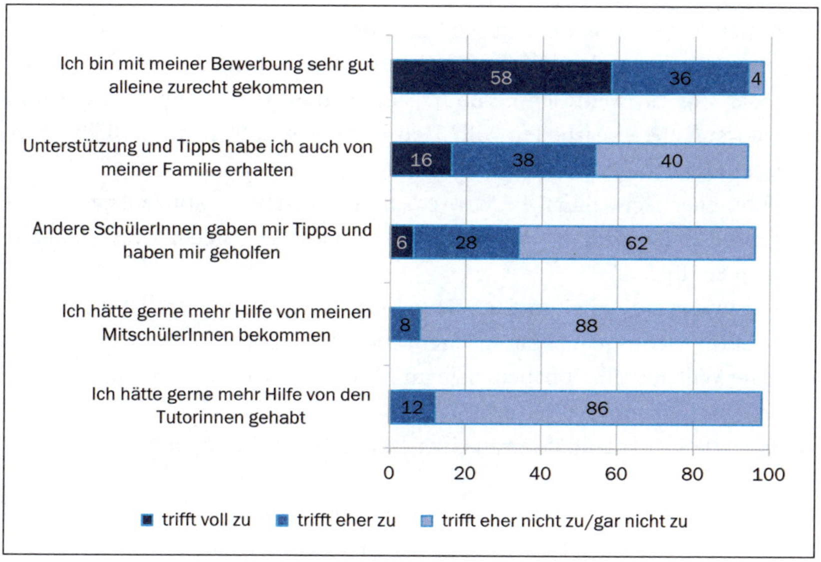

teilgenommen haben, geben an, gut alleine mit ihrer Bewerbung zurechtgekommen zu sein. Über 50 % haben dabei nach eigenen Angaben Unterstützung und Tipps von ihrer Familie und 34 % von ihren Mitschülern erhalten. Dies zeigt, dass zur Ideenfindung und Planung einer Lernexpedition auch das soziale Umfeld der Jugendlichen von Bedeutung ist. Bewährt hat sich, dass die ESBZ regelmäßig einen Freiraum angeboten hat, in dem den Schülern das neue Format in der Oberstufenversammlung erläutert wurde, und diejenigen, die bereits an einer LEX teilgenommen hatten, ihre Erfahrungen mit den noch Unerfahrenen teilten. Ihre Berichte zur Themenfindung, Organisation und Durchführung, auch zu den Schwierigkeiten, die sie gemeistert hatten oder an denen sie gescheitert waren, wirkten authentisch und ermutigend.

Alle befragten Teilnehmer von LEX 7 haben nach eigenen Angaben bereits Erfahrungen mit mindestens einer Lernexpedition gemacht, zu der sie sich freiwillig entschieden hatten. 62 % bevorzugten das freiwillige Format, für 14 % gab die Verpflichtung zur Teilnahme Anlass dazu, sich weniger für das Gelingen der LEX einzusetzen. Im Freitextfeld des Fragebogens begründeten die Schüler ihre Sichtweise, wobei es mehr Nennungen zur freiwilligen Teilnahme gab als zur verpflichtenden. Die Argumente für eine Beibehaltung der Freiwilligkeit lauteten:

- „Warum etwas verpflichtend machen, was gar nicht alle machen wollen? Der Spaß geht durch die Pflicht verloren und ich verstehe den Sinn dahinter nicht. Außerdem ist die LEX doch gerade dazu da, etwas zu machen, was man schon immer machen wollte, aber nie die Zeit dazu hatte. Oder was ist, wenn ich gerne im Parallelunterricht meine Lücken und Hausaufgaben bearbeiten will? Den Unterricht gibt es dann nicht. Warum diese Pflicht, die zerstört alles!“
- „Bei einer freiwilligen LEX ist es einfacher, sich zu konzentrieren. Ich glaube, es liegt daran, dass es etwas Besonderes ist, an einer LEX teilnehmen zu dürfen.“
- „Gezwungene Arbeit in der Schule hilft nicht weiter. Man hat mehr Motivation, wenn man es aus eigener Motivation macht.“
- „Die Willensfreiheit haben viele im Munde, im Geiste aber nur wenige.“

Und für die Pflichtteilnahme an einer LEX gab es Erklärungen wie:

- „Weil man so den Abgabetermin nicht verpassen kann.“
- „Weil man sich nicht so viele Gedanken zur Bewerbung machen muss, da man sowieso eine LEX machen wird.“
- „Weil man nicht das Gefühl hat, in der Schule etwas zu verpassen.“

Verpflichtung steht nach Ansicht der meisten Befragten im Widerspruch zu den Intentionen einer LEX, in der es ja gerade um das eigenständige Handeln geht. Insofern spricht vieles für eine Beibehaltung der Freiwilligkeit.

3.3.2 Vorbereitungstraining

In den ersten Lernexpeditionen hatte sich gezeigt, dass eine zweimal 90-minütige Vorbereitungsphase, bestehend aus Stationen-Lernen mit vorgegebenen Themen, nur für wenige Teilnehmer sinnvoll und hilfreich war. Bei LEX 7 fand das Training daher zeitlich auf die Hälfte verkürzt in der Gruppe der eigenen Tutoren statt. Neben grundsätzlichen Antworten zur Zeitplanung, zum Umgang mit Krisen und zur Anfertigung einer Dokumentation wurde dabei vor allem auf individuelle Fragen und Bedürfnisse der Schüler eingegangen.

Nach Abschluss der Lernexpedition haben die Jugendlichen Auskunft darüber gegeben, was ihnen das Training letztlich gebracht hat, siehe Abbildung 3.11. 76 % der Jugendlichen geben an, dass sie das Vorbereitungstraining eher nicht gebraucht (50 % trifft voll zu; 26 % trifft eher zu) und nicht

Abb. 3.11 Resonanz der Schüler auf das Vorbereitungstraining zu LEX 7 (in %)

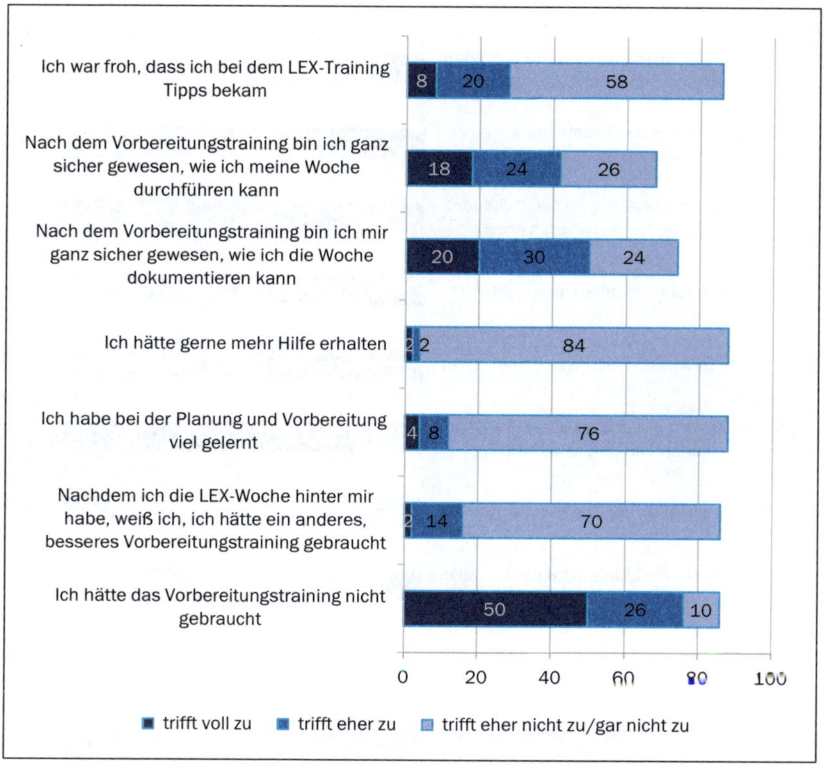

viel dazugelernt hätten. Dabei ist zu beachten, dass alle Befragten in der Vergangenheit bereits Erfahrung mit mindestens einer Lernexpedition gemacht haben. 28 % finden ein Vorbereitungstraining dennoch sinnvoll, weil sie viele Tipps erhalten hätten. Am Ende des Trainings sind sich trotzdem nur 42 % sicher, wie sie die Woche gestalten wollen und nur 50 % wissen, in welcher Weise sie die Lernwoche dokumentieren können. Ein Grund dafür ist, dass manche Schüler erst im Verlauf ihrer LEX die für sie passende Dokumentationsform finden konnten.

3.3.3 Lerneffekte und Resonanzen der Schüler

Eigenverantwortlich und selbstorganisiert sind die Jugendlichen durch ihre einwöchigen Lernexpeditionen gegangen. Mit den in der Bewerbung formu-

Abb. 3.12 Lernerfolge und Resonanzen der Schüler bei LEX 7 (in %)

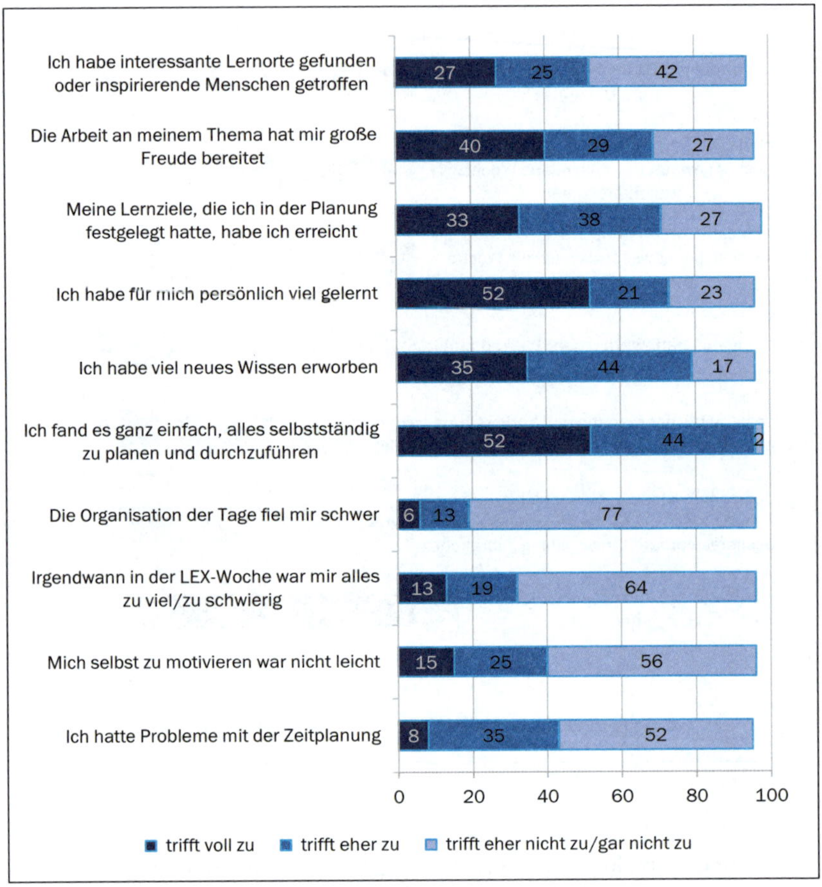

lierten Lernzielen hatten sie selbst den Grad der Leistungsanforderung bestimmt und ihre Lernwege und Erkenntnisse in einer individuell gewählten Form dokumentiert.

Die Fragen zur Durchführung von LEX 7 beantworteten die Teilnehmer gemäß Abb. 3.12. Demnach haben 52 % der Jugendlichen während der LEX-Woche interessante Lernorte kennengelernt und/oder inspirierende Menschen getroffen. 79 % haben sich neues Wissen aneignen können und 73 % für sich persönlich viel gelernt. 69 % hat die Arbeit an dem selbstgewählten Thema zudem begeistert. Zum Lernerfolg geben 87 % der Schüler darüber hinaus an, gegenüber einer Woche mit normalem Unterricht in der LEX mehr Möglichkeiten zum erfahrungsbasierten Arbeiten und Lernen mit allen Sinnen gehabt zu haben. Bei dieser Art des Lernens fühlen sich 57 % der Befragten ausgeglichener, 59 % zufriedener, 61 % selbstsicherer, 65 % können sich besser an das Gelernte erinnern, 69 % fühlen sich gesünder und haben mehr Spaß beim Lernen im Vergleich zum Unterricht, in dem eher abstrakt gelernt wird.

Das Lernformat LEX stellt die Schüler auch vor die Aufgabe, mit Herausforderungen umzugehen. So hatten 40 % der Teilnehmer von LEX 7 nach eigenen Angaben Mühe, sich immer wieder selbst zu motivieren, und 43 % berichten, Schwierigkeiten mit ihrer Zeitplanung gehabt zu haben. 19 % fiel es schwer, die Tage selbständig zu organisieren und für 32 % wurde es im Laufe der LEX-Woche alles zu viel beziehungsweise zu schwierig. Trotz der vielfältigen Herausforderungen hat die überwiegende Mehrzahl der Befragten (96 %) das Fazit gezogen, es sei für sie einfach gewesen, eine LEX selbständig zu planen und durchzuführen. Nach der Präsentation der Ergebnisse bestätigen zudem 71 % der Schüler, ihre formulierten Lernziele auch erreicht zu haben.

Die Mittelwerte zur Beurteilung des Lernens und Arbeitens bei LEX 4 bis LEX 7 sind in Abb. 3.13 wiedergegeben. Die Befunde weisen auf eine eher hohe Konstanz in den Antworten der Jugendlichen hin. So trifft es für die meisten Jugendlichen in der Tendenz zu, in allen Lernexpeditionen neues Wissen erworben und für sich selbst viel dazu gelernt zu haben. Zudem hat ihnen die Art des freiwilligen und selbständigen Lernens und Arbeitens Freude gemacht, sie motiviert und sie in ihrem Selbstwertgefühl gestärkt. Die Antworten zur verpflichtenden LEX 7 fallen im Mittelwertvergleich insgesamt etwas schlechter aus.

In den Freitextfeldern wurden die Jugendlichen mehrfach gebeten, über zusätzliche Erkenntnisse aus den Lernexpeditionen zu berichten. So äußerten sie sich auf die offene Frage, wozu sie während der LEX viel Mut gebraucht hätten beispielsweise „um mit dem Scheitern klar zu kommen“ oder „um auf Menschen zuzugehen“ oder „um mein Verhältnis zu anderen Menschen einzuschätzen“. Ob sie auch noch etwas gelernt hätten, was sie nicht erwartet hatten, beantworteten sie beispielsweise so: „Ja, ich habe viel über menschliche Muskulatur und Knochen gelernt. So war es einfacher Menschen zu zeichnen“ oder „Ich habe meine Vorurteile gegenüber bestimmten Stadtbezirken bemerkt und überwunden“ oder „Ich habe nebenbei gelernt, wie man Akten anlegt“ oder „Wie viel ich schaffen kann, wenn es mich wirklich interessiert“ oder „Dass man noch so viel planen kann und trotzdem nicht alles gut geht.“

Die Reflexionsrunden, die immer montags nach jeder LEX Woche stattfanden, haben sich im Laufe der Projektdurchführungen deutlich verändert.

Abb. 3.13 Lernerfolge und Resonanzen der Schüler bei LEX 4 bis 7 (Mittelwerte)

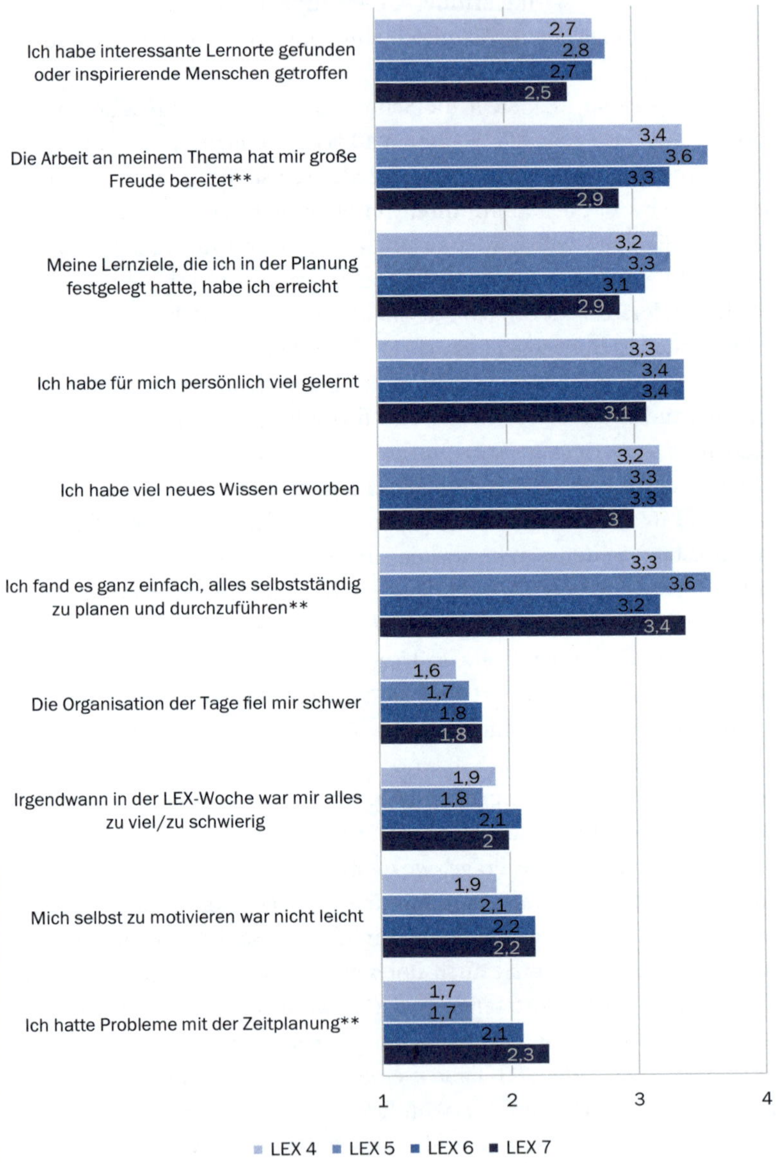

1 = trifft gar nicht zu bis 4 = trifft voll zu; ** = signifikant mit p < 0,01

Abb. 3.14 Fragen in der Reflexionsrunde

Die Ergebnisse der ersten Lernexpedition wurden noch der gesamten Oberstufengemeinschaft in der Aula präsentiert. Die LEXianer saßen jeweils an kleinen Tischen und zeigten ihre Dokumentationen alleine oder in ihrer Gruppe. Umringt von 5–6 zuhörenden Mitschülern hatten sie zehn Minuten Zeit, ihre Expedition vorzustellen und Fragen zu beantworten. Danach wechselte die Zuhörergruppe und abermals berichteten die LEXianer von ihrer Woche. Da sich dieser Ablauf mehrmals wiederholte, wünschten sich manche einen geschützteren Rahmen und baten darum, es ihnen selbst zu überlassen, ob und wie sie ihre Dokumentation präsentieren. Vor allem Jugendliche, die sich sehr persönlichen Themen gewidmet hatten, wollten ihre Erfahrungen ungern im großen Plenum vortragen. Letztendlich konnte die Reflexionsrunde zur 7. Lernexpedition im kleineren Rahmen der Tutorgruppe mit dem eigenen Tutor und den vertrauten Mitschülern stattfinden. Das hat sich bewährt.

In den Reflexionsrunden berichteten die Jugendlichen über ihre Lernwege und ihre Lernerfolge. Durch das Sprechen vor den Mitschülern wurden sie sich ihrer vielfältigen Erlebnisse und Erfahrungen nochmals bewusst. Mit großem Erstaunen über sich selbst, äußerte sich beispielsweise eine Schülerin in der Abschlussrunde so: „Bei der LEX habe ich entdeckt, dass ich das letztendlich doch kann. Ja, tatsächlich, wirklich, ja, so ist es."

3.3.4 Bewertung durch die Tutoren

Die Tutoren waren bei den verschiedenen Lernexpeditionen für mindestens einen und für maximal 15 Teilnehmer verantwortlich. Sie haben ihre

Abb. 3.15 Urteile der Tutoren zu LEX 7 (Fallzahlen)

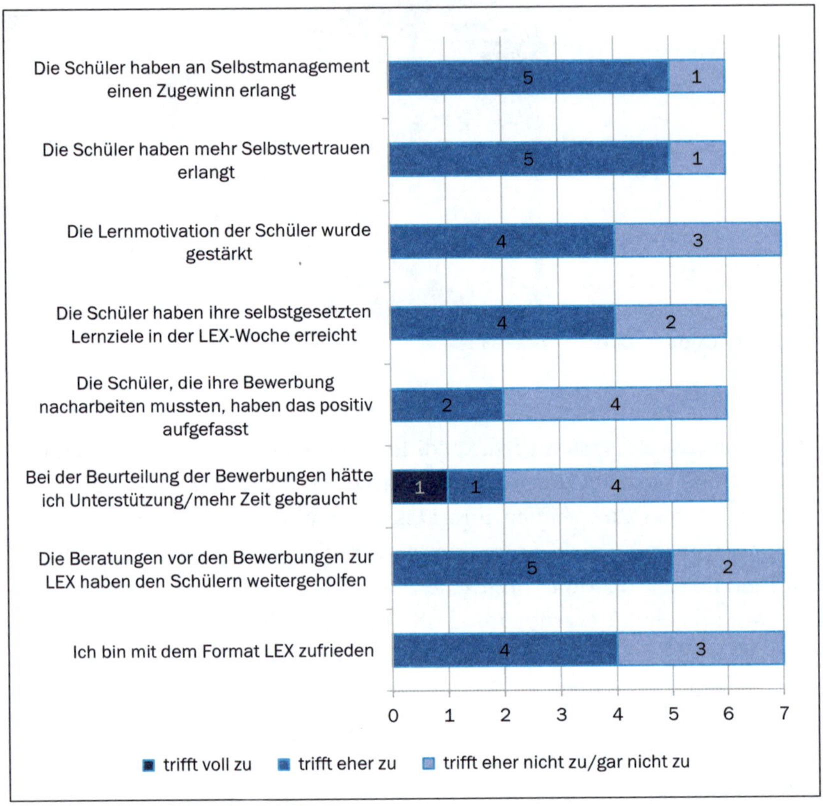

Schüler, die sie zum Teil über Jahre hinweg aus den Lernwegberatungen und Coaching-Gesprächen intensiv kannten, noch einmal von einer ganz anderen Seite erlebt. Welche Veränderungen sie an ihnen wahrgenommen haben, bewerteten 7 der 11 Tutoren (64 %) am Ende von LEX 7 gemäß Abb. 3.15. Aufgrund der geringen Anzahl der Befragungsteilnehmer erfolgt die Darstellung anhand von Fallzahlen.

Fünf der sieben Pädagogen, die an der Befragung teilgenommen haben, geben an, bei den Schülern eine Steigerung der Fähigkeit zum Selbstmanagement und ein verbessertes Selbstvertrauen festgestellt zu haben. Vier Lehrkräfte bestätigen, dass die Jugendlichen ihre selbstgesetzten Lernziele erreicht haben und dass ihre Lernmotivation gestärkt wurde. Fünf sind sich ziemlich sicher, dass sie den Schülern im Bewerbungsverfahren weitergeholfen haben. Zwei der Tutoren hätten Unterstützung und mehr Zeit für Beratungen benö-

Abb. 3.16 Urteile der Tutoren zu LEX 4 bis 7 (Mittelwerte)

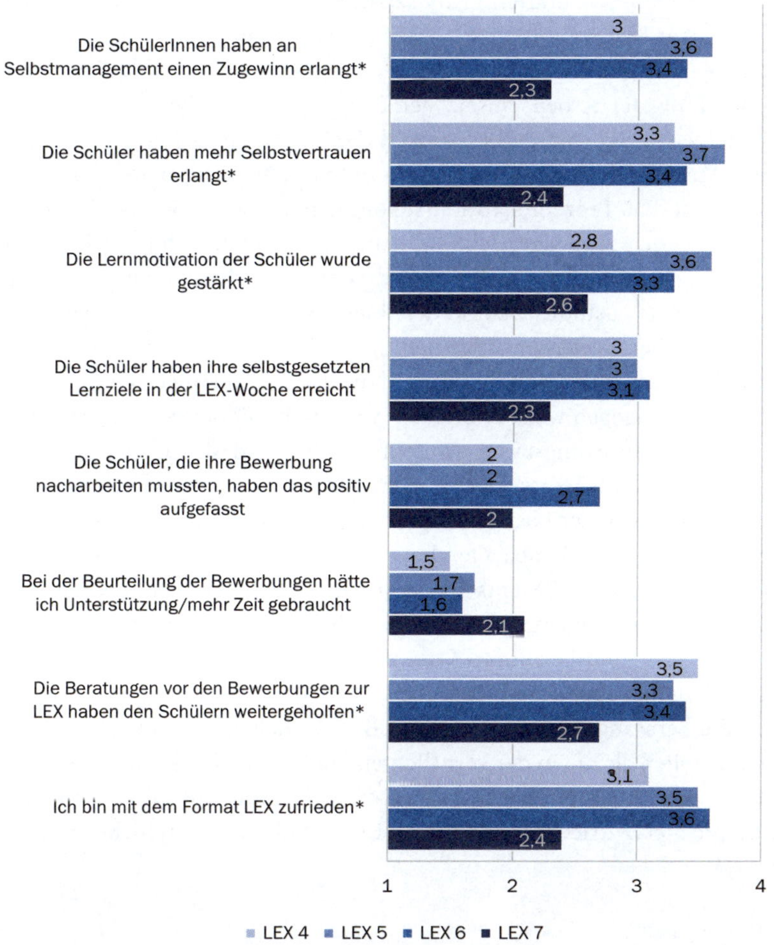

1 = trifft gar nicht zu bis 4 = trifft voll zu; * = signifikant mit p < 0,05

tigt und ebenfalls zwei haben erlebt, dass Schüler, die eine Bewerbung nacharbeiten mussten, dies positiv aufgefasst haben. Mit dem LEX-Format sind vier von sieben Lehrkräften grundsätzlich zufrieden, dennoch sollte nach Meinung der Mehrzahl (6 von 7), die Teilnahme an den Lernexpeditionen freiwillig sein.

Wie groß der Arbeitseinsatz der Pädagogen im Bewerbungsverfahren wirklich war, zeigt sich an der Anzahl der zur Überarbeitung zurückgegebenen Anträge. Nach den Befunden konnten in den Lernexpeditionen zwischen 30 und 50 Prozent sofort angenommen, zwischen 50 und 70 Prozent mussten jedoch zurückgereicht werden. Gegebenenfalls folgten beratende Gespräche und eine erneute Beurteilung der Überarbeitung. Es hat sich gezeigt, dass eine ausführliche und detaillierte Einführung in die Lernexpeditionen zu hohen Bewerberzahlen beiträgt und qualitativ hochwertige Bewerbungen wiederum den Arbeitsaufwand der Tutoren verringern. Für 71 % der befragten Pädagogen war der digitale Austausch mit den Schülern über das schulinterne Itslearning-System im Arbeitsalltag entlastend.

Nach dem Mittelwertvergleich, siehe Abbildung 3.16, bewerten die Tutoren die auf freiwilliger Basis durchgeführten Lernexpeditionen 4–6 deutlich besser als LEX 7. Sie beobachten bei den Jugendlichen, die sich aus eigener Motivation zu einer LEX entschieden haben, einen deutlich höheren Zugewinn an Selbstmanagement (bis 3,6 gegenüber 2,3), Selbstvertrauen (bis 3,7 gegenüber 2,4) und Lernmotivation (bis 3,6 gegenüber 2,6). Zudem haben diese Schüler ihre selbstgesetzten Ziele eher erreicht (bis 3,1 gegenüber 2,3). Auch die Beratungen im Vorfeld von LEX 4–6 haben den Bewerbern besser weitergeholfen als die in der verpflichtenden LEX 7. Nach den Mittelwerten zu den Lernexpeditionen 4 bis 6 sind die Lehrkräfte mit dem Format LEX ausgesprochen zufrieden (bis 3,6), bei LEX 7 fällt ihr Urteil nicht so günstig aus (2,4).

3.3.5 Zusammenfassung

Mit dem ersten neuen Oberstufenformat LEX bietet die ESBZ ihren Schülern maximale Freiheit und Eigenständigkeit im Lernen. Eine Woche lang können sie Themen nachgehen, für die sie sich interessieren und die sie sich selbst ausgesucht haben. Das inhaltliche Spektrum pendelt zwischen Studien- und Berufsorientierung, Vertiefung von Interessensgebieten oder schulischem Wissen bis hin zum Erwerb interkultureller Kompetenzen im Ausland oder handwerklicher Fertigkeiten. Zur Teilnahme bewerben sich die Jugendlichen, indem sie ihre Lernziele eigenständig formulieren, ihre Lernwege planen und ihr Leistungsniveau selbst festlegen. In einem verpflichtenden Training zur Vorbereitung der jeweiligen Lernreise werden alle offenen Fragen zur Durchführung und zur obligatorischen Dokumentation geklärt. Zum Abschluss einer jeden LEX findet eine Reflexionsrunde statt, in der die Jugendlichen ihre individuelle Dokumentation präsentieren und über ihre Erfahrungen, Erkenntnisse und Lernprozesse berichten. Dabei hat sich die enge Begleitung durch die Tutoren in der Vor- und Nachbereitung einer Lernexpedition dauerhaft bewährt.

Von Dezember 2015 bis Juni 2019 haben 647 Schüler aus den Jahrgängen 11 bis 13 an einem oder mehreren der sieben angebotenen Lernexpeditionen teilgenommen. Bei der ersten LEX im Februar 2015 waren es 28 % aus einer Jahrgangsstufe, mit dem gesteigerten Bekanntheitsgrad des Formats und der Weiterqualifizierung der Tutoren ist die Teilnehmerzahl auf 47 % und zuletzt auf 80 % angestiegen. Insgesamt haben Schüler zunehmend häufiger die Lernexpeditionen genutzt, um schulische Aufgaben zu erledigen. Die ursprüngliche Intention des neuen Moduls, das Jugendliche vor allem eigene Themen und Fragen bearbeiten können, ist damit etwas in den Hintergrund geraten.

Nach Durchführung von sechs LEX-Wochen auf freiwilliger Basis ist die erstmals verpflichtend eingeführte Teilnahme an LEX 7 auf deutlich weniger Akzeptanz bei den Schülern wie auch den Lehrern gestoßen. Verpflichtung stehe im Widerspruch zu den Intentionen einer Lernexpedition, in der es ja gerade um das eigenständige Handeln und Arbeiten gehe. „Das finde ich extrem stark, dass das nicht verpflichtend ist“, kommentiert ein Schüler trefflich. Insofern spricht vieles für eine Beibehaltung der Freiwilligkeit.

Die Mehrheit der Jugendlichen bestätigen bei LEX 4–7, die selbst formulierten Lernziele erreicht, interessante Lernorte oder inspirierende Menschen kennengelernt und für sich persönlich viel neues Wissen angeeignet zu haben, auch über das Geplante hinaus. Dass das Lernen in dieser Freiwilligkeit Freude bereitet, spiegelt die Äußerung eines Schülers im Interview exemplarisch wider: „Ja, ich habe jetzt schon dreimal eine LEX gemacht. Und erstmal kann ich sagen, dass die LEX mit das Beste war, was die Schule für mich bietet.“

Aus Sicht der Tutoren haben vor allem die Schüler, die an den Lernexpeditionen freiwillig teilgenommen haben, ihre selbstgesetzten Lernziele optimal erreicht. Der Zugewinn an Selbstmanagement und Lernmotivation ist als sehr hoch einzustufen und der überwiegende Teil der Jugendlichen hat nach Ansicht der Pädagogen ein höheres Selbstvertrauen erlangt. Insgesamt beurteilen die Tutoren das neue Format ausgesprochen positiv, solange es eine freiwillige Teilnahme an den Lernexpeditionen impliziert. Für das Coaching im Unterrichtsgeschehen sehen sie noch weiteren Experimentierbedarf, wie es eine Stimme aus dem Kollegium zum Ausdruck bringt: „Wir Lehrkräfte werden lernen, wie man die Schülerinnen und Schüler noch besser begleiten kann, adäquater und individueller."

Zum Gelingen einer Lernexpedition tragen insbesondere folgende Aspekte bei:

- Der Zeitpunkt zur Durchführung einer LEX-Woche beeinflusst die Themenwahl der Schüler. Unter Klausurendruck bearbeiten sie verständlicherweise vorwiegend schulische Themen. Damit den Jugendlichen die Möglichkeit gegeben wird, eigene Fragen und Inhalte zu bearbeiten, sollte der Zeitpunkt der Durchführung mit Bedacht geplant werden. Ein Schüler drückt das so aus: „Wenn ich weiß, dass noch Sachen am Ende der LEX-Woche abgegeben werden müssen, zu denen ich noch sehr viel machen muss, dann kann ich mich nicht auf etwas, worauf ich Lust habe, konzentrieren. Das ist schon schade. Da müsste von Seiten der Schule etwas geändert werden."
- Es ist förderlich, das genaue Bewerbungsverfahren und die Ernsthaftigkeit der Termine und Verabredungen in jedem Schuljahr deutlich zu machen.
- Seitens der Schule sollten Freiräume zum Austausch zwischen erfahrenen LEX-Teilnehmern und Neulingen geschaffen werden.
- Durch einfühlsame, zurückhaltende, aber motivierende Begleitung der Tutoren wird die Selbständigkeit der Bewerber unterstützt und gefördert. Dabei bedarf die Umsetzbarkeit des individuellen Themas innerhalb des gesetzten Zeitrahmens besonderer Aufmerksamkeit.
- Die Kommunikation im vertrauten Rahmen der jeweiligen Schüler-Tutorgruppe ist eine wesentliche Voraussetzung für das Gelingen des gesamten LEX-Prozesses – von der Ideenfindung bis hin zur Abschlussreflexion.
- Der digitale Austausch mit den Schülern über das schulinterne Managementsystem Itslearning verringert die Arbeitsbelastung der Tutoren.
- Das verpflichtende Vorbereitungstraining ist vor allem für Neulinge interessant. Wesentliche Themen sind: Zeitplanung, Umgang mit Krisen und dem Scheitern sowie Möglichkeiten der Dokumentation. Erfahrene LEX-Teilnehmer haben eher individuelle Fragen.
- Für Schüler ist es wichtig zu erkennen, dass ‚der Weg das Ziel' ist und dass auch in der Dokumentation nicht die Erfolgsgeschichte im Vordergrund steht, sondern die eigenen Erfahrungen und der Umgang mit Schwierigkeiten unterwegs beschrieben werden sollten.

- Die Reflexion des eigenen Lernweges in der Abschlussrunde verhilft vielen Schülern und oft auch Mitschülern, Erkenntnisse und Einsichten zu vertiefen. Dafür sollte genügend Zeit eingeplant werden.

Auf den Punkt gebracht hat es Milan Smalla: „LEX ist Lernen fürs Leben und nicht für das, was wir hier in unserem kleinen Planeten der einzelnen Fächer so wollen. Unsere Schule macht mich in der Hinsicht stolz, sie lebt durch neue Formate und – ich bin auch Biologe und sehe es so – durch Experimente."

4 Das Format PULSAR

Petra Ehrler

Der Name des Lernformates ist der Astronomie entlehnt. Als Pulsar bezeichnet man einen schnell rotierenden Neutronenstern mit hoher Dichte, der einem Leuchtturm vergleichbar Wellen aussendet. Mit einem Pulsar soll ein Thema in der Art verdichtet werden, dass die Schüler aufgrund der hohen Strahlkraft nicht nur zur intensiven inhaltlichen Auseinandersetzung motiviert werden, sondern in besonderer Weise ihre Freude am Lernen stärken. Das neue Format PULSAR wurde von Lehrern, Schülern, Eltern und einem Expertenbeirat gemeinsam entwickelt. Ziel dabei war und ist es, dem fachspezifischen und fächerisolierten Lernen und Arbeiten im Klassenverband im 90-Minuten-Takt etwas Zeitgemäßes entgegenzusetzen. In Pulsaren werden im Wochenformat fachliche Inhalte interdisziplinär dargestellt, wissenschaftlich aufgearbeitet und durch Erfahrungs- sowie Handlungslernen nachvollziehbar und möglichst praxisnah in jahrgangsgemischten Gruppen bearbeitet. Die Intentionen des Formats PULSAR lassen sich wie folgt skizzieren:

- Kontinuierliches Arbeiten an einem Thema auf Wochenbasis
- Intensität und Komplexität durch Interdisziplinarität
- Jahrgangsgemischtes Lernen und Arbeiten
- Zeit für Exkursionen
- Zeit zur Vertiefung individueller Interessen und Fähigkeiten
- Raum für individuelles Lernen
- Zeit für selbstorganisiertes und selbstverantwortliches Lernen
- Arbeiten im Team.

4.1 Organisation und Durchführung

Für die Planung und Durchführung der Pulsare hat sich die ESBZ einige Grundregeln zum strukturellen Aufbau und didaktischen Vorgehen gegeben:

- Die Themen der Pulsare basieren auf den curricularen Vorgaben der Rahmenlehrpläne und bilden fachliche Inhalte interdisziplinär, komplex und sinnstiftend ab.

- Zur Ausarbeitung eines Pulsarthemas ihrer Wahl bilden Lehrkräfte der Oberstufe ein Expertenteam, in der Regel bestehend aus ein bis zwei Hauptverantwortlichen und zwei bis drei Kollegen unterschiedlicher Fachrichtungen, gegebenenfalls mit Unterstützung externer Fachberater. Gemeinsam konzipieren sie inhaltlich das leitende Thema mit einführenden Impulsvorträgen aus unterschiedlichen Fachperspektiven und bereiten eine struktur- und freiheitsgebende Lernumgebung vor, die den Schülern Impuls- und Informationsquellen mit differenzierten Fachinformationen bereitstellt und Vertiefungsmöglichkeiten bietet. Zudem planen sie Exkursionen und die Art des gemeinsamen Wochenabschlusses, legen Verantwortlichkeiten und Zuständigkeiten des Teamteachings fest und verfassen einen Ausschreibungstext zur Bekanntmachung des Pulsars.
- Die Schüler sind zur Teilnahme an den Pulsarwochen verpflichtet, wählen aber frei nach eigenem Interesse in einer Erst- und einer Zweitwahl einen Kurs aus dem entsprechenden Angebot. Diejenigen, die kein Pulsar gewählt haben beziehungsweise wählen wollten, werden einem Kurs zugeteilt.
- Im Pulsar erarbeiten sich die Schüler in jahrgangsübergreifenden Gruppen zunächst Grundlagenkenntnisse im Wechsel aus angeleitetem und selbstorganisiertem Lernen und vertiefen diese anschließend anwendungsorientiert alleine oder im Team.
- Pulsare können als notenfreie Räume genutzt werden. Wenn es sinnvoll ist, können aber auch nach Absprache Leistungsnachweise, beispielsweise Klausurersatzleistungen, erbracht werden.
- Eine Pulsarwoche umfasst einen Zeitrahmen von 35 Unterrichtsstunden, wobei die Anwesenheitszeiten wie auch die Lernorte flexibel gestaltet werden können.

Pulsare leben durch ganzheitliche und handlungsintensive Themen, die von den Lehrkräften in mehrperspektivischer Sicht ausgearbeitet und vorgegeben werden. Ein Oberstufenlehrer kommentiert dazu: „Also, das ist auch der Charme der Pulsare, weil wir wie im Leben die Fächer jetzt verweben. Ich habe in der Wissenschaft gearbeitet und mich immer an der Grenze zwischen Physik und Chemie bewegt. Deswegen kann man so sagen, wir unterrichten hier so wie das Leben da draußen ist oder wie Berufe da draußen so aussehen." Zur Veranschaulichung der Themenvielfalt folgt ein Überblick des inhaltlichen Angebots und der interdisziplinären Fächerkombination für die 11. Pulsarwoche mit den Jahrgängen 10–12, siehe Tabelle 4.1.

Tab. 4.1 Themen und Fächerkombinationen der 11. Pulsarwoche

	Pulsarthemen ggf. als Leistungskurs	Anzahl Lehrer	Jahrgang	Fächerkombination
1	The Creative Writing Starter Kit	2	10, 11	Deutsch; Englisch
2	Unfair Tobacco	2	10, 11	Biologie; Geographie
3	69. Internationale Filmfestspiele – Berlinale	2	10, 11	Englisch; Politik; Geographie
4	Fußball – mehr als ein Spiel	4	10, 11	Sport; Politik
5	Renaissance	3	10, 11	Religion; Spanisch; Chemie; Geschichte
6	Körpersprache	5	10, 11	Psychologie; Theater; Kunst; Deutsch; Spanisch
7	SINN-phonie der Menschenrechte. 30 Jahre Kinderrechte: Kreatives Songwriting	2	10, 11	Musik; Sozialwissen-schaft
8	Holz	3	10, 11	Kunst; Geschichte; Deutsch; Handwerk; Biologie
9	Black America Today. Speak up?! LK-Pulsar	5	11, 12	Englisch; Politik; Darstellendes Spiel
10	„Denn sie tun nicht, was sie wissen!“ Kognitive Dissonanz LK-Pulsar	4	11, 12	Biologie; Geschichte; Politik
11	Europa – e pluribus unum: Aus vielem Eines? LK-Pulsar	4	11, 12	Geographie; Geschichte; Politik
12	Glücksspiel LK-Pulsar	3	11, 12	Mathematik; Psycho-logie; Wirtschaft
13	Black America then and now LK-Pulsar	4	11, 12	Englisch; Politik; Musik
14	Sapere aude! Wage zu denken! Wage es, dich von deinen Vorurteilen zu befreien und unabhängig zu denken! LK-Pulsar	3	11, 12	Deutsch; Philosophie; Geschichte
15	Werkstatt Bauhaus LK-Pulsar	4	11, 12	Kunst; Geschichte; Sozialwissenschaft

Jedes Pulsar wird mit einem Ankündigungsschreiben beworben, wie beispielhaft in Abbildung 4.1 unter Kapitel 4.2.1 *Algorithmische Räume* dargestellt. Im Laufe der Zeit ist die Form der Beschreibung eines Pulsars mehrfach modifiziert worden, unter anderem weil die Schüler darum gebeten hatten, detailliertere Informationen über die Anbindung an den Rahmenlehrplan, die Fächerkombination und die Möglichkeit von Klausurersatzleistungen zu erhalten, damit sie ihre Pulsarwahl danach ausrichten können.

Eine Pulsarwoche gliedert sich wie folgt: In der Einführungsphase (Montag und Dienstag) vermittelt das Expertenteam den Schülern in den ersten beiden Tagen durch Impulsreferate die notwendigen fachspezifischen Grundlagen und eine mehrperspektivische Sichtweise auf ein Thema. Dies kann durch Exkursionen, durch Kooperationen mit Universitäten, Unternehmen und gemeinnützigen Organisationen, durch Experteninterviews, Unterrichtsgespräche oder durch Experimente im Labor sowie mittels Stationenlernens ergänzt werden. Mit dieser Einführung werden die Jugendlichen zur Bearbeitung eines selbst zu wählenden vertiefenden Themas inspiriert und motiviert. An den Folgetagen (Mittwoch bis Freitag) arbeiten sie selbstorganisiert in der Regel in kleinen Teams zusammen, unterstützt von Fachinputs und Materialien zur Binnendifferenzierung, durch Lernberatungen, Lernwegempfehlungen und Zwischenreflexionen, an außerschulischen Lernorten, in Diskussionsforen und selbstgesteuerten Vertiefungsgruppen. Die Schüler halten ihre Lernwege und -ergebnisse in einer selbstgewählten Dokumentationsform fest, beispielsweise in einer Performance, einem philosophischen Café, einem Lyrikband, einer künstlerischen Darstellung, als Vortrag, in einer Ausstellung oder als wissenschaftliche Abhandlung. Am letzten Tag der Woche (Freitag) stellen sie die Ergebnisse ihrer Arbeit als Experte in eigener Sache ihren Mitschülern vor, wodurch ein vielgestaltiger komplexer Blick auf das jeweilige Pulsarthema entsteht. Die Pädagogen stehen in der gesamten Selbstlernphase als Lernbegleiter und Coach zur Verfügung und strukturieren die Tage mit Ein- und Ausstiegsphasen.

Die erste Pulsarwoche an der Neuen Oberstufe der ESBZ hat im Januar 2016 mit Schülern der Jahrgänge 11 und 12 stattgefunden. Während der über dreijährigen Erprobungsphase sind aufgrund der Erkenntnisse in der Durchführung der Pulsare die Rahmenbedingungen verändert und erweitert worden.

1. Pulsare werden inzwischen auch für nur einen Jahrgang angeboten, da der Anspruch des jahrgangsübergreifenden Arbeitens aus organisatorischen Gründen nicht immer erfüllt werden kann. So hatte ausschließlich Jahrgang 12 an einer Pulsarwoche teilgenommen, weil sich die Schüler

aus der 11. Jahrgangsstufe im Projekt *Alle ins Ausland* für drei Monate im Ausland aufhielten und diejenigen aus Jahrgang 13 im Abitur befanden.

2. Schüler aus Jahrgang 10 können mittlerweile an dem jahrgangsgemischten Lernen in Pulsaren teilnehmen, was erstmals in der 11. Pulsarwoche mit Schülern aus den Jahrgängen 11 und 12 erprobt wurde.
3. Pulsarwochen werden auch in Kombination mit Leistungskursen (LK) durchgeführt. Für die 10. Woche, an der Schüler aus Jahrgang 11 und 12 teilgenommen haben (siehe auch Tab. 4.3 unter Kapitel 4.3), wurden für sieben von neun Pulsaren neue Themen aus einer Leistungskurs-Schiene LK-I der 12. Klasse fächerübergreifend konzipiert. Die Schüler aus Jahrgangsstufe 12 waren verpflichtet, an dem Pulsar ihres Leistungskurses teilzunehmen und eine Klausurersatzleistung zu erbringen. Die Schüler aus Jahrgang 11 haben sich entweder in einen Leistungskurs-Pulsar mit Leistungskursthemen der 12. Klasse eingeschrieben oder eines der beiden Pulsare gewählt, das nur für Jahrgang 11 angeboten wurde. Als Leistungsnachweis wurden Noten für die mündliche Teilnahme vergeben oder freiwillige Klausurersatzleistungen erbracht. Pulsarwoche 11 war ebenfalls inhaltlich/thematisch an die Leistungskurse gebunden, diesmal an die LK-II-Schiene. An dieser Woche haben Schüler aus den Jahrgängen 10, 11 und 12 gemeinsam teilgenommen. Die Schüler aus der 11. Jahrgangsstufe haben entweder ein Leistungskurs-Pulsar der Jahrgangsstufe 12 oder ein Pulsar, in dem sie zusammen mit Schülern aus Klasse 10 arbeiten konnten, gewählt. Letztere waren nicht zu den LK-Pulsaren zugelassen. Der Leistungsnachweis für Pulsarwoche 11 erfolgte vergleichbar zu Pulsarwoche 10.
4. Eine Planungs- und Prüfungswoche ist für die gesamte Oberstufe im Anschluss an die Pulsarwochen 10 und 11 eingeführt worden. Die Klausurersatzleistungen mit den Präsentationen und mündlichen Prüfungen konnten im Laufe dieser Woche abgenommen und damit die Leistungskurs-Pulsare entlastet werden. Zudem hat es sich als förderlich herausgestellt, in dieser Zeit Organisatorisches und Inhaltliches komprimiert anzubieten. Für Jahrgang 11 wurden beispielsweise Einführungen in Oberstufenthemen gegeben, so in das Itslearning-Managementsystem und in das Projekt *Alle ins Ausland* und für die Jahrgänge 11 und 12 fanden an zwei Tagen dieser Woche LAK-Arbeitsgruppen statt.
5. Schüler können eigenständig Impulsreferate in Pulsaren übernehmen oder auch selbständig eine komplette Pulsarwoche unter Begleitung einer Lehrkraft organisieren und durchführen, wie in Kapitel 4.2.3 ausführlich beschrieben.

4.2 Beispiele aus den Pulsaren

Im Folgenden werden drei Pulsare exemplarisch dargestellt, um Einblick in die thematische Vielfalt und die Vorgehensweise zu geben. Zunächst wird ein Pulsar beschrieben, das unter Mitarbeit eines externen Experten mit dem Ziel, es mit einer öffentlichen Ausstellung enden zu lassen, durchgeführt wurde. Danach folgt die Beschreibung eines Leistungskurs-Pulsars für Jahrgang 12, an dem auch Schüler aus Klasse 11 teilgenommen haben. Das dritte Beispiel bezieht sich auf ein Pulsar, das von einem Schüler entwickelt wurde. Mit Unterstützung eines Freundes und unter Begleitung einer Lehrkraft hat er dieses Pulsar zweimal in Folge selbständig geleitet. Ausschnitte aus den Interviews mit Schülern und Lehrern sind den Beispielen als Ergänzung angefügt.

4.2.1 Algorithmische Räume
mit Jan Florian Sievert und Thomas Meyer

Wie wird die Schule der Zukunft aussehen? Wenn sich Lehren und Lernen verändert, werden sich auch die Räume des Unterrichtens verändern müssen. Wie aber werden sie den neuen inhaltlichen, didaktischen und digitalen Ansprüchen gerecht? Über die Zukunft der neuen Lernräume nachdenken und Zukunftsweisendes entwickeln – eine anspruchsvolle Aufgabe, der sich 15 Schüler des Jahrgangs 12 gemeinsam mit Florian Sievert und Thomas Meyer stellen wollten. Florian Sievert ist Lehrkraft für Kunst, evangelische Theologie und projektbasiertes Lernen an der ESBZ. Thomas Meyer ist Mitbegründer der T(o)uring-Schule, Ausstellungsdesigner und Dozent für Spieleentwicklung sowie freier Mitarbeiter im Lehrerkollegium der ESBZ. Die beiden Hauptverantwortlichen wurden mit Impulsvorträgen von Katja Reetz unterstützt, die an der ESBZ die Fächer Deutsch und Kunst vertritt; hinzu kam Pascal Possler, Lehrkraft für Geschichte und Psychologie. Gemäß Abb. 4.1 kündigen Florian Sievert und Thomas Meyer ihr Pulsar an und beschreiben dessen inhaltlichen und strukturellen Aufbau und wie die Ergebnisse der Öffentlichkeit präsentiert werden:

Ziel dieses Pulsars ist die Teilnahme an der zweitägigen Konferenz *Schools of Tomorrow* im Haus der Kulturen der Welt (HKW). Neben 20 weiteren Berliner Schulen entwerfen wir ein Konzept, das als unsere Version eines zukunftsfähigen Lernraums von Schülerinnen und Schülern entwickelt und während der Ausstellung erprobt werden soll. Als eine von drei Schulen arbeiten wir im Themenfeld der digitalen Bildung. Die Beschaffenheit des Internets und

Abb. 4.1 Ankündigung Pulsar Algorithmische Räume

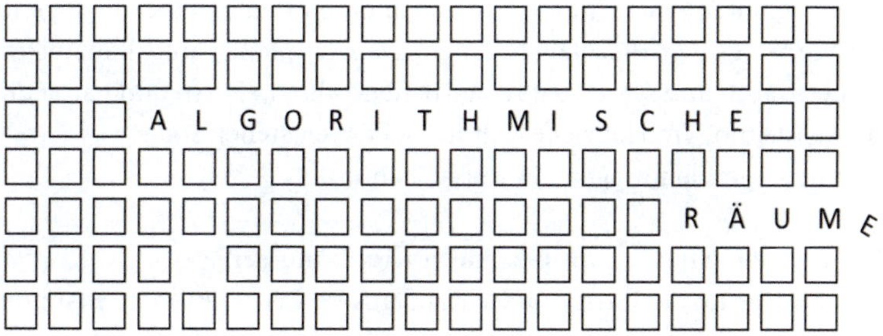

Florian Sievert
Pascal Possler
Katja Reetz
Thomas Meyer

Wie wissen wir, was wir in Zukunft wissen müssen? Was macht das Internet mit unseren Lern- und Arbeitsräumen? Anhand von Zukunftsszenarien in Literatur und Medien entwickeln wir neue Strategien um mit Informationen umgehen zu können.

Algorithmen können auch als analoge Verhaltens- und Handlungsanweisungen verstanden werden. Sie bilden die Grundlage einer Sensibilisierung für Verhältnismäßigkeiten in analogen und digitalen Architekturen. Um die Fragen, die sich uns in Zukunft als Gesellschaft stellen beantworten zu können, entwerfen wir Objekte, die mit zukunftsrelevanten Informationen gefüllt und mit algorithmischen Anweisungen ergänzt, zu einer lebenden Bibliothek werden.

Klingt alles kompliziert? Keine Panik! Im Grunde beschäftigen wir uns damit, wie wir schöne und sinnvolle Lern- und Arbeitsräume der Zukunft gestalten können. Und was Algorithmen sind, erfährst du nebenbei.

Die Ergebnisse präsentieren wir am 13. und 14. Juni im Haus der Kulturen der Welt in Berlin, in dem wir während der Pulsartage zum Teil ebenfalls arbeiten. An einem der beiden Tage im Juni solltest du dafür Zeit haben.

Zentraler Kompetenzerwerb
Raumarchitektur lesen können; Objekte entwerfen und umsetzen;
Entwicklung von Problemlösungsstrategien; Umgang mit netzwerkbasierter Kommunikation; Verhaltensmöglichkeiten analysieren.

Klausurersatzleistung: Ja

Themen Rahmenlehrpläne

Fach: Kunst	Fach: Informatik	Fach: Psychologie
Baukonzeptionen und Bauwerke; Design – Produktgestaltung	Kommunikations- und Kooperationssysteme; Algorithmen und Datenstrukturen	Behavioral Intervention

die Strukturen von Algorithmen bilden die inhaltliche und formgebende Grundlage für unsere Entwicklung eines digitalen Lernraums der Zukunft. Wir vermessen den Ausstellungsort und evaluieren Bedürfnisse, die Jugendliche an Lernräume grundsätzlich haben. Danach planen und konzipieren wir den Lernraum und setzen darauf aufbauend alles in Form und Farbe um, was zur Ausstellung im Haus der Kulturen der Welt stehen soll.

Die grundlegenden Fragen des Pulsars sind:

- Woher wissen wir, was wir in Zukunft wissen müssen?
- Welchen Einfluss soll das Internet auf unsere Lern- und Arbeitsräume haben und welchen nicht?
- Wie sollen wir die wachsende Menge an Informationen organisieren?
- Inwiefern kann uns ein Lernraum und dessen Struktur dabei unterstützen?

Damit möglichst alle der ausgearbeiteten Vorschläge und Bedürfnisse, die während der Woche entstehen, in die Form eines erfahrbaren Lernraum-Konzeptes überführt werden können, muss die Balance zwischen Vision und Umsetzbarkeit gehalten werden. Thomas hält als Ausstellungsdesigner dieses Spannungsfeld im Blick und begleitet die Schüler von deren ersten Ideen bis zum finalen Aufbau im Haus der Kulturen der Welt. Mit einem Input über die Entstehung und die Funktionen des Internets gibt er den Jugendlichen zu Beginn der Woche zudem wichtige inhaltliche Anknüpfungspunkte mit in den Themen- und Ideen-Pool, der als Arbeitsgrundlage von den Lehrkräften zur Verfügung gestellt wird. Florian koordiniert den Ablauf der Woche sowie die Kommunikation mit den Veranstaltern der Konferenz. Zusammen mit Katja bietet er aus der kunstpädagogischen Perspektive eine Auswahl an inspirierenden Ausstellungsräumen und Design-Prozessen an, welche die Jugendlichen zur Umsetzung ihrer Ideen unterstützend hinzuziehen können. Katja moderiert am zweiten Tag der Pulsarwoche einen mehrstündigen Design-Thinking-Prozess, um allen den Start in das Projekt zu vereinfachen. Ziel des Tages ist es, auf der Grundlage gemeinsam evaluierter Bedürfnisse, die wir grundsätzlich an Lern- und Arbeitsräume haben, Probleme oder Mängel identifizieren zu können, um anschließend in der Lage zu sein, Lösungen dafür zu entwickeln. Als weiterer Experte wird Pascal hinzugezogen. Er bietet aus psychoanalytischer Sicht einen Impuls zu Verhaltens-Theorien und bearbeitet mit dem Kurs Fragen zu unseren Handlungsmustern beziehungsweise den Räumen und Situationen, die darauf Einfluss nehmen. Dieser inhaltliche Ausflug fügt die vorangegangenen Themen zusammen und baut die Brücke zum Titel der Pulsarwoche *Algorithmische Räume*.

Algorithmen – verstanden als eine Abfolge von Handlungsanweisungen – bieten zum einen auf unser Projekt übertragbare Eigenschaften und stellen zum anderen einen der zentralsten Aspekte dar, wenn man über digitale Bildung oder das Internet spricht. Räume umgeben uns und ermöglichen oder verhindern gewisse Handlungen. Neben den seltenen visionären Architekturen, in die privilegierte Schulen zur Umsetzung neuer Lehr- und Lernstrukturen ziehen dürfen, wird wohl auch in Zukunft ein Großteil des Unterrichts in den sogenannten Flurschulen und somit in klassischen Räumen stattfinden. *Schools of Tomorrow* verstehen wir demnach als Aufforderung, die Schulen von Morgen und die Architekturen von Gestern zusammenzudenken. Ein ‚Algorithmischer Raum' soll sich deshalb als Konzept in die bekannten, viereckigen Klassenräume installieren lassen, soll diesen jedoch mit einer vorgegebenen Innenarchitektur und klaren Handlungsweisungen verstärkt auf die Förderung von Kompetenzen ausrichten, die im Kontext der digitalen Bildung, zum Beispiel von der Kultusministerkonferenz und den Ländern, zunehmend gefordert werden. Bei der Förderung dieser Kompetenzen wollen wir nicht auf eine mögliche Ausstattung digitaler Geräte angewiesen sein. Der ‚Algorithmische Raum' stellt uns ähnliche Fragen, die uns auch das Internet stellt, die wir aber auch analog beantworten können: Wie gehen wir mit Informationen um? Wie verhandeln wir – möglichst demokratisch – relevantes Wissen mit nicht relevantem Wissen? Wer hat Recht? Wie bringe ich mir selbst etwas bei? Wie organisiere ich beziehungsweise wie organisieren wir Informationen?

Da das Ziel der Woche auf eine Ergebnispräsentation im Haus der Kulturen der Welt ausgerichtet ist, verbringen wir den dritten Tag der Woche ausschließlich am Ausstellungsort. Vor Ort müssen wir improvisieren – das Haus ist nicht auf klassische Unterrichtsformate ausgerichtet. Wir arbeiten daher manchmal auch auf dem Fußboden oder stellen uns vorhandene Sessel und Tische für Diskussionsrunden und Plenums-Situationen zusammen. Auf diese Weise lernen wir den vorgesehenen Ausstellungsort intensiv kennen. Zwei Fragen leiten uns durch den außerschulischen Arbeitstag.

1. Was brauchen wir zum Lernen und Arbeiten?
   Die räumliche Distanz zur eigenen Schule soll es den Schülern erleichtern, über allgemeine Fragen und eigene Bedürfnisse bei der Lernraumgestaltung nachzudenken und diskutieren zu können.
2. Welche Möglichkeiten und Herausforderungen bietet der Ausstellungsort im HKW für die Umsetzung des geplanten Lernraums?
   Dass wir bereits vor der Ausstellungsentwicklung einen ganzen Tag in dem Haus arbeiten dürfen, ermöglicht es uns, ‚unseren' Raum, innerhalb

dessen wir uns bewegen dürfen, wahrzunehmen, auszumessen, zu analysieren und zu diskutieren.

Am vierten Tag der Pulsarwoche haben die Jugendlichen ein zweites Mal die Gelegenheit, eigenverantwortlich am geplanten Ausstellungsort zu arbeiten. Dadurch können sie ihre ersten Entwürfe vor Ort überprüfen und gegebenenfalls nachmessen und anpassen.

Unser Fazit zur Zusammenarbeit mit den Lehrkräften: Alle vier beteiligten Lehrer können mit ihrem individuellen Zugang an das Thema des Pulsars sinnvoll anknüpfen. Auf diese Weise lernen wir jeweils von den anderen und haben nebenbei die Gelegenheit zu gegenseitigen Hospitationen. Da die Ressourcen der einzelnen Kollegen von vornherein klar gesetzt sind und zwei von vier Lehrkräften den Großteil der Woche im Pulsar arbeiten, kommt es in diesem Fall nicht zu Engpässen. Das sorgt für eine gute Zusammenarbeit im Pulsarteam. Da wir uns das Thema selbst gesetzt und erarbeitet haben, engagieren wir uns gerne an allen fünf Tagen der Pulsarwoche und darüber hinaus, um die Fragen und Herausforderungen, die das Thema mit sich bringt, bestmöglich bearbeiten zu können. Die Verfügbarkeit von zwei Lehrkräften die ganze Woche hindurch bietet dem Pulsar im Allgemeinen und den Schülern im Besonderen eine verlässliche Bezugsgröße. Die Expertisen und die kurz- oder längerfristigen Verfügbarkeiten der weiteren Lehrkräfte sorgen aus Schüler-Perspektive für Abwechslung und aus Kollegen-Perspektive für eine inhaltliche Bereicherung sowie Entlastung während der Arbeitszeiten.

Als Hauptverantwortliche waren wir jeweils 40 Stunden im Pulsar, dazu kamen etwa je 12 Stunden Vorbereitungszeit. Unser eigentlich verfügbares Stundenkontingent haben wir dabei überschritten – freiwillig. Florian hatte 21 Stunden zur Verfügung und leistete 52 Stunden; Thomas hatte 40 Stunden und auch er leistete 52 Stunden Die Inputgebenden waren mit unterschiedlichen Zeitkontingenten vertreten: Katja war mit 20 Stunden Anwesenheit und 5 Stunden Vorbereitung im Pulsar – ihr eigentliches Kontingent betrug 18 Stunden Bei Pascal stimmen verfügbare und geleistete Stunden überein, da er mit zwei Stunden einen Inputvortrag gab, zu dem er eine Stunde Vorbereitung benötigte.

Am Ende eines Pulsars im öffentlichen Rahmen das Ergebnis der Woche gemeinsam zu präsentieren, bringt eine besondere Qualität der Auseinandersetzung und Ideenumsetzung mit sich. Wir konnten den Ausstellungstermin mittelfristig einplanen und mit einem anderen Kunst-Grundkurs bereits vordenken und teilweise vorbereiten. Der Termindruck, der durch den notwendigen Ausstellungsaufbau entsteht, erfordert eine gute Zusammenarbeit aller Kursteilnehmer, die sich für eine gelingende Umsetzung mit ihren Ideen und den gegebenen Möglichkeiten und Hindernissen in einer authentischen Situation außerhalb von Schule intensiv auseinandersetzen müssen. Für die Lehrkräfte ergibt sich ein Spannungsfeld zwischen den vereinbarten Absprachen mit dem Veranstalter (HKW) und der kaum planbaren Arbeitsmotivation der Jugendlichen, das es auszuhalten gilt. Für eine wiederholte Vorgehensweise in einem ähnlichen Setting wäre eine stärkere Transparenz in Bezug auf den Arbeitsaufwand wichtig. Insbesondere der Tag direkt vor der Ausstellungseröffnung verlangt eine hohe Konzentration und erhöhte Arbeitsbereitschaft aller Beteiligten. Das kann bereits bei der Beschreibung des Pulsars erfolgen.

Die Schüler haben gelungene Lösungsansätze aus den zuvor erarbeiteten Bedürfnisfeldern präsentiert. Von ihren intrinsisch motivierten Fragestellungen ausgehend haben sie unterschiedliche Bereiche des Lernraums erkundet, in denen eine analoge wie digitale Auseinandersetzung, die sich nach den Bedürfnissen der/des Einzelnen richtet, möglich ist. Auffällig ist, dass es dabei kaum um die Deckung eines Bedarfs nach technischer Ausstattung geht.

Die Schüler des Pulsars denken bei ‚Lernräumen der Zukunft' vor allem darüber nach, welche Orte sie innerhalb der gegebenen Räume benötigen, um gut miteinander und effektiv an ihren eigenen Themen arbeiten zu können. Die Frage, ob wir dafür Tablets, Smartphones, Smartboards oder Zettel und Bleistift benötigen, tritt hier in den Hintergrund. Auf den Karteikarten der Zettelkästen haben die Jugendlichen mit Kommentier- und Verknüpfungsmöglichkeiten ein dynamisches, stets erweiterbares und damit zeitgemäßes Wissensarchiv ermöglicht. Ganz analog kann man sich in sechs Kategorien eine Karte heraussuchen, die mit einer übergeordneten Frage ver-

Abb. 4.2 Die Jugendlichen arbeiten im Haus der Kulturen

Abb. 4.3 Der Zettelkasten zum Thema Körper

sehen ist und zur eigenen Auseinandersetzung motivieren soll. Um diesen Karteikarten-Katalog zu erstellen, haben alle Schüler im ersten Schritt Fragen aufgeschrieben, die sie – unabhängig von Lernplänen oder möglichen Unterrichtsbezügen – ganz persönlich interessieren. Auf diese Weise sind 50 Karten entstanden, die von einer Arbeitsgruppe anschließend sechs Kategorien zugeordnet wurden: 1. Kreativität, 2. Weltwissen, 3. Mein Körper, 4. Moral und Ethik, 5. Lerntechniken und Methoden, 6. Leben des Individuums. Die These der Gruppe: Alle möglichen weiteren Fragen, die dieses Fragen- und Wissensarchiv ergänzen sollen, können einer der sechs festgelegten Kategorien immer zugeordnet werden.

Es zeichnete sich ein gemeinsames Ziel der Pulsargruppe ab: Auf den Diskurs ausgerichtete und selbstorganisierte Lern- und Arbeitsräume, die mit geringem Aufwand in den herkömmlichen Schulräumen installiert werden können. Hierfür haben die Jugendlichen den gewöhnlichen, quadratischen Klassenraum in vier Bereiche aufgeteilt.

A Ein zentraler Bereich mit den sechs Zettelkästen;

B Ein davon getrennter Diskurs-Bereich, in dem man mit bis zu zehn Personen bearbeitete Themen im Plenum besprechen und gemeinsam ergänzen kann. Die von den Schülern ausgestellten Overhead-Projektoren verdeutlichen, dass nicht alle sogenannten digitalen Kompetenzen, die hier gefördert werden sollen, digitale Endgeräte benötigen;

C Ein Bereich für die individuelle Recherche – der mit ‚Nicht-Ansprechen' gekennzeichnet ist und konzentrierte Arbeitsphasen garantiert;

D Ein Bereich, in dem man mit maximal fünf Personen ein Thema oder mehrere Themen der Kleingruppe bearbeitet. Besonders gelungen ist der für diesen Bereich entwickelte und hergestellte Digital-Analog-Tisch,

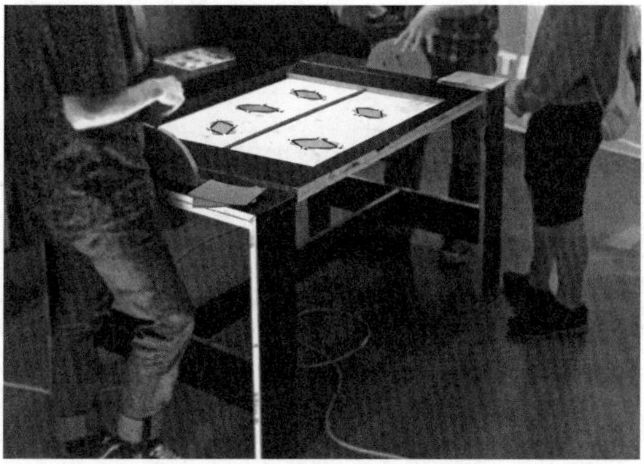

Abb. 4.4 Der von den Schülern gefertigte Digital-Analog-Tisch

siehe Abbildung 4.4, dessen Tischplatte um 180 Grad gedreht werden kann und auf einer Seite ein Festklemmen der Smartphones ermöglicht. Auf diese Weise ist die Lerngruppe gezwungen, gemeinsam festzulegen, ob sie in den nächsten Minuten online, mit ihren Handys auf dem Tisch recherchieren oder offline, in dem sie die Platte drehen, die Handys auf die Unterseite des Tisches verschwinden und ganz analog mit ihren Karteikarten weiterarbeiten.

Die Ergebnisse der Schüler, die den ‚Algorithmischen Raum' entworfen und realisiert haben, sind in sich stimmig und als Lernraum-Konzept ein ernstzunehmender Vorschlag, alte Klassenraum-Strukturen mit neuen Kompetenzanforderungen der digitalen Bildung zusammenzudenken. Das Ziel war selbstorganisiertes und auf den Diskurs ausgerichtetes Arbeiten, welches mit geringem Aufwand in den herkömmlichen Schulräumen installiert werden kann – es hat hier eine mögliche Antwort erhalten. Wir planen daher nun als Schule die Installation eines solchen Raumes auch über die Ausstellung hinaus in einem unserer Räume, um das Konzept im Alltag der ESBZ zu erproben.

Algorithmische Räume – Schülerresonanz

Schüler äußerten sich zu diesem Pulsar vor allem zu dem eigenständigen praktischen Arbeiteten und ihrer besonderen Motivation:

- „Also das praktische Arbeiten macht mir auf jeden Fall Spaß. Es war sehr gut, dass das Pulsar die Möglichkeit dazu gab und ich das Ergebnis praktisch erarbeiten konnte. Finde ich echt gut!"

- „Ich bin sehr stolz darauf, was wir bisher so geschafft haben und ich bin durchaus davon überzeugt, dass das noch besser wird bis zur Präsentation."
- „Da gibt es Unterschiede in der Arbeitshaltung. Also nach einem Pulsar falle ich immer total kaputt ins Bett, also so kaputt bin ich teilweise nach Schultagen bis 16 Uhr nicht. Das intensive An-einem-Thema-Arbeiten non-stop, das zehrt schon. Ja und auch die intrinsische Motivation, die einen viel mehr unter Druck setzt, als es eine extrinsische könnte. Und das mit dem Lernen, das ist von Pulsar zu Pulsar unterschiedlich, in manchen Pulsaren habe ich richtig viel gelernt, bei anderen habe ich vor allem gute Erfahrungen mitgenommen und Denkanstöße. In diesem Pulsar habe ich das Gefühl, dass ich was echt Gutes schaffe mit meinen eigenen Händen."

Algorithmische Räume – Lehrerresonanz
Im Interview mit Petra Ehrler sprach Thomas Meyer über die Lehrerrolle: „Dieser Druck, zu versuchen, möglichst viel Input zu geben, ist natürlich sehr groß. Ich finde aber, wir haben eine gute Mischung gefunden und haben die Jugendlichen zwei, drei Stunden selbständig arbeiten lassen und danach entschieden, welcher Input als nächstes notwendig ist. Ich habe das Gefühl, ich mache immer eher zu viel und lerne gerade mich zurückzunehmen. Und wenn die Jugendlichen frustriert sind, sie auch mal frustriert sein zu lassen und nicht direkt einzugreifen; das ist super schwer, aber es bringt viel, weil man dann die Selbstwirksamkeit aktiviert, sie bringen sich selbst als Gruppe heraus, das ist viel wertvoller, als rausgezogen zu werden von jemanden, der eine Autorität ist." Und abschließend kommentierte Florian Sievert: „Die Schüler denken nicht über Whiteboards nach oder dass irgendwie eine Technik angeschafft werden muss, sondern darüber, wie sie an diesem Ort miteinander lernen wollen. Und das ist total spannend."

4.2.2 Leben in Städten
mit Monika Eichinger, Lisa Viehoff und Schülern

Für den Leistungskurs Geografie der 12. Klasse war dieses Pulsar das erste gemeinsame Projekt. Nach den Sommerferien hatte sich der LK-Kurs formiert und in seiner dritten Woche startete das Pulsar, in dem die erste Klausurersatzleistung erbracht werden sollte – eine Herausforderung für Lernende und Lehrende zugleich. Zur Einführung in das Leistungskurs-Pulsar *Leben in Städten* haben vier Kolleginnen aus der ESBZ an den ersten beiden Tagen

Abb. 4.5 Ankündigung des LK-Pulsars Leben in Städten

Leben in Städten

Monika Eichinger

Dorthe Wolter

Lisa Viehoff

Julia Richter

Foto: Wikimedia Commons, Gryffindor

Sind euch auch schon mal die beiden Türme an der Frankfurter Allee aufgefallen? Und habt ihr euch auch schon einmal gefragt, warum die Häuser in Friedrichshain und Kreuzberg einander so ähnlich sehen, die Stadtteile aber trotzdem so unterschiedlich sind? Interessiert euch, wie Berlin zu dem geworden ist, was es ist und woran man das im Stadtbild noch gut erkennen kann? Und faszinieren euch Begriffe wie Megacity, Slum und Azteken? Dann seid ihr in diesem Pulsar richtig.

Wir gehen der Frage nach, welche politischen und gesellschaftlichen Entwicklungen der gut letzten 100 Jahre Berlin beeinflussten und zu dem machten, was es ist. Vergleichend betrachten wir dazu Mexiko-City, die größte Stadt Lateinamerikas, und machen uns Gedanken über aktuelle Prozesse und Fragestellungen, wie etwa Zuzug und Verdrängung, Versorgung und Lebensqualität hier und dort.

Inhalte:
Geographie:

- Analyse der Teilräume einer deutschen Großstadt nach physiognomischen, funktionalen und sozialen Merkmalen
- Vergleich von Teilräumen deutscher Großstädte

Zentraler Kompetenzerwerb:
Geographie:

- Räumliches Orientierungswissen
- Erfassung räumlicher Strukturen
- Diskussion von Raumnutzungskonflikten

Klausurersatzleistungen: ja

Themen Rahmenlehrpläne	
Q1 Siedlungsentwicklung und Raumordnung *Q1 Aktuelle soziale, politische und wirtschaftliche Entwicklungen und Konflikte in Lateinamerika* *Q4 Metropolen*	
Geographie	*Spanisch*

Impulsvorträge gehalten und die Thematik während einer Exkursion aus unterschiedlichen Perspektiven beleuchtet, siehe Abb. 4.5. Ab dem Nachmittag des zweiten Tages arbeiteten die Schülerinnen und Schüler eigenständig an selbstgewählten vertiefenden Aspekten mit dem Ziel, eine Stadtführung für ihre Mitschüler aus dem Kurs zu konzipieren und durchzuführen. Monika Eichinger als Hauptverantwortliche LK-Leiterin und Lehrerin für Geographie, Deutsch und Spanisch hat die Woche koordiniert und strukturiert und das Kolleginnenteam geführt. An dem Kurs nahmen zusätzlich zu den Zwölftklässlern des Leistungskurses vier Elftklässler teil, die das Pulsar nach folgender Ankündigung gewählt hatten.

Die Impulsvorträge folgten einer bestimmten Systematik: Bei dem von Lisa Viehoff gewähltem Einstieg ‚Was ist typisch Berlin?' wurden verschiedene geschichtlich-soziale und politische Einflüsse, Besonderheiten und Eigenschaften dieser Metropole aufgezeigt, die sie einzigartig machen. Um den Charakter der Stadt verstehen zu können, wurden die verschiedenen Entwicklungsabschnitte genauer betrachtet. Im Vortrag ‚Verstädterung während der Industrialisierung' hat Monika Eichinger sodann Bezug darauf genommen, wie sich im Europa dieser Zeit neue Städte gebildet und wie sie sich aufgrund des wirtschaftlichen Wachstums in bis dahin unbekannter Schnelligkeit ausgedehnt haben. Dass Berlin eine eigene dramatische Geschichte zu erzählen hat, wurde von Julia Richter in ‚Hitlers Berlin-Pläne' dargestellt. Fächerübergreifend, mit Spanisch kombiniert, faszinierte im vierten Abschnitt Dorthe Wolter mit ihren beiden Vorträgen zum kulturgenetischen Stadttyp der lateinamerikanischen Stadt am Beispiel ‚Mexiko-Stadt unter den Azteken' beziehungsweise ‚Mexiko-Stadt unter den Spaniern und heute'.

Während am ersten Pulsartag theoretische Inputs gegeben wurden, startete der zweite mit einer Exkursion in die Berliner Innenstadt. Auf einem Stadtspaziergang entlang der Brunnenstraße vom ehemaligen Westberlin (Stadtteil Wedding) Richtung Zentrum ins ehemalige Ostberlin (Stadtteil Mitte) sollten die Schüler innerstädtische Prozesse beobachten: Wiederaufbau in den 50er-Jahren, Kahlschlagsanierung in den 70er-Jahren, ethnische Segregation, beginnende Gentrifizierung, Deindustrialisierung und Umnutzung innerstädtischer Industrieflächen waren gut im ehemaligen Westen zu beobachten, Mauerstreifen und Umgang mit dem historischen Erbe der Teilung sowie Gentrifizierung hingegen im ehemaligen Osten. Dabei knüpften die Lehrkräfte an den jeweiligen Stationen im Gespräch mit den Schülern an das Erlernte des vorherigen Tages an und verbanden die Theorie mit dem richtigen Leben. Zurück im Klassenraum konnte das Gesehene noch einmal besprochen und geordnet, fachliche Grundlagen geschaffen, Begriffe definiert und die besondere Stellung und Entwicklung Berlins während des kalten Kriegs und der Zeit nach 1990 thematisiert werden. Mit dem Vortrag ‚Mexiko-Stadt unter den Spaniern und heute' konnten die koloniale Überprägung Mexiko Cities und aktuelle Herausforderungen von Megastädten in Ländern des globalen Südens in den Blick genommen werden, wie etwa starker Zuzug, mangelnde Infrastruktur, soziale Segregation und Marginalisierung sowie ökologische Probleme.

Zum Abschluss des Nachmittags bildeten die Jugendlichen Teams und wählten ihr Vertiefungsthema, entweder aus den Themenvorschlägen wie *Die Mauer – Lebensverhältnisse in Ostberlin und Erinnerungskultur, Sozialistische Stadt und Stadtumbau Ost* oder *Nikolaiviertel – Entstehung, Wiederaufbau und heutige Nutzung* oder sie suchten sich eigene Schwerpunkte, die sie mit den Lehrenden absprachen, abrundeten und eingrenzten. Ihre Vertiefungsaspekte waren beispielsweise: *Großwohnsiedlungen im Vergleich, am Beispiel des Hansa-Viertels (W-Berlin) und der Frankfurter Allee (O-Berlin)* oder *Der ÖPNV in Berlin während der Teilung und danach,* aber auch die *Stadtentwicklung von Phoenix in Nordamerika* und die *Stadtentwicklung am Beispiel der niederländischen Stadt Amsterdam.* Zwei Schülerinnen planten ein Modell von Tenochtitlán, der Hauptstadt der Azteken, zu bauen. Die Schüler aus Jahrgang 11 wählten in Absprache mit den Lernbegleitern eine passende Präsentationsform für ihr Thema und erhielten eine AT-Note, die in anderen Bundesländern einer mündlichen Note entspricht. Alle Schüler des Leistungskurses hingegen, die ein Berlin spezifisches Thema gewählt hatten, haben Stadtführungen zu ihrem Thema in den Folgewochen durchgeführt, die als Klausurersatzleistung gewertet wurden. Einige wenige LK-Schüler, die sich für andere Stadtbeispiele entschieden hatten, hielten einen Vortrag im Kurs.

Gerade die Stadtführungen waren für die LK-Schüler ein interessantes Format. Die Vorbereitungsgruppe, bestehend aus maximal zwei Personen, hatte sich nicht nur mit einem Aspekt der Stadtentwicklung auseinanderzusetzen, sondern auch eine Route zu entwickeln, anhand derer bestimmte Entwicklungsphänomene anschaulich und begreifbar dargestellt werden sollten. Gleichzeitig hatten sie die Machbarkeit im Blick zu behalten und beispielsweise günstige Standorte zu wählen bezüglich Lautstärke und Verkehr. Auch sollten sie ihren Mitschülern Beobachtungsaufträge geben, um diese aktiv einzubinden. Die teilnehmenden Mitschüler profitierten nicht nur von den lebendigen Inhalten, sondern konnten sich in angeleiteten Feedbackrunden von den Vortragenden Gelungenes aneignen und Verbesserungsvorschläge in ihre eigenen Vorträge einbauen. So wurden gleich zu Beginn der zwölften Klasse Maßstäbe für propädeutisches Arbeiten und Präsentieren in der Oberstufe gesetzt.

Der Arbeitsumfang für die Lehrkräfte bestand aus der Vorbereitung und Organisation des Pulsars, den Impulsvorträgen, der Begleitung der Schüler in den Selbstlernphasen und die Abnahme beziehungsweise Korrektur der Prüfungsleistungen. Bei diesem Pulsar kamen drei der vier Lehrkräfte mit ihrem Deputat an Wochenarbeitsstunden gut zurecht. Die Leiterin des Leistungskurses, Monika Eichinger, die auch hauptverantwortliche Lehrkraft des Pulsars war, brachte sich mit 27 Zeitstunden ein, wobei ihr Wochensoll nur 19,5 Zeitstunden beträgt, kommentierte dies wie folgt: „Als LK-Leiterin mit einer 50-Prozent-Stelle und einem großen Leistungskurs beziehungsweise Pulsar steckt man in dem Dilemma: Soll ich während des Pulsars mehr arbeiten, um alle Schülerinnen und Schüler gerade während der Selbstlernphase gut beraten zu können, denn wenn man 24 Schülerinnen berät, davon 18 LK-Schüler, die eine Klausurersatzleistung machen, ist man permanent in Beratungsgesprächen? Oder arbeite ich nur die vertragliche Arbeitszeit, dann riskiere ich, die Schüler nicht gut zu beraten, wenn sie ihre erste Klausurersatzleistung in der Oberstufe erbringen. Sie sind alle neu in Jahrgang 12 und es wäre nicht wünschenswert, wenn sie mit mittelmäßigen Ergebnissen starten. Oder senke ich meinen Anspruch?“ Sie hat sich für die intensive Begleitung der Jugendlichen entschieden. Grundsätzlich sind für sie die permanenten Beratungsgespräche während der Pulsarwoche anstrengender als der gewohnte Wechsel zwischen Unterricht und Vorbereitungszeit. Trotzdem sieht sie im Leistungskurs-Pulsar Vorteile beispielsweise im intensiven Arbeiten, im erlebnisreichen und anschaulichen Lernen, im frühen Schaffen fachlicher Grundlagen, im problemlosen Einbinden von Exkursionen, in der guten Beratung zu den Klausurersatzleistungen und in der Chance, diese Prüfungen bereits früh im Schuljahr ablegen zu können und im intensiven Schülerkontakt, der besonders zu Beginn des Jahres mit dem neuen Kurs sehr hilfreich ist.

Am Ende der Pulsarwoche wurden die Jugendlichen gebeten, anhand von Reflexionsfragen ihren eigenen Lernprozess rückblickend schriftlich zu beurteilen. Zwei Schüler haben ihre Aufzeichnungen zur Reflexionsrunde *Leben in Städten* zur Verfügung gestellt:

Leben in Städten – Reflexion eines Schülers aus Jahrgang 12

Was war interessant?

Ich fand das allgemeine Thema des Pulsars *Leben in Städten* sehr interessant. Es ist erstaunlich, wie es Tausenden von Menschen gelingt, auf engstem Raum zu leben. Städte werden nicht umsonst als die markanteste Siedlungsform in der Geschichte der Menschheit bezeichnet. Sich mit dem Phänomen Stadt näher zu beschäftigen, war sehr spannend. Besonders angesprochen hat mich die tiefgründige Auseinandersetzung mit Berlin. Vor dem Pulsar wusste ich zu wenig über die Entwicklung der Bundeshauptstadt, in der ich jetzt bereits seit 17 Jahren lebe.

Was habe ich Neues gelernt?
Im Pulsar wurde mein zuvor oberflächliches Wissen über die Auswirkungen der Industrialisierung vertieft. Ich lernte die Entstehungsgeschichte von Mexiko-Stadt kennen, befasste mich mit der Analyse von Architektur am Beispiel Germania, kann besser meine unmittelbare Umgebung verstehen und weiß nun mehr über die Unterschiede der Stadtentwicklung in der DDR und der BRD. Zudem habe ich den Hobrecht-Plan und seine positiven Auswirkungen auf Berlin kennengelernt. Insgesamt wurde im Pulsar viel Wissen vertieft und geographische und historische Zusammenhänge verknüpft.

Was hat mich gestört beziehungsweise enttäuscht? Was würde mich zusätzlich interessieren?
Ich hätte gerne noch etwas mehr in Form von Inputs über andere Megacities wie Tokio oder Neu-Delhi erfahren, verstehe aber, dass Mexico-Stadt aufgrund der interessanten Historie und gegenwärtigen Probleme ausgewählt wurde.

Worüber bin ich stolz?
Am meisten stolz machen mich die vielen neuen Sachen, die ich gelernt habe. Zudem bin ich sehr zufrieden mit meinen Leistungen während der zwei Input-Tage. Früher wäre es mir schwergefallen, die ganze Zeit konzentriert zuzuhören und mitzuarbeiten. Bei diesem Pulsar ist es mir sehr gut gelungen.

Meine Selbstlernphase würde ich wie folgt beurteilen:
Insgesamt bin ich mit meinem Lernerfolg zufrieden, doch der Rechercheprozess war sehr durchwachsen. Am Anfang machte ich mit Justus zusammen eine Mind-Map, um unsere Themen und Gedanken zu sammeln. Das Anwenden dieser Technik half uns, einen guten Überblick zu behalten. Danach begann die Recherche. Zuerst waren wir mit einer Menge Informationen konfrontiert, die wir erstmal verstehen und in einen logischen Zusammengang bringen mussten; das war sehr anstrengend. Doch mit der fortlaufenden Einarbeitung in das Thema fiel es mir immer leichter und ich kam gut voran. Viel Energie gekostet hat mich das Suchen passender Grafiken und Zahlen. Ich durchsuchte unter anderem das Archiv im Amt für Statistik Berlin-Brandenburg, was sich als nicht so leicht herausstellte. Letztendlich fand ich aber die gewünschte Grafik über Ausländer- und Migrantenzahlen in Neukölln. Bei der Suche nach der

Entwicklung des Mietspiegels war ich nicht so erfolgreich. Mein Ziel mit Justus für das Wochenende und den darauffolgenden Montag war es, die letzten Recherchen zu beenden, unsere Themen in eine verständliche Reihenfolge zu bringen, das Vortragen zu üben und die wesentlichen Informationen in einem Handout zusammenzufassen.

Was kann ich dazu beitragen, dass mein Tag effektiver wird?
Wichtige Faktoren für ein effektives Arbeiten, auf die ich Einfluss habe, sind: eine klare Struktur, eine gute Lernatmosphäre und regelmäßige Pausen. All diese Umstände waren während des Pulsars immer gegeben, wodurch ich effektiv arbeiten konnte. Nur in der selbständigen Arbeitsphase mangelte es kurz an einer guten Struktur. Um das zu vermeiden könnte ich mir einen noch klareren Arbeitsplan gegebenenfalls mit Zeitangaben erstellen.

Leben in Städten – Selbsteinschätzung eines Schülers aus Jahrgang 11
Mir hat meine erste Pulsarwoche gut gefallen. Das Thema *Leben in Städten* hat mich sehr interessiert und war auch eines meiner Wunschpulsare. Mir hat gefallen, dass das Thema sehr breit aufgefächert wurde und wir in jedes dieser kleinen Themen eine Einführung bekommen haben. So lernte man etwas darüber, auch wenn man sich später nicht für dieses Thema entschied. Nicht gefallen haben mir die ersten langen Tage, weil man ab ca. 14/15 Uhr nicht mehr richtig folgen oder sich konzentrieren konnte, was schade für diese interessanten Themen ist. Meiner Meinung nach hätten die Pausen etwas länger sein können.

Ich habe viel Neues, gerade auch zur Nachkriegszeit, gelernt, aber auch zu Themen wie der Architektur im Dritten Reich, der Industrialisierung und Mexiko-Stadt. Die Einführungen in diese Themen haben mir sehr gut gefallen. Dass die Einführungen für Zwölftklässler und somit auf einem höheren Niveau waren, hat mich nicht gestört. Ab und an war es schwierig mitzukommen, aber die meiste Zeit konnte ich den Impulsvorträgen folgen. In meinem nächsten Pulsar möchte ich mich in der Gruppe jedoch mehr einbringen.

Sehr interessiert hat mich das geteilte Berlin beziehungsweise Deutschland in der Nachkriegszeit, weshalb ich dann auch ein Vertiefungsthema wählte, welches sich damit beschäftigt. Ich entschied mich, dazu eine Art Dokument anzufertigen, in dem ich, von Bildern und einem Zeitstrahl unterstützt, meine recherchierten Informationen präsentierte. Ich wollte nicht einfach nur eine Power-Point-Präsentation erstellen, denn ich finde es besser, wenn man sich später das Dokument noch durchlesen und etwas lernen kann. Meiner Meinung nach geht das bei einer Power-Point-Präsentation nicht so gut.

In der Freiarbeitsphase habe ich mich gut konzentrieren können und zuerst einmal recherchiert, um einen groben Überblick über die Größe meines Themas zu bekommen. Leider habe ich ziemlich durcheinander recherchiert, was sich später gerächt hat, weil ich den Überblick verlor, was ich alles schon hatte und was nicht und welche Quellen ich verwendet hatte. In meinem nächsten Pulsar oder meiner nächsten Recherche sollte ich mir also vor dem Recherchieren eine Art Plan oder Liste erstellen und möglichst frühzeitig schon relevante Quellen aufschreiben. Ich habe mich dabei dann aber etwas überschätzt, was den Umfang meines Dokuments angeht, weshalb ich ein paar Texte aus Zeitdruck weglassen musste.

Mit meinem Ergebnis bin ich zufrieden, auch damit, dass ich mich für diese Präsentation entschieden habe. Ich fand es gut, dass die Zwölftklässler uns Elftklässlern Feedback und Verbesserungsvorschläge auf unsere Arbeit und Präsentation gegeben haben.

4.2.3 Wie das Gehirn funktioniert und wie man es technisch nachstellen kann

mit Anthony Garratt, Jacob Raabe und Simon Heitz

Im Mai 2018 ist ein Pulsar an der ESBZ hauptverantwortlich von einem Schüler nicht nur initiiert und vorbereitet, sondern auch organisiert und geleitet worden. Anthony aus der Jahrgangsstufe 12 hatte sich in den letzten Jahren im Bereich Informatik selbständig sehr viel Wissen angeeignet. Er vertritt die Meinung, Programmieren sei eine der zukunftsweisenden Kompetenzen, jeder Oberstufenschüler solle und könne die Grundlagen dazu erlernen – es werde aber an der ESBZ zu wenig in diesem Bereich angeboten. Um dies zu ändern, hat er einen Informatikkurs konzipiert, siehe Abbildung 4.6.

Anthony hat eine LEX-Woche genutzt und begonnen, ein Pulsar mit dem Schwerpunkt Informatik und der Fächerkombination Biologie und Mathematik auszuarbeiten. Da er aber vor allem an den Interessen der Mitschüler anknüpfen wollte, befragte er sie online zu inhaltlichen Schwerpunkten: „In der LEX habe ich eine Umfrage gemacht mit zwölf möglichen Titeln zum Pulsar. Die ganze Jahrgangsstufe hat dann abgestimmt, wie das Pulsar aussehen soll.“ Zu seinen Titelvorschlägen hatte er die jeweilige Anbindung an den Rahmenlehrplan dargelegt und die Abiturrelevanz prozentual eingeschätzt. Aufgrund der Umfrageergebnisse wählten die Schüler schließlich ein Pulsarthema mit sehr hoher Abiturrelevanz aus: Wie das Gehirn funktioniert und wie man es technisch nachstellen kann. Simon Heitz, Fachlehrer für Mathematik, Physik, Informatik und Theater hatte von dem Vorhaben gehört

Abb. 4.6 Ankündigung des Schüler-Pulsars Wie das Gehirn funktioniert und …

Wie das Gehirn funktioniert und wie man es technisch nachstellen kann

Anthony Garratt
Jacob Raabe
Simon Heitz

Programmieren
Eine Fähigkeit, die in der heutigen Welt eine Vielzahl an Dingen erschaffen hat, und die noch eine Unmenge mehr zu Tage bringen wird.
Mit der weiterhin steigenden Beliebtheit von künstlichen Intelligenzen wie Amazons Alexa oder FaceA gibt es viele neue Entwicklungen in der Welt der Künstlichen Intelligenz (KI).

Und was hat das mit dem Fach Bio zu tun?
Wir wollen herausfinden, wie man das Gehirn bzw. ähnliche Funktionen technisch nachstellt und Diskussionen anregen über KI und ihre mögliche Bedeutung für gesellschaftliche Veränderungen.
Wir werden uns mit einer „simpleren" Version des Gehirns beschäftigen, dem neuronalen Netzwerk.
Dabei werden wir uns Grundkenntnisse und Fähigkeiten im Programmieren aneignen.
Und keine Angst, wenn du ein Noob bist, es sind alle willkommen und können mitwirken!

Inhalte
Vorgänge an Synapsen, Programmiersprachen,
Erklärung von Lebewesen als funktionelle, selbstregulierende Einheiten, die mit ihrer Umwelt in einem ständigen Stoff-, Energie- und Informationswechsel stehen, und die Nachbildung dieser Funktionen mit Hilfe von Technik.

Zentraler Kompetenzerwerb
Verständnis über Wechselwirkungen zwischen Informatiksystemen.
Erörterung und Evaluation von Auswirkungen technischer Veränderungen auf Individuum und Gesellschaft. Analyse von komplexen Systemen.

Klausurersatzleistung: ☐ Ja ☑ Nein

Themen Rahmenlehrpläne

Fach: Informatik	Fach: Biologie	Fach: Mathematik
Programmiersprachen, KI und Neural Networks, Big Data, Robotics	Gehirn und Synapsen	Matrizenrechnung

und bot sich an, beratend zur Seite zu stehen. Zusätzlich konnte Anthony seinen Freund Jacob Raabe, Oberstufenschüler eines Berliner Gymnasiums, zur Mitarbeit gewinnen. Für die Planung des Pulsars reichte die Zeit in der LEX-Woche doch bei weitem nicht aus und so arbeiteten die beiden Freunde viele Stunden in ihrer Freizeit weiter. Anthony und Jacob hatten sich zum Ziel gesetzt, alle Schüler im Kurs willkommen zu heißen, ganz gleich ob sie Programmier-Neulinge oder bereits erfahren waren. Dementsprechend haben sie Materialien und Aufgabenstellungen unterschiedlichen Niveaus vorbereitet und Impulsvorträge zu den Grundlagen der Informatik, zu Matrizen, Matrizenmultiplikation, Big Data und einem Einstieg in die Programmiersprache Python ausgearbeitet. Als das Pulsar dann für Jahrgang 12 in der 9. Pulsarwoche angeboten wurde, war es innerhalb kürzester Zeit mit 18 Schülern über die maximale Teilnehmerzahl hinaus überbucht.

„Ich muss sagen, ich war schon sehr überrascht vom hohen Grad der Motivation der Teilnehmer", erzählt Anthony im Interview rückblickend auf seine Schüler des ersten Pulsars, die aus der gleichen Jahrgangsstufe stammten wie er selbst. „In der ersten Inputphase zu Neuronen und neuronalen Netzwerken haben wir alle gleich beteiligt, das hat echt gut geklappt, sie haben recherchiert und eine Präsentation gemacht. Danach kam ein zweiter Input von mir zur Einführung in den Informatikteil über Matrizen und Matrizenmultiplikation, um zu zeigen, wie nützlich so etwas ist vor allem in Bezug auf künstliche neuronale Netzwerke. Eigentlich ist das ein 13er-LK-Thema, aber wir haben es innerhalb von 30 Minuten geschafft. […] Danach kam mein Vortrag, um die Bezüge zwischen neuronalen Netzwerken aus der Biologie und künstlichen neuronalen Netzwerken aus der Informatik darzustellen. Um kunstliche neuronale Netzwerke in Python zu programmieren, habe ich ein Buch durchgearbeitet […] und dann habe ich im Kurs erzählt, soweit ich es bis dahin schon verstanden hatte […]. Am nächsten Tag sind wir mit einigen kürzeren Präsentationen zu verschiedenen Themen eingestiegen, allerdings haben alle etwas länger gedauert als geplant. Am Nachmittag hatten wir eigentlich vor, mit Hilfe einer kleinen Aufgabe in die Programmiersprache Python einzusteigen, wobei die Schüler hätten selbst recherchieren sollen. Da wir aber schon fast am Ende des Pulsartages waren, habe ich ganz spontan den Einstieg frontal unterrichtet. Das war ganz ehrlich gesagt eine der dümmsten Sachen, die mir seit langem passiert ist, da ich weiß, dass es echt doof ist, einfach nur Zeug abzuschreiben und dass man dabei nichts wirklich versteht. […] Und ich glaube, dass die Leute nur dranbleiben, wenn es ihre eigenen Ziele sind, denn wenn jemand Fremdes sagt ‚Ihr müsst bis dann und dann die Verzweigungen draufhaben', dann kommt man dem, was man wirklich machen will, nicht näher und das ist ein bisschen so der Unter-

Tab. 4.2 Zeitplanung der Schüler zum 1. Pulsartag

Tag	Zeit	Dauer	Oberthema	Titel	Vortragender	Status
1. Tag						
	09:00:00	00:10:00	Ankommen			
	09:10:00	00:40:00		Einleitung, Übersicht und „Eigenes Denken“		
	09:50:00	00:10:00		Erklärung „Methodik“	Anthony	
	10:00:00	00:30:00	Pause			
	10:30:00	00:50:00	Input Biologie	Methodik: Recherche – Neuron und Neuronales Netzwerk	Anthony	
	11:20:00	00:20:00	Input Biologie	Methodik: Vorstellung		
	11:40:00	00:10:00	Input Informatik	Matrizen und Matrizenmultiplikation	Anthony	Fertig
	11:50:00	00:10:00	Fragen			
	12:00:00	00:30:00	Pause			
	12:30:00	00:30:00	Input Informatik	Künstliches Neuronales Netzwerk	Anthony	In Arbeit
	13:00:00	00:30:00	Fragen			
	13:30:00	00:30:00	Input Programmieren	Wofür man „Programmieren“ braucht	Anthony	In Arbeit
	14:00:00	01:00:00	Input Programmieren	Was benötigt wird (also Software)	Anthony	Fertig
	15:00:00					

schied hier. Wir wollen natürlich, dass die Leute möglichst alles auf dem Weg dahin mitnehmen, damit sie auch die Grundprinzipien verstehen, aber wir versuchen trotzdem eher auf das hinzuarbeiten, auf was die Leute Lust haben, weil es nämlich einfach viel besser wirkt. Das nächste Mal sollte ich also größere Freiräume einplanen, sonst stimmt der Plan nicht mehr.“ Wie Anthony und Jacob den Tag strukturiert hatten, zeigen beispielsweise ihre Unterlagen zum ersten Tag, siehe Tabelle 4.2.

Den weiteren Pulsarverlauf beschreibt Anthony so: „Am dritten Tag hatten wir einen sehr interessanten Vortrag zum Gehirn und zu Forschungen zu Parkinson von Ph. D. Friederike Irmen von der Charité, die wir zu unserem

Pulsar als Expertin eingeladen hatten. Nach der theoretischen Einführung in die Thematik konnten die Teilnehmer Vertiefungsthemen wählen, wobei es freigestellt war, ob sie programmieren oder sich inhaltlich mit dem Thema neuronale Netzwerke auseinandersetzen wollten."

Ihre Ergebnisse haben die Schüler als gesamte Gruppe auf einer Webseite präsentiert, die sie in Kleingruppen selbst erstellt hatten. Einige Schüler waren verantwortlich einen Webserver zu programmieren, auf dem die Dateien hochgeladen werden konnten und der als Grundlage für die Webseite diente, die wiederum von einer zweiten Gruppe erstellt wurde. Die Aufgabe der dritten Gruppe war es, ein Ver- und Entschlüsselungs-Programm, welches in den Webserver mit einer Benutzeroberfläche auf der Webseite integriert ist, zu programmieren. Die inhaltlich arbeitenden Gruppen beschäftigten sich mit aktuellen Themen wie beispielsweise dem autonomen Fahren, Quantencomputern und der Nutzung von künstlicher Intelligenz im Alltag, spezialisierten sich auf die historische Entwicklung und den Ausblick auf neue Technologien oder befassten sich mit der Auseinandersetzung von künstlicher Intelligenz in der Kunst. Am Ende der Pulsarwoche wurden die Ergebnisse den Mitschülern vorgestellt mit Hilfe der neuen Webseite, auf der die thematischen Ausarbeitungen ästhetisch ansprechend präsentiert wurden.

Resonanzen der leitenden Schüler Anthony Quiatt & Jacob Raabe

Anthony hat im Anschluss an das Pulsar eine kritische Auswertung geschrieben, die auf den Rückmeldungen der Schüler und seinen eigenen Beobachtungen basiert, auch um weitere Schüler anzuregen, Pulsare durchzuführen. Sehr positiv beschreibt er die aufmerksame und begeisterte Mitarbeit der Zwölftklässler, die durch ihre Beteiligung an der Vorauswahl eine besondere Affinität zum Thema entwickelt hatten. Auch haben alle Schüler ihren Teil zum seiner Meinung nach sehr gelungenem Endergebnis beigetragen. Seine Verbesserungsmöglichkeiten seien vor allem im Zeitmanagement, um Ungeplantes im Ablauf besser abfangen zu können. Ausgesprochen positiv beurteilt er, dass er sich als leitende Person sehr intensiv mit dem Thema auseinandersetzen musste und sich dies anspornend auf sein Lernverhalten auswirkte und er sehr viel gelernt hat, inhaltlich und methodisch. Anthony brachte das im Interview zum Ausdruck: „Das Schüler-Pulsar hat großartige Erfahrungen im Umgang nicht nur mit den teilnehmenden Schülern, sondern auch mit mir selbst geboten und es war für mich eine ultimative Herausforderung in Sachen Organisation, auch in der Vorbereitung der Woche, denn Schüler bringen schon an sich viel Zeit für Schule auf, und es ist schwer, noch Zeit zu finden, um gar eine ganze Woche Unterricht zu planen. Dies war einer der Gründe, warum ich mich in der LEX damit auseinandergesetzt habe und diese sogar zu wenig Zeit bot, um alles vorzubereiten." Jacob Raabe machte sich vor allem Sorgen um die Akzeptanz der jugendlichen Lehrer: „Von Anfang an war ich mir nicht sicher ob die Schüler mich überhaupt respektieren als jemand, der ihnen etwas beibringen kann, weil ich ja irgendein Typ bin – sie kennen mich nicht einmal und ich bin nur etwa ein Jahr älter. Aber einfach dadurch, dass sie wissen, ich helfe freiwillig mit, freut es sie total. Auch weiß ich, dass ich beim Erklären nicht schlecht bin und in der Kombination scheint es wirklich gut zu sein. Und das Pulsar läuft, ich habe eigentlich die ganze Zeit ein gutes Gefühl und es scheint auch nicht so richtig aus den Fugen zu geraten, also alles gut."

Aufgrund des großen Erfolges hat das Team ein zweites Pulsar unter gleichem Thema im darauffolgenden Jahr mit den Jahrgängen 10–13 durchgeführt, obwohl Anthony und Jacob ihre Schulen als Abiturienten bereits verlassen hatten. Im neuen Pulsar verbesserten sie den Zeitplan, arbeiteten die Impulsvorträge detaillierter aus und boten mehr aktuelle Beispiele an. Auch haben sie den Schülern diesmal eine Vorauswahl an individuellen Vertiefungsthemen gegeben, wodurch die Teilnehmer zielgerichteter einsteigen konnten und so mehr Zeit für ihre Bearbeitungen hatten. Besonders wichtig ist den beiden Lehrenden die Reflexion über das Lernen an sich. Jacob sah seine Motivation vor allem darin, anderen die Freude am Lernen zu erhalten: „Ich habe viele Sachen in der Schule erlebt, die waren echt nicht schön. [...] Deshalb bin ich hier um zu helfen, dass Schüler das, was sie lernen wollen, auch lernen können. Ich möchte nicht, dass einer von Informatik genervt ist und alles zur Seite legt. Wenn wir den Leuten jetzt Informatik schmackhaft machen, dann bleiben sie vielleicht dabei, auch wenn sie irgendwo einmal langweiligen Unterricht erleben und es ihnen alles nichts sagt. Ich bin schon sehr zufrieden, wenn Schüler entdecken, ob das Thema etwas für sie ist und wenn sie dann für sich selbst weitermachen, weil sie selbst es lernen wollen. Und es ist so super, wie motiviert die Leute hier sind und wie viele eigene kreative Ideen sie haben, einfach toll. Gestern Nachmittag hat uns ein Schüler noch etwas gefragt, wir haben ihm ein Buch gegeben, das ziemlich schwer zu verstehen ist, er hat den ganzen Abend darin gelesen und heute hatte er viele neue Fragen. Und ich habe gemerkt, dass ich sehr gut erklären kann, die Schüler sind immer so ganz bei der Sache und machen mit."

Nach einem persönlichen Fazit zum 2. Kurs gefragt, antwortete Anthony: „Die ESBZ ist eine besondere Schule. Hier hat man mehr Freiheiten und kann auch lernen, was man lernen will. Also, das Beste, was ich gelernt habe, ist: Das Unterrichten ist einfach! Aber wenn man es wirklich gut machen will, dann muss man Elan an den Tag legen, sonst kann man das nicht durchziehen. Ja und ich habe offensichtlich die richtige Attitüde für mich an den Tag gelegt und deswegen scheine ich ganz gut in der Rolle aufgegangen zu sein. Mit dem zweiten Kurs bin ich nochmal selbstsicherer geworden und finde jetzt besser die richtigen Worte, um schwierige fachliche Inhalte einfach und allgemeinverständlich zu erklären. Das war schon eine gute Erfahrung."

Resonanz des begleitenden Lehrers Simon Heitz
„Und ich bin total fasziniert und megabegeistert, wie das hier abläuft", so der Fachlehrer Simon Heitz gegen Ende des ersten Pulsars. Er schilderte im Interview seine Beobachtungen: „Es war eine der eindrücklichsten Erfahrungen in meiner Zeit an der Schule. Anthony lernt auch wahnsinnig viel, weil er ja hauptverantwortlich die Inhalte des Pulsars vorstellt und das mit großer Bravour [...] Die beiden sind ein unglaublich gutes Team, [...] es ist so erstaunlich, wie die das alles hinkriegen, den Inhalt zu planen, Inputs zu geben und die Schülerinnen mit deren eigenen Projekten zu betreuen." Was er als Lehrer dabei gelernt habe, beschreibt Simon Heitz so: „Für mich war ein großer Lerneffekt, loslassen zu lernen, weil ich gemerkt habe, ich möchte noch ganz viel schauen, dass alle irgendwie etwas Sinnvolles tun, dass es gut läuft, dass die Inputs hochwertig sind und dass didaktisch alles super läuft. Immer wieder hatte ich den Impuls, reinzugehen und was anders zu machen und dann habe ich es irgendwann gemerkt [...] also ich hatte irgendwann einfach Vertrauen, weil die Gruppe sich selbst regulierte, sie haben sich gegenseitig Regeln aufgestellt. [...] Und ich merkte auch die ganze Zeit, welchen großen Respekt die alle vor Anthony und Jacob haben. [...] Und ich saß teilweise da, sie gaben einen Input und ich dachte ‚Das versteht kein Mensch, ihr verwendet total technische Worte, wie sollen Schüler das verstehen?' Aber das war überhaupt kein Problem, die Schüler haben einfach ständig genau die richtigen Fragen gestellt, haben deswegen überhaupt nicht komisch geguckt, sondern gesagt ‚Ihr seid die Experten, wir gucken, was wir von euch kriegen können' und das mit einer ganz großen Wertschätzung. Und die beiden haben sich ganz in den Dienst der Gruppe gestellt, um den Schülern die Möglichkeit zu geben, frei nach ihren Interessen Lernziele zu setzen und diesen zu folgen."

Wie sein Loslassen auf die Schüler wirkte, beschreibt Simon Heitz in einem Erfahrungsbericht zum Pulsar sehr eindrücklich: „Ich begann längere Zeiten wegzubleiben, da es sich mit der Gruppe verhielt wie mit einem quantenmechanischen Experiment: Als Beobachter nimmt man bereits Einfluss auf die Vorgänge. Ich war immer wieder überrascht, wie sehr die Gruppe bei meiner Rückkehr in ihre Arbeitsprozesse vertieft war. Dass auch ohne mein Eingreifen in der Gruppe effektive Lernprozesse abliefen, war schnell klar. So durfte ich mit Staunen beobachten, wie durch angstfreies Probieren an der Tafel, durch gegenseitiges Erklären und Herumspielen die Gruppe sich in null Komma nichts Matrizenmultiplikation beigebracht hatte! Diese Form des Unterrichtens, bei der Jugendliche sich gegenseitig unterrichten, hat sehr großes Potential für die Zukunft. Als ich am Freitagnachmittag bei anstrengend heißen Temperaturen kurz vor 15 Uhr nach bereits intensiven Arbeitsphasen aus der Gruppe den Kommentar hörte: ‚Also den While-loop machen wir jetzt auch noch, sonst haben wir die Programmier-Grundlagen noch nicht abgeschlossen!', war ich endgültig überzeugt von der Arbeitsmoral." Er kommentiert dies: „Das hat mein Bild vom Schüler und vom Lehrer stark geändert. Ich habe ziemlich viel gelernt in dieser Woche. Und ich bin ein Fan von diesem Format, dass Schüler und Schülerinnen sich gegenseitig unterrichten."

Die Aufgabe von Simon Heitz umfasste hauptsächlich die Bereitstellung des Rahmens durch morgendliche Einstiege, nachmittägliche Check-outs und Reflexion mit den beiden lehrenden Schülern über den Unterricht und die Gruppendynamik. Nach dem zweiten Pulsar sprach er im Interview begeistert darüber, wie gut Anthony und Jacob die Inputs überarbeitet hatten, wie gut sie die Schüler in den Selbstlernphasen begleiten konnten und wie hochmotiviert die Schüler sich dann auch schwierigsten Aufgaben selbst stellten. Sehr detailliert schilderte er, wie sich Anthony, den er seit Jahren kenne, in der Zeit der beiden Pulsare weiterentwickeln konnte. Anthony sei von seinem Wesen her eher ruhig und teile nur wenig über sich selbst mit, habe aber die Fähigkeit, sich weit über Schule und Schulwissen hinaus sehr beharrlich in ein Thema vertiefen zu können, er und Jacob haben sich das notwendige Wissen für das Pulsar komplett selbständig beibringen können. Dabei erwarte Anthony von sich ausgesprochen viel und auch bezüglich seines Unterrichts habe er einen sehr hohen Anspruch an sich selbst. Während er unterrichte sei ihm die Begeisterung und Motivation sichtlich ins Gesicht geschrieben. Trotzdem suche er nach immer neuen Wegen, wie er die Schüler noch besser begleiten könne, sodass sie noch mehr Spaß im Unterricht haben können. Dadurch dass Anthony als Schüler fast noch einer von ihnen sei, begegne er ihnen auf Augenhöhe. Seine Schüler schätzten seine Arbeit sehr und für einige im Kurs sei er ein starker Ansporn dafür gewesen, sich selbständig in einem ähnlichen Maße weiterzubilden. Sein Fazit: „Ich glaube, dass dieses Format viel Potential birgt und wegweisend sein kann für eine Schule der Zukunft." In naher Zukunft will das Team ein drittes Pulsar anbieten, jedoch wollen sie dann ein anderes fächerübergreifendes Thema wählen.

Resonanzen teilnehmender Schüler

„Ja, ich fand den Tag heute sehr schön. Man ist in die Eigenarbeit gekommen und konnte was Neues ausprobieren. Ich bin erstaunt, wie weit ich gekommen bin und dass ich so jetzt nach einem Tag ein Programm in der Hand habe, was ich selbst geschrieben habe und was so einigermaßen funktioniert."

„Ich bin ein bisschen erstaunt, dass wir so viel geschafft haben und dass ich nicht nur immer alles hab' meinen Freund machen lassen, der schon ein bisschen programmieren kann, also erstmal schon, aber dann hab ich's halt verstanden und dann ging es auch und dann hab' ich nachvollziehen können, was da eigentlich passiert in dem Code, und das fand ich ganz cool."

„Ähm ja, also mir gefällt das Pulsar auch sehr gut, weil ich finde, die Stimmung ist sehr entspannt und mich interessiert das Thema generell, also auch Biologie. [...] Und ich glaub' auch, wenn man keine Informatik vorher hatte, kann man da gut miteinsteigen und ja ich find es cool, dass wir so eine große Freiheit haben und auch ein eigenes Projekt machen können, nichts so nach Vorgabe machen."

„Ja, es war was Neues, es war beeindruckend. Also, der Unterricht war insgesamt nicht so angespannt, weil wir Anthony auch persönlich kennen und man weiß, man muss ihn auch nicht siezen und all sowas; man ist so viel mehr auf einer Ebene als im normalen Unterricht, ich fand's super. Vielleicht kann man auch in nächster Zeit mehrere Schüler-Pulsare machen. Ich muss sagen, ich habe auch echt Respekt davor, dass er das gemacht hat. Ist wahrscheinlich ziemlich viel Arbeit. Aber ich glaube, er hat dabei auch echt viel gelernt, zum Beispiel wie man so was für andere aufbereitet. Ich glaube, es ist auch eine andere Stimmung. Wenn ein Lehrer was macht, dann kann ich das auch, wenn ich keinen Bock habe, einfach absitzen, aber wenn das ein Schüler macht, dann ist das mehr so ein Gemeinschaftsgefühl. [...] Was ich gut finde an dem Pulsar ist, dass man den Unterricht mitgestalten kann. Wenn einem zum Beispiel am ersten Tag etwas nicht gefallen hat, dann sagt man das in der Feedbackrunde [...] und dann machen wir das am nächsten Tag eben anders und das finde ich super; das hatte ich bisher noch in keinem anderen Pulsar. [...] Ich fand es auch gut, wie Herr Heitz das macht, ich finde super, dass er der Gruppe sehr viel Spielraum lässt. Man kann ja auch ein Schüler-Pulsar machen und der Lehrer steht da und ermahnt die ganze Zeit alle."

4.3 PULSAR-Evaluationsergebnisse

Im Evaluationszeitraum 2015–2019 wurden an der ESBZ 11 Pulsarwochen wissenschaftlich begleitet, pro Schuljahr fanden zwei bis vier statt. Für Jahrgang 11 wurde insgesamt achtmal, für Klasse 12 zehnmal und für die Jahrgänge 10 und 13 jeweils einmal eine Pulsarwoche durchgeführt. In den Schuljahren 2015/16 bis 2018/19 haben alle Oberstufenschüler der Jahrgangsstufen 11 bis 13 an vier bis fünf Pulsarwochen teilgenommen, weitere Details siehe Tabelle 4.3.

4.3.1 Teilnehmer und Themen

In den 11 Pulsarwochen wurden 93 Pulsare durchgeführt, in denen 274 Lehrer und 1 774 Schüler gemeinsam gearbeitet haben. Zur Weiterentwicklung des Formats wurde nach jeder Pulsarwoche ein Evaluationsbericht im Umfang von ca. 65 Seiten erstellt, in dem die Ergebnisse aus der Online-Befragung, die Unterrichtsbeobachtungen und die Interviews zusammenfassend dargestellt und beschrieben sind. Insgesamt haben 1 152 Schüler (Rücklaufquote 65 %) und 156 Lehrer (Rücklaufquote 57 %) an den Online-Befragungen teilgenommen. Darüber hinaus wurden 116 Kurz-Interviews durchgeführt und ausgewertet, siehe Tabelle 4.3.

Mehr als zwei Drittel der Schüler wie auch der Lehrer haben den Online-Fragebogen unmittelbar am Ende einer Pulsarwoche bearbeitet. Die Pädagogen wurden dabei unter anderem gebeten, Angaben über die Vorbereitung und Durchführung der Pulsare zu machen und die Lernfortschritte der Schüler zu beurteilen. Die Schüler sollten hingegen angeben, welche Erfahrungen sie mit der neuen Art des Lernens gemacht haben und wie sie ihre Lernerfolge einschätzen.

Die im Folgenden beschriebenen Ergebnisse beziehen sich auf die letzten vier im Evaluationszeitraum durchgeführten Pulsarwochen 8–11, die von der Anlage her unterschiedlich waren: In den Pulsarwochen 8 und 9 konnten alle Schüler aus den eingeladenen Jahrgängen Kurse nach eigenem Interesse wählen. Die Pulsarwochen 10 und 11 waren zum Teil an Leistungskurse der 12. Klasse gebunden, weshalb die Schüler des entsprechenden Jahrgangs verpflichtet waren, an ihrem jeweiligen Leistungskurs-Pulsar teilzunehmen.

Die Pulsare sind von einer unterschiedlichen Anzahl von Lehrkräften und externen Fachkräften geleitet beziehungsweise begleitet worden. Aufgrund der zusätzlichen Leistungsanforderungen an die Pädagogen wurde der Personalaufwand für die Pulsarwochen 8 bis 11 ermittelt, siehe Tabelle 4.4.

Tab. 4.3 PULSAR-Teilnehmer und -Interviews, Rückläufe zum Online-Fragebogen

Pulsarwoche	**1**	**2**	**3**	**4**	**5**	**6**	**7**	**8**	**9**	**10**	**11**	**Pulsarwochen 1–11**
Jahrgang	11/12	12	12	11	11/12	11/12	11–13	11/12	12	11/12	10–12	93 Kurse
Leistungskurs		LK	LK							LK	LK	
Schuljahr	2015/16				2016/17		2017/18			2018/19		2015–19
Schüler	147	72	72	72	183	183	296	169	104	193	283	1 774
Lehrer	22	6	5	13	33	29	34	36	15	31	50	274
Rücklauf Fragebogen Schüler	76 %	85 %	81 %	50 %	76 %	73 %	60 %	51 %	53 %	78 %	51 %	65 % = 1 152
Rücklauf Fragebogen Lehrer	59 %	83 %	80 %	69 %	64 %	83 %	77 %	44 %	67 %	45 %	28 %	57 % = 156
Interviews	22	18	0	6	12	12	16	8	10	10	2	116

Tab. 4.4 Personalaufwand in den Pulsarwochen 8 bis 11

Pulsar	Anzahl Kurse	Anzahl Lehrkräfte	Anzahl Schüler	Ø Anzahl Lehrkräfte/ Kurs	Ø Anzahl Schüler/ Kurs	Anzahl Schüler/ Lehrkraft
8	10	36	169	3,6	16,9	8,7
9	5	15	104	3,0	20,8	11,5
10	9	31	193	3,4	21,4	12,5
11	15	50	283	3,3	18,9	12,5

Über den Betreuungsschlüssel ist die Anzahl der Schüler pro Lehrkraft errechnet. Für die Pulsarwochen 9 bis 11 liegt diese zwischen 11,5 und 12,5 und bewegt sich damit im Rahmen der für Sekundarstufe II an Gymnasien in Deutschland 2017[18] ermittelten Größe von 11,9 Schülern pro Lehrkraft. Pulsarwoche 8 bildet eine Ausnahme, da sehr viele externe Fachkräfte eingebunden wurden.

Der Betreuungsschlüssel ist an die durchschnittlichen Präsenzzeiten der Lehrkräfte von 19 Stunden und der Schüler von 35 Stunden pro Woche gekoppelt und in der Berechnung mit Faktor 35/19 eingeflossen. Überschneidungen von Präsenzzeiten bei den Lehrkräften sind nicht berücksichtigt, denn die tatsächlichen Präsenzzeiten variierten hier in einer Bandbreite von 3 bis 40 Stunden pro Pulsar, weil sich beispielsweise die externen Fachberater mit Impulsreferaten eingebracht hatten, nicht aber zur Begleitung in der Selbstlernphase zur Verfügung standen.

Die Themen der Pulsare basieren auf den Vorgaben der Rahmenlehrpläne und wurden von den Lehrkräften der Oberstufe gewählt und ausgearbeitet. Im Verbund mit externen Beratern haben sie fächerübergreifende einführende Impulsvorträge so konzipiert, dass den Schülern differenzierte Fachinformationen in mehrperspektivischer Sichtweise bereitstanden und Vertiefungsmöglichkeiten erkennbar waren. Zunächst ist der Frage nachgegangen worden, ob es gelungen ist, die Themen so zu wählen, dass sie das Interesse möglichst vieler Jugendlicher getroffen oder geweckt haben.

Bei der Beurteilung der Pulsarwochen 8 bis 11, gemäß Abb. 4.7, gibt die überwiegende Mehrzahl (77–90 % Zustimmung) der Schüler an, aus dem

18 Nachzulesen beim Institut der Deutschen Wirtschaft: Deutschland in Zahlen. https://www.deutschlandinzahlen.de/tab/deutschland/bildung/schule/allgemeinbildende/schueler-je-lehrer-allgemeinbildende-schulen (Abruf 20.01.2020).

Abb. 4.7 Kurswahl der Schüler für Pulsarwochen 8 bis 11 (in %)*

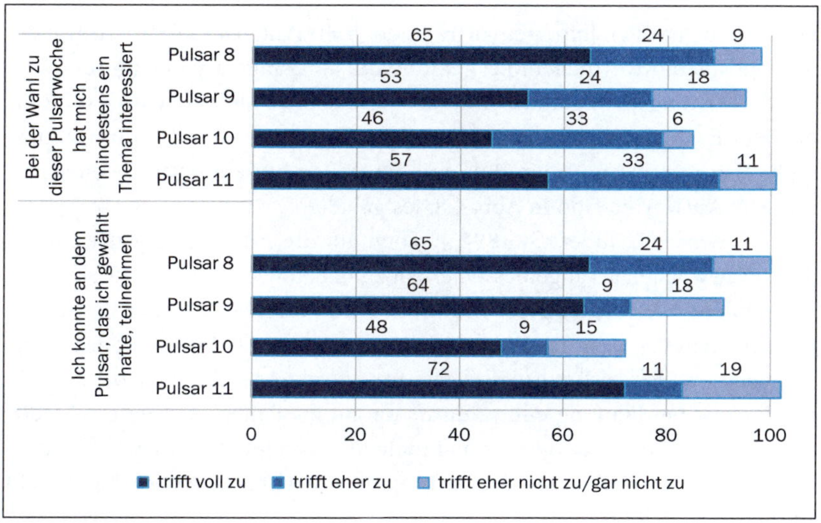

* Die fehlenden Abschnitte der Balkensummen zur 100-Prozent-Marke entsprechen dem jeweiligen Anteil derjenigen, die diese Frage nicht beantwortet haben.

Angebotsspektrum mindestens ein Kursangebot interessant gefunden zu haben. Dies zeigt, dass es den Lehrenden an der ESBZ gelungen ist, das Interesse der Heranwachsenden für bestimmte Themen und Inhalte zu treffen beziehungsweise daran anzuknüpfen.

Diejenigen Schüler, die kein Pulsar gewählt hatten und deshalb einer Pulsargruppe zugeteilt wurden, ist es eher weniger gelungen, Gefallen an dem Thema zu finden oder das eigene Vertiefungsthema in der selbstorganisierten Lernphase zu bearbeiten. Zum Gelingen der Pulsare trägt demnach bei, möglichst viele Schüler davon zu überzeugen, den Wahltermin einzuhalten und ihnen die Teilnahme an ihrem gewählten Kurs zu ermöglichen.

Ein Schüler erzählte im Interview, wie zufrieden er mit dem Angebot der Pulsare sei. Als einen Grund nannte er die wahrnehmbare Freude der Unterrichtenden: „Also, die Themen und die Wochen selbst waren eigentlich immer ziemlich cool und interessant. […] Und zu den Lehrern, die die Wochen gemacht haben, sie haben auch immer Freude daran gefunden und Themen gewählt, die sie selbst interessieren, mit denen sie selbst auch etwas zu tun haben. Das finde ich so speziell daran. Deswegen, das hat's auch cool gemacht. Man konnte den Lehrern wirklich ansehen, was sie an dem Projekt mögen und dass sie daran Spaß haben."

4.3.2 Leistungsniveau und Resonanzen der Schüler

Die anspruchsvollen Expertenvorträge, der hohe Anteil an selbstbestimmtem und selbstverantwortlichem Lernen und die Jahrgangsmischung fordern die Schüler leistungsmäßig in besonderer Weise heraus. Deshalb wurde im Rahmen der Evaluation danach gefragt, wie die Jugendlichen das Anforderungs- und Leistungsniveau in den Pulsaren beurteilen beziehungsweise einschätzen. Die Antworten sind in Abb. 4.8. festgehalten.

Die meisten Schüler (72–89 %) geben an, die Anforderungen während der Pulsarwochen als angemessen erlebt zu haben. Die Frage, ob sie sich leistungsmäßig überfordert gesehen haben, wird von mehr als drei Viertel der Jugendlichen verneint. Im Vergleich dazu bekunden 20 bis 37 % der Heranwachsenden, sich leistungsmäßig eher unterfordert gefühlt zu haben.
Insofern ist bei Planung eines Pulsars darauf zu achten, den unterschiedlichen Leistungserwartungen und -möglichkeiten durch Binnendifferenzierung gerecht zu werden und die Leistungsanforderungen an die Schüler nicht zu niedrig anzulegen.

Wie die Jugendlichen die besondere Art des Lernens während ihrer Pulsarwoche beurteilen, ob sie die Impulsvorträge als sinnvoll empfinden und gerne selbständiger gearbeitet und gelernt hätten, geht aus Abbildung 4.9 hervor.

Über zwei Drittel der Schüler geben an, sowohl die besondere Art des Lernens (76–89 %) während der Woche als auch die Impulsvorträge (65–80 %) gut gefunden zu haben. Mit dem selbstverantwortlichen Lernen und Arbeiten haben nach eigenen Angaben 20 bis 37 % eher Schwierigkeiten. Etwa gleich viele teilen demgegenüber mit, dass sie dies gerne häufiger praktizieren würden. Die überwiegende Mehrzahl der Jugendlichen, nämlich 80 bis 92 %, haben zudem während der Wochen auch in den Selbstlernphasen fächerübergreifend gearbeitet. Die meisten, hier 72 bis 87 %, empfinden dies als persönlich bereichernd.
Zu Beginn der Selbstlernphasen bestimmen die Jugendlichen ihre Vertiefungsthemen. Im Interview berichtete ein Schüler darüber, wie sehr ihn bereits die Themensuche beschäftigt hat: „Ja, man wird kreativ, weil man sich selber Aufgaben stellt, hier zum Thema Wachstum, da hab' ich mich intensiv mit beschäftigt […]. Will man sich für ein Thema entscheiden, muss man sich auch die angrenzenden Bereiche angucken, weil man schon einiges wissen muss, um sich wirklich fundiert entscheiden zu können. Dabei hab' ich unheimlich viel gelernt und kann mich dann auch viel besser motivieren, daran zu arbeiten."

Solche Erfahrungen wurden in vielen Interviews zum Ausdruck gebracht.

Abb. 4.8 Leistungsniveau der Schüler in den Pulsarwochen 8 bis 11 (in %)

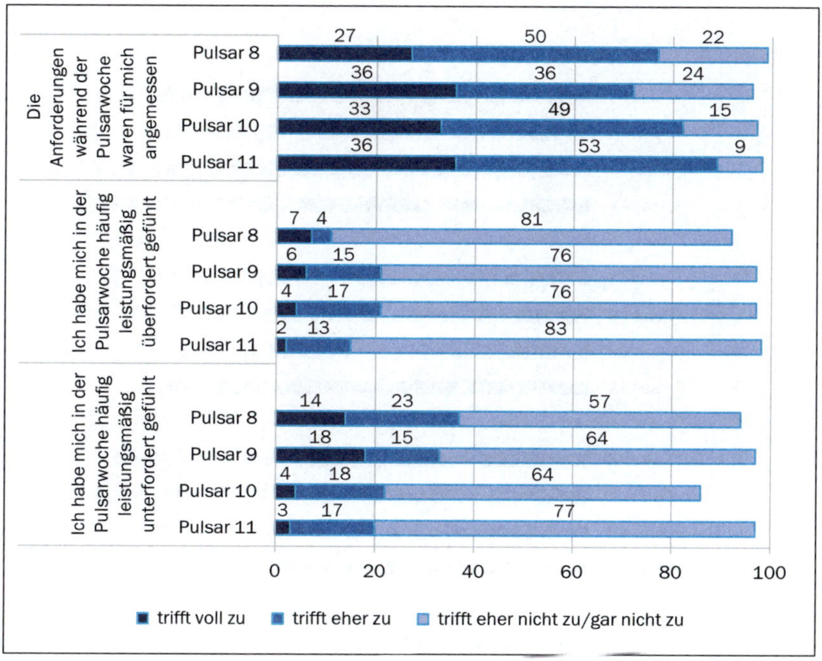

So äußerte sich ein Schüler, der das Pulsar *Musik der Zukunft* mit der Fächerkombination Musik und Physik gewählt hatte, folgendermaßen: „Physik ist mein schlechtestes Fach. Doch jetzt habe ich gesehen, dass es auf einmal Spaß machen kann. Das ist mir so viel Wert. […] Und ich bin sehr stolz auf das, was wir hier eigenständig gebaut haben, hier das Theremin[19] und es funktioniert!" Der begleitende Physiklehrer kommentiert: „Genau und dann hatte er sich überlegt, eigenständig noch einen Schalter und eine Spule mit einzubauen, da er damit die Frequenz noch leichter verändern kann. Und das ist eine Q2, aber er ist erst in der 11. Klasse, das heißt, er hat gerade Flügel bekommen. Ich weiß nicht, ob dieser Schüler überlegt hätte, Physik weiterzubelegen, aber jetzt kann ich ihm empfehlen, er solle in den Leistungskurs gehen."

Diese Art des Lernens und der interdisziplinäre Ansatz der Pulsare haben bei den meisten Schülern (73–90 %) nach eigenem Bekunden dazu beigetragen, dass sich ihnen neue Perspektiven auf ein Thema eröffnet haben. Dies

19 Ein elektronisches Musikinstrument, das ohne Berührung gespielt wird und dabei Töne erzeugt.

Abb. 4.9 Lerneffekte und Resonanzen der Schüler in den Pulsarwochen 8 bis 11 (in %)

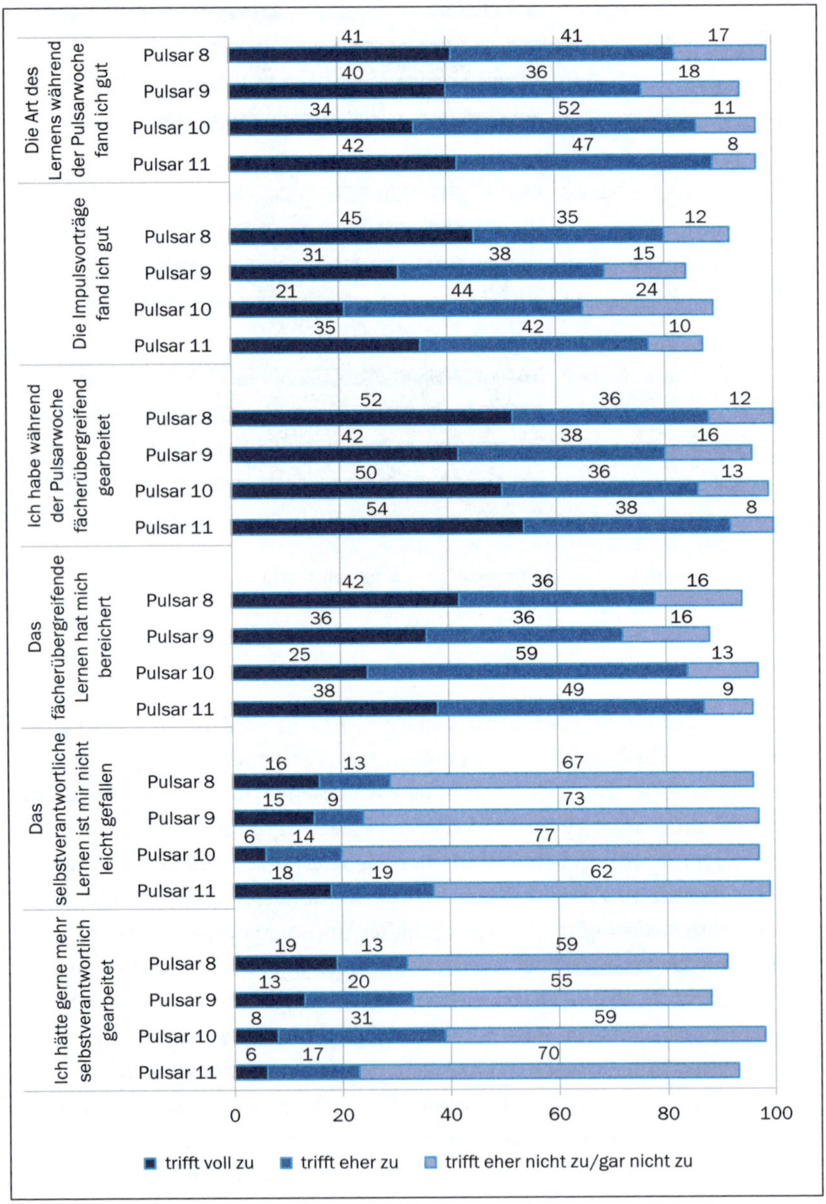

Abb. 4.10 Neue Perspektiven für Schüler in den Pulsarwochen 8 bis 11 (in %)

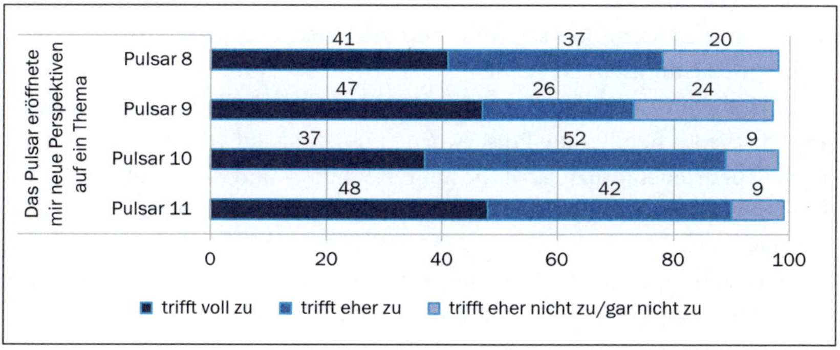

gilt besonders für die Pulsarwochen 10 und 11, in denen vor allem die Schüler der Leistungskurs-Pulsare die Betrachtung der Themen aus unterschiedlichen Blickwinkeln sehr geschätzt haben, siehe Abb. 4.10.

Ein Schüler, der ein paar Wochen zuvor von einer Freien Alternativschule in die 11. Klasse der ESBZ gewechselt war, sagte zu seinem Pulsar *Regenwald:* „Ich finde es total interessant, wie es gemacht wird, dass man zusammen ein Thema behandelt, aber gleichzeitig jedem die Freiheit gelassen wird, dass er oder sie sich in dem Thema verwirklichen kann. Also das sind diese Vertiefungsthemen, wir haben zwar das Überthema Regenwald aber was interessiert dich dabei, das kannst du ausarbeiten und mit reinbringen, somit haben wir am Ende alle was davon. […] Ich finde das spannend, also das muss ich ehrlich sagen, ich finde man merkt gar nicht so stark den Unterschied der einzelnen Fächer. Sonst fragt man sich: Wie kann man ein Thema in so vielen Fächern behandeln? Wenn man es dann aber macht, dann merkt man ‚Hm, es ist doch nicht so schwer'. Also man merkt den Unterschied gar nicht, wenn man von Biologie zu Geografie zu Politik springt, das hat alles miteinander zu tun. Man sieht das Thema einfach in seiner Breitgliedrigkeit und ich finde, man versteht das Thema besser, wenn man es aus den verschiedenen Blickwinkeln betrachtet. Also ich habe nicht nur den Regenwald als Botanik, sondern ich habe auch die Wirtschaftsinteressen an den verschiedenen Regenwäldern kennengelernt und auch die Völker, die darin wohnen. Wir haben auch ein Planspiel gemacht. Es ist besser, wenn man noch mal für sich selbst guckt, dann kriegt man auch eine andere Sichtweise auf das Thema. Also dieses intensive Beschäftigen finde ich, hat mir sehr geholfen zu verstehen. […] Zum Beispiel im Planspiel hat man gut gesehen, es ist einfacher zu schimpfen und zu sagen, die sollen mal machen, aber wenn man mal selbst dahintersteckt, selber managen muss, dann sieht man schon, was da für Entscheidungen anstehen und wie schwer das auch ist, eine richtige Entscheidung zu treffen, denn wer sagt mir, dass die Entscheidung richtig ist."

Die Beziehungsebene spielt beim Lernen bekanntlich eine besondere Rolle. Deshalb wurde im Rahmen der Evaluation auch der Frage nachgegangen, wie die Lernenden die Pulsarwochen in Bezug auf verschiedene soziale Aspekte beurteilen, wozu auch die Lehrer-Schüler- und die Schüler-Schüler-Beziehungsebene zählt. Die entsprechenden Befunde sind in Abb. 4.11 wiedergegeben.

Zwischen 75 und 96 % der Jugendlichen geben an, die Gruppengröße in den Pulsaren als angemessen empfunden zu haben. Die überwiegende Mehrzahl (> 80 %) kann sich bei auftretenden Problemen nach eigenen Angaben auf ihre Lehrer verlassen. Dass das Lernen und Arbeiten auf einem vertrauensvollen Verhältnis zu den Pädagogen basiert, bestätigen 78–90 % der Schüler und 90–97 % geben an, das soziale Miteinander in den Pulsaren als respektvoll erlebt zu haben.

Wie die Jugendlichen das jahrgangsübergreifende Arbeiten beurteilen, wurde im Online-Fragebogen zu den Pulsarwochen 1 bis 5 abgefragt. Mehr als 95 % der Schüler äußern sich positiv über diese Art des gemeinsamen Lernens. Auch in den Freitextfeldern und Interviews thematisieren sie von sich aus den Wert der Jahrgangsmischung, wie folgendes Zitat exemplarisch zeigt: „Ja, ich habe super tolle Leute kennengelernt im Pulsar. Und das ist einfach schön, da merkt man, wir sind gar nicht so unterschiedlich. Auch wenn die jetzt in der 13 sind und ich in der 11, haben wir trotzdem genau die gleichen Probleme und genau die gleichen Interessen. […] Und dass dann einfach der Austausch da ist, wie man bestimmte Dinge handhaben kann oder man mit ihnen reden kann, also zum Beispiel gar nicht über das Regenwaldthema, sondern über das Abi. Dass man fragen kann: Wie ist es denn jetzt eigentlich bei dir, wie managst du diesen Abistress? Oder: Was sind deine Interessen, was sind deine Schwerpunkte fürs Abi? Da ist auf jeden Fall im Pulsar die Möglichkeit, sich mit den Leuten auszutauschen, auf dem Schulhof traut man sich nicht, man hat gar keinen Kontakt zu denen, die sieht man halt nur mal, wenn man in der Pause mal an denen vorbeiläuft."

Eine Schülerin berichtete auch von Bedenken im Hinblick auf die Jahrgangsmischung: „Im Mathepulsar sind wir aus der 13 natürlich weiter im Stoff, und arbeite ich was Kompliziertes, dann geht das nur mit den 13ern zusammen. Aber die 11er können mich immer um Hilfe fragen, dann bin ich bei ihnen. Am Anfang habe ich das kritisch gesehen, weil ich Angst hatte, dass das Wissen und die Tiefe im Pulsar fehlen. Aber es geht um die Atmosphäre und es ist an uns, den Jüngeren Wissen und mehr noch, nämlich eine

Abb. 4.11 Soziales Miteinander aus Sicht der Schüler in den Pulsarwochen 8 bis 11 (in %)

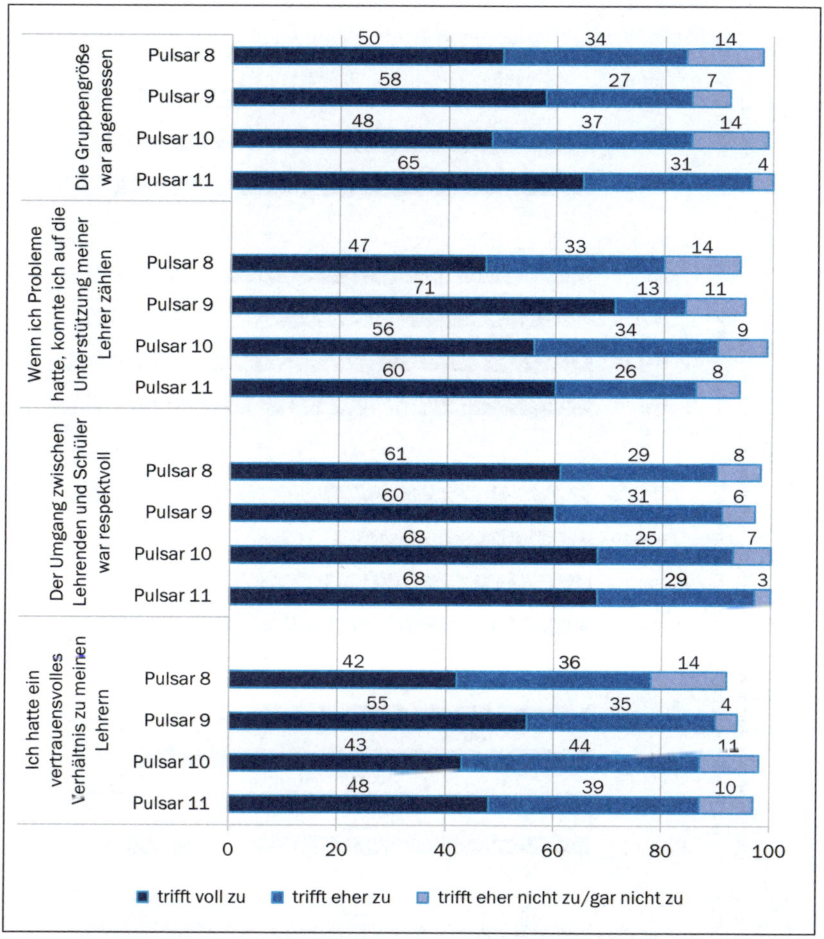

differenziertere Meinung nahezubringen, weil man gewisse Sachen in der 11. Klasse noch nicht versteht oder auch nicht das Fachwissen hat, um mitzudiskutieren. In unserem Pulsar war das Soziale einfach super, was wir alle sonst nie erleben, dass die 11er mit den 13ern zusammenarbeiten, also die Jahrgangsmischung ist ein Riesenvorteil."

Die Schüler bewerten die Pulsare grundsätzlich positiv, wie aus der Gesamtbewertung gemäß Abb. 4.12 ersichtlich. So geben 67 bis 88 % der jungen Erwachsenen an, dass sich die Teilnahme am Pulsar für sie gelohnt habe.

Abb. 4.12 Gesamtbewertung aus Sicht der Schüler für die Pulsarwochen 8 bis 11 (in %)

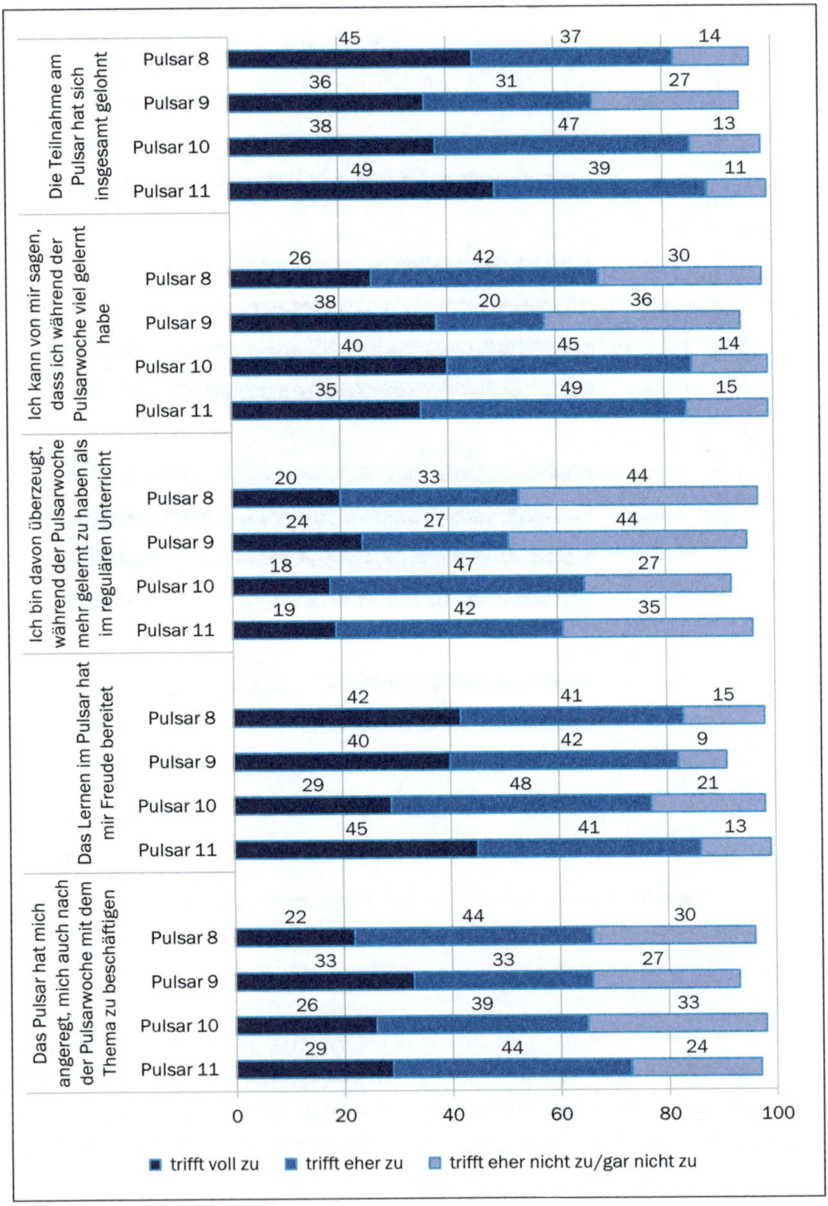

Zwischen 58 und 85 % der Schüler vertreten die Ansicht, in der jeweiligen Pulsarwoche viel gelernt zu haben, mehr als die Hälfte teilt mit, in den Pulsaren sogar mehr als im regulären Unterricht gelernt zu haben. Dass das Lernen in dem neuen Format Freude bereitet hat, wird von 77 bis 86 % der Schüler bestätigt. Und 65 bis 73 % geben an, sich auch nach der Pulsarwoche mit dem entsprechenden Thema weiter beschäftigen zu wollen.

Im Interview äußerte sich eine Schülerin dazu wie folgt: „Nach den ersten beiden Tagen des Pulsars war das total erstaunlich: Immer wenn ich mit meiner Freundin die Schule verlassen habe, dann hatten wir etwas, worüber wir die ganze Zeit nachgedacht haben und darüber geredet haben, das fand ich total interessant. Als ich eine andere Freundin außerhalb der Schule traf, habe ich sie auch mal so gefragt, denn das war unser Thema im Pulsar, ob wir in Sprache denken und ob wir das als innere Diskussion empfinden. Und dann habe ich auch noch Freunde gefragt ‚Denkt ihr eigentlich in Wörtern?', das war super spannend."

Wie ein Schüler Erkenntnisse aus der Selbstlernphase in anderen Unterrichtssituationen anwenden konnte, beschrieb er im Interview so: „Geholfen hat mir, dass die Lehrer gesagt haben, geh' mal einen Schritt zurück und mach' erstmal deine Gliederung und mach' dir erstmal einen Plan [...] und ich glaub' das ist eine Kompetenz, die in Pulsaren sehr gefördert wird, weil erwartet wird, dass man in einem kurzen Zeitraum etwas liefert und wenn man da nicht irgendwie auf zack ist, dann kommt am Ende halt nichts raus. Zwei Tage sind, wenn man sich an den Zeitplan hält und gut und strukturiert arbeitet, mehr als genug Zeit. [...] Das Planen hat mir auch generell über die Pulsare hinaus geholfen, bei Klausuren beispielsweise. Das letzte Mal waren es jetzt 14 Punkte, aber nur weil ich mir am Anfang eine ganz klare Struktur, den Schreibplan, gemacht habe. Mit den Einzelgesprächen stellen die Lehrer relativ schnell sicher, wie groß der Rahmen der freien Arbeit sein kann, damit man sich nicht verirrt."

Die freien Antworten der Jugendlichen zur Beurteilung des neuen Lernformats und der erlebten Pulsarwoche fallen insgesamt sehr wertschätzend aus, wie aus nachfolgenden Kommentaren exemplarisch ersichtlich ist:

- „Sehr gut! Hat mir sehr viel Spaß gemacht: Ich habe viel Neues gelernt, einen anderen Blick auf manche Dinge bekommen, hatte motivierte Lehrer, mit welchen ich auf einer unglaublich ehrlichen und entspannten Ebene kommunizieren konnte und bin mit vielen Schülern in Kontakt gekommen, mit denen ich sonst kaum etwas zu tun habe."
- „Das Pulsar ist eine gute Möglichkeit zu einem bestimmten Thema zu arbeiten, welches mich wirklich interessiert und mit dem ich mich auch

außerhalb der Schule beschäftigen würde. Ich finde es gut, dass man fächerübergreifend arbeitet.“

- „Sehr gut! Ich finde das Pulsar sehr gut, weil wir aus dem regulären Schulalltag rausgehen und für eine Woche mit anderen Leuten zu einem bestimmten Thema arbeiten!“
- „Es war eine tolle Erfahrung, mit einer kleinen Gruppe auf eine Kanutour zu gehen und davor noch ein tolles Input zu kriegen. Und das alles auf Englisch!“
- „Es war sehr gut, eine tolle Atmosphäre in der Gruppe auch mit den Lehrern – vermutlich da alle, die im Pulsar waren, sich wirklich für das Thema interessiert haben. Außerdem kann man sich super intensiv mit den Themen auseinandersetzen, da man eine ganze Woche Zeit hat.“
- „Sehr gut und persönlich bereichernd. Die Einsicht in die Persönlichkeit der anderen Teilnehmer war interessant und brachte mich dazu, meine Perspektive zu wechseln. Sehr erfrischend.“
- „Tolle Erfahrung, die sehr gut organisiert war und ich habe mein Wissen in verschiedenen Themenbereichen erweitert.“

Darüber hinaus sind die kontextbezogenen Aussagen beziehungsweise Resonanzen der Schüler den vorgestellten Pulsaren *Algorithmische Räume, Leben in Städten, Wie das Gehirn funktioniert* direkt zugeordnet und in Kapitel 4.2 nachlesbar.

4.3.3 Bewertung durch die Lehrkräfte

Mit dem Lernformat PULSAR sind die Lehrkräfte vor neue Aufgaben gestellt worden. Somit wurde zunächst der Frage nachgegangen, wie sie die damit einhergehenden zusätzlichen Anforderungen im Vergleich zum herkömmlichen Unterricht erleben beziehungsweise einschätzen, siehe Abbildung 4.13.

Mehr als zwei Drittel der Pädagogen (64–82 %) geben an, dass die Vorbereitung der Pulsare, mit Ausnahme der aus Pulsarwoche 9, im Vergleich zum herkömmlichen Unterricht zusätzliche Anforderungen an sie gestellt habe; unter anderem hätten sie 70 bis 100 % neue Inhalte einfließen lassen – Stoff, der bislang im regulären Unterricht kaum oder gar nicht vorgekommen sei. Die Aufgabe, allen Schülern im jahrgangsgemischten Unterricht leistungsmäßig gerecht zu werden, nehmen mehr als 50 % der Pädagogen schon in der Vorbereitung als zusätzliche Arbeit wahr. Zwischen 43 und 69 % erleben die Zusammenarbeit mit den Teamkollegen als erhöhte Anforderung.

Bei den offenen Fragen haben allerdings viele Lehrer zum Ausdruck ge-

Abb. 4.13 Anforderungen an die Lehrkräfte in den Pulsarwochen 8 bis 11 (in %)

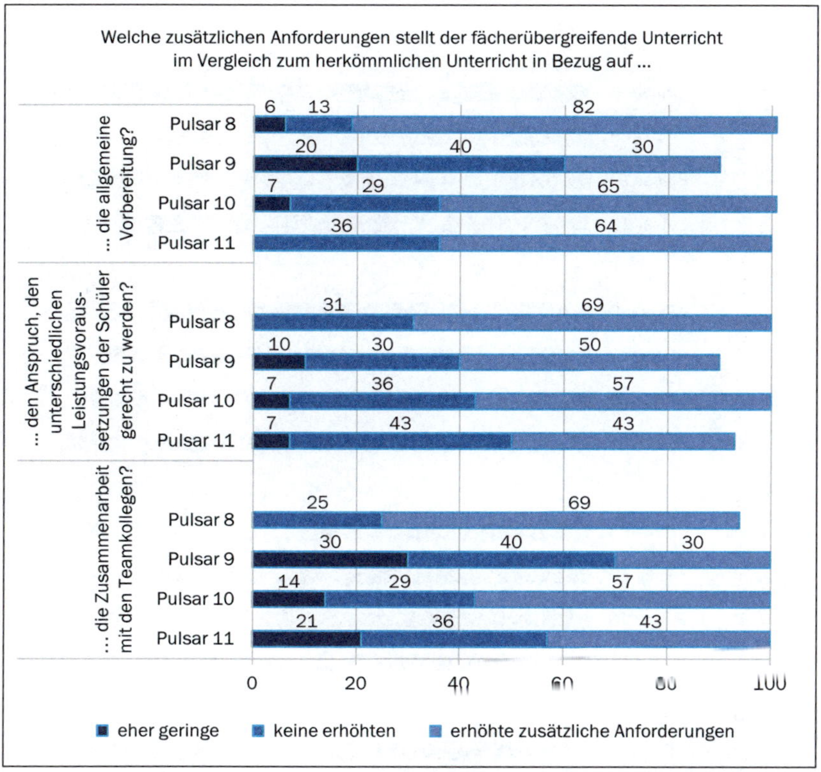

bracht, gerade diese Zusammenarbeit als bereichernd erfahren zu haben. Neben fachlichen Aspekten nannten sie beispielsweise: „Verschiedene Einblicke in das Unterrichten in einem anderen Fach", „Individuelle methodische Herangehensweisen" und „Von meiner variierende Reaktionsweisen der Kolleginnen auf Situationen und Einschätzung von Situationen."

Wie die Pädagogen ihre Arbeitsbelastung beurteilen, zeigt Abbildung 4.14. Das Strukturieren einer Pulsarwoche hat die Lehrer (19–28 %) weniger gefordert als die Organisation (35–64 %), auch wegen der in dieser Zeit durchgeführten Exkursionen, und das Zeitmanagement, das von etwa gleich vielen Pädagogen (40–64 %) als erhöhte Anforderung gewertet wurde. Die größte zusätzliche Anforderung ist mit der Rolle des Hauptverantwortlichen in den Pulsaren verbunden (43–69 %).

Die geleistete Anzahl von Arbeitsstunden in der Vorbereitung und Durchführung eines Pulsars ist vor allem bei den hauptverantwortlichen

Abb. 4.14 Arbeitsbelastung aus Sicht der Lehrkräfte in den Pulsarwochen 8 bis 11 (in %)

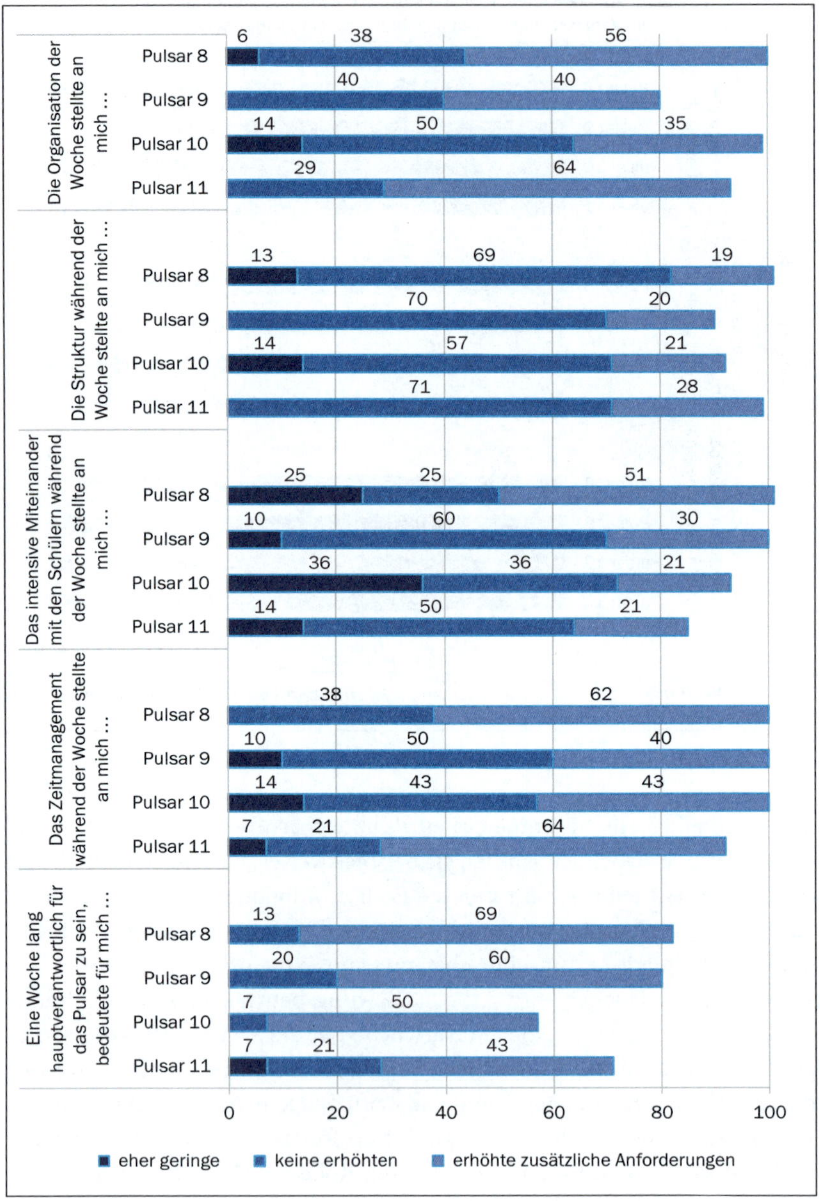

Lehrkräften oft weit über das verfügbare Deputat hinausgegangen. Bei Wiederholung eines Kurses hat sich der Aufwand zwar reduziert, dennoch sollte im Blick behalten werden, dass bei gleicher Qualität in diesem Format nicht nur Engagement, sondern auch zusätzliche Zeitkapazitäten benötigt werden.

Den respektvollen Umgang und das vertrauensvolle Verhältnis zwischen Schülern und Lehrern hat die überwiegende Mehrzahl der Pädagogen bestätigt, siehe Abbildung 4.15. Zwischen 81 und 90 % der befragten Pädagogen gibt an, während der Pulsarwochen genügend Zeit gehabt zu haben, um sich den Fragen und Problemen der Schüler zu stellen. Dass die Schüler in den Pulsaren häufig um Unterstützung nachgefragt hätten, wird von den Pädagogen unterschiedlich beurteilt (38–60 %). Den Umgang mit den Schülern haben die Lehrer als vertrauens- (82–100 %) und respektvoll (75–100 %) eingestuft – Ausdruck eines guten Lern- und Arbeitsklimas. Insgesamt geben 50 bis 72 % an, dass ihnen das intensive Miteinander mit den Schülern keine höheren Anforderungen abverlangt habe, gemäß Abbildung 4.14.

Das Gesamturteil der Lehrer über die Pulsare und den erzielten Lerngewinn fällt grundsätzlich positiv aus, siehe Abbildung 4.16. Die Mehrzahl der Pädagogen, nämlich 56 bis 80 %, stellt fest, dass die Jugendlichen eine größere Bereitschaft zur Mitarbeit zeigen als im regulären Unterricht, und bestätigt, dass die Schüler in diesem Format viel gelernt haben. Gleichermaßen bringt die überwiegende Mehrzahl (75–93 %) zum Ausdruck, dass ihnen das Leiten eines Pulsars beziehungsweise die entsprechende Mitarbeit viele Freude bereitet habe. Zwischen 79 und 90 % teilen mit, beim Vorbereiten und Unterrichten selbst viel gelernt zu haben. Letztendlich ziehen 75 bis 93 % der Pädagogen das Fazit, dass sich der hohe Aufwand für die Vorbereitung und Durchführung eines Pulsars in Bezug auf den Lerneffekt bei den Schülern gelohnt hat.

Bei den freien Antworten haben die Pädagogen häufig zum Ausdruck gebracht, dass die Schüler während der Selbstlernphasen zusätzliche Kompetenzen erworben haben, wie zum Beispiel den Umgang mit Kritik, Kommunikations- und Interaktionsfähigkeit oder die Fähigkeit und Bereitschaft, mit anderen zusammenzuarbeiten. Häufig genannt wurden auch ein verstärktes Verantwortungsbewusstsein, das Entwickeln lebenspraktischer Fertigkeiten, die Wertschätzung handwerklicher Tätigkeiten sowie die des konzentrierten Arbeitens durch tiefes Eindringen in wissenschaftliche Themen. Weitere Kommentare beziehen sich auf das Lernsetting, das viele Schüler dazu motiviert hat, an der Bearbeitung eines Thema dranzubleiben und es zu einem guten Ende zu führen: „Die Schüler konnten in einem professionellen Lernsetting professionelles Lernen erleben und fühlten sich dadurch herausgefordert, sehr gute Leistungen zu erbringen. Das wirkt sicher nach.“

Abb. 4.15 Soziales Miteinander in den Pulsarwochen 8 bis 11 aus Sicht der Lehrkräfte (in %)

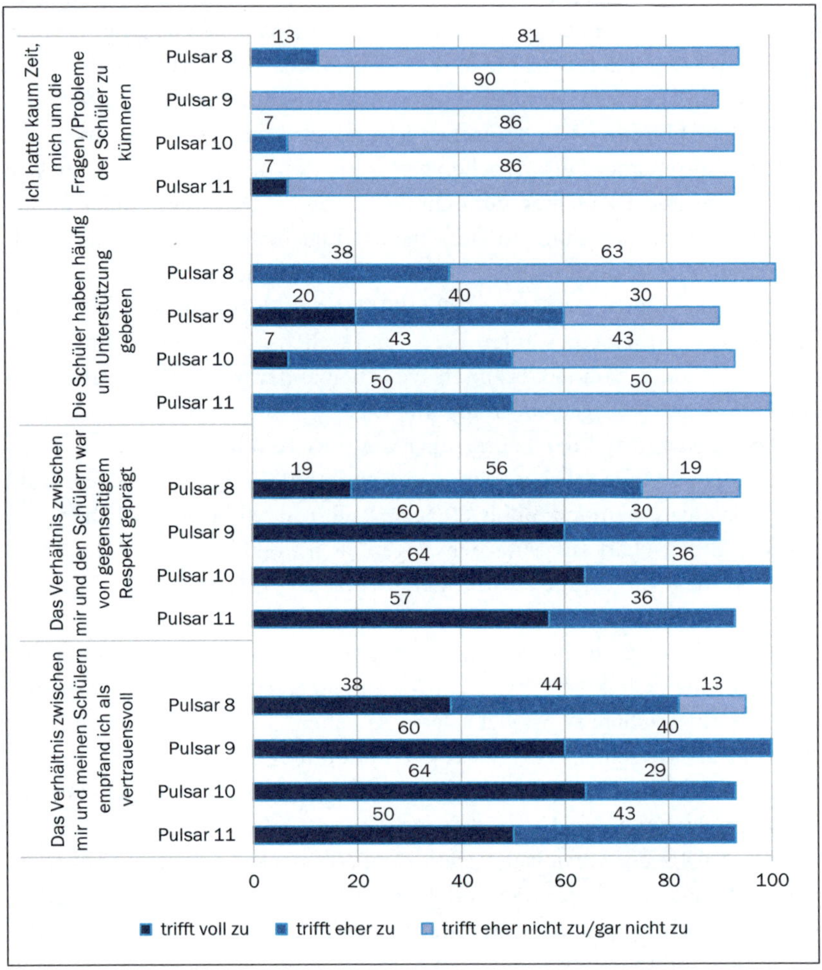

Abb. 4.16 Gesamtbewertung der Pulsarwochen 8 bis 11 durch die Lehrkräfte (in %)

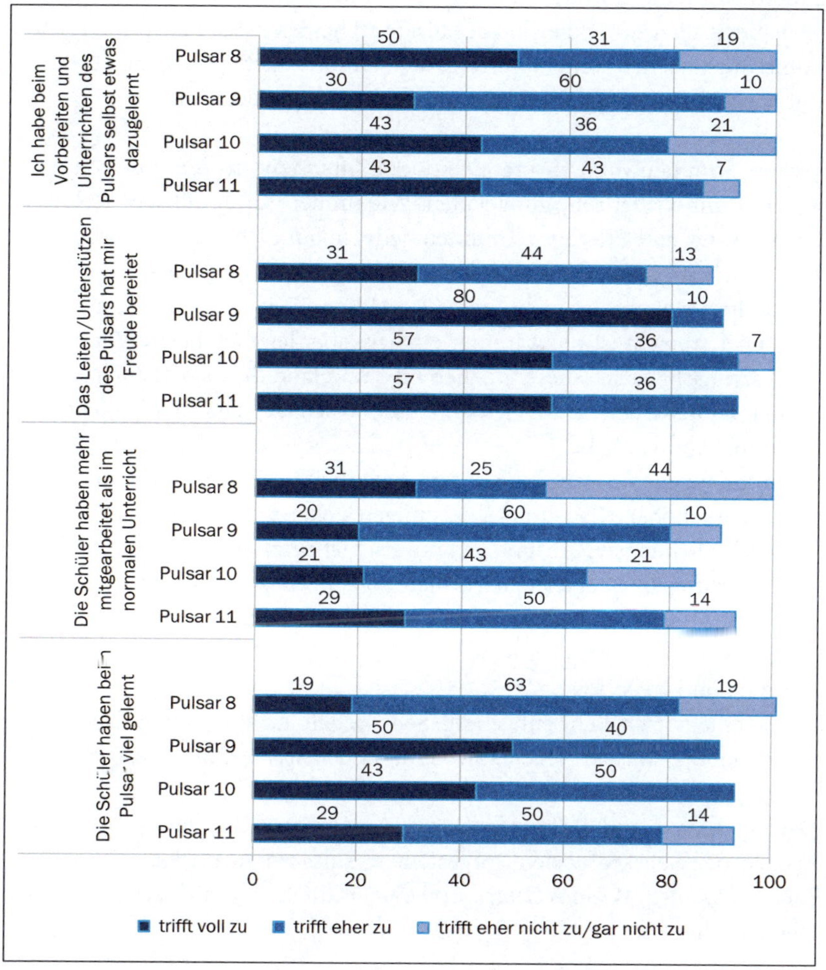

Viele Lehrkräfte haben in den Pulsaren eine Chance gesehen, Fragen oder Aspekte aufgreifen zu können, die ihnen auch persönlich wichtig sind. So äußerte sich eine Lehrerin zur 10. Pulsarwoche im Interview: „Ich glaube, ich habe in allen zurückliegenden Pulsaren Themen behandelt, die ich schon immer mal machen wollte und zu denen ich sonst nicht gekommen bin. Das war wirklich bereichernd und das macht dann auch viel Spaß."

Weitere Stimmen von Lehrkräften aus den Interviews zu den Pulsaren:

- „Hat mir wieder sehr gut gefallen. Wie immer war es mit sehr viel mehr Aufwand und Energie verbunden, jedoch kann ich die Pulsarwoche, so wie ich sie dieses Mal vorbereitet habe, so gut wiederholen und beim zweiten Mal wird es nicht mehr so viel Energie kosten. Im Team zusammenzuarbeiten ist nicht immer einfach, aber letztlich bereichert es. Insgesamt schätze ich diese Wochen sehr und fand dieses Mal auch alle anderen Pulsarthemen super spannend und schade, dass ich die nicht auch mitbekommen habe."
- „Sehr angenehm, sehr gute Zusammenarbeit im Pulsarteam, roter Faden klar erkennbar. Klausurersatzleistungen stellen hohen Anspruch an Lehrende, da intensive Absprachen mit Fachlehrkräften notwendig sind und Erwartungen anzugleichen gar nicht so einfach ist. Ansonsten war es toll, die Schülerinnen und Schüler konnten neue Denkanstöße mitnehmen. Es war schön, die Jugendlichen dabei zu begleiten, eigene Ideen zu entwickeln und zu verfolgen."
- „Sehr lehrreich. Sehr aufwendig. Sehr vielfältig. Starke inhaltliche Vertiefung möglich. Viel Neues, sowohl inhaltlich als auch methodisch."

Darüber hinaus sind die kontextbezogenen Aussagen beziehungsweise Resonanzen der Lehrkräfte den vorgestellten Pulsaren *Algorithmische Räume, Leben in Städten, Wie das Gehirn funktioniert* direkt zugeordnet und in Kapitel 4.2 nachlesbar.

4.3.4 Zusammenfassung

Das neue Format PULSAR ist von Lehrern, Schülern, Eltern und einem Expertenbeirat gemeinsam entwickelt worden. Themen und Inhalte der Rahmenlehrpläne werden aus verschiedenen Fachperspektiven heraus in einer neuen Komplexität angeboten und wissenschaftlich sowie praxisnah durch Erfahrungs- und Handlungslernen in jahrgangsgemischten Gruppen bearbeitet. Über Impulsvorträge gibt das Expertenteam aus Pädagogen und externen Beratern den roten Faden vor, stellt Lernmaterialien zur Verfügung, bietet Vertiefungsmöglichkeiten an, begleitet die Schüler in ihren eigenständigen Forschungen, organisiert und strukturiert den Tages- und Wochenablauf. Gelernt wird im Wochenrhythmus und im Wechsel aus impulsgebenden angeleiteten Lernphasen und selbständigen Vertiefungsphasen. Am Ende einer Pulsarwoche stellen die Jugendlichen ihre individuellen Ergebnisse in einer vielschichtigen Abschlussbetrachtung mit Blick auf das große Ganze vor.

Pulsarwochen finden zwei bis vier Mal pro Schuljahr statt und sind für alle verpflichtend. Pulsare lassen sich gut mit Leistungskursen kombinieren. Das Format der so genannten Leistungskurs-Pulsare wird von Schülern wie Lehrern gleichermaßen geschätzt, denn:

- die Schüler können auch im Leistungskursthema fächerübergreifend arbeiten;
- die Schüler haben einen intensiven Einstieg und mehr Zeit beispielsweise für Exkursionen verfügbar;
- die Schüler bekommen gleich zu Beginn des Schuljahrs die Chance, den neuen LK-Lehrer kennenzulernen, mit ihm intensiv zusammenzuarbeiten und als Gruppe zusammenzuwachsen;
- die Schüler können schon zu Beginn des Schuljahrs eine Klausurersatzleistung im Pulsar erbringen mit entsprechend entlastender Wirkung;
- die Lehrkräfte können vermehrt fachliche Grundlagen schaffen.

Im Evaluationszeitraum von Januar 2016 bis Februar 2019 sind insgesamt 11 Pulsarwochen durchgeführt worden, an denen 1 774 Schüler und 274 Lehrer teilgenommen haben. Die von den Lehrkräften gewählten und konzipierten Inhalte der Pulsarwochen 8 bis 11 stoßen auf großes Interesse bei den Schülern. Das fächerübergreifende Lernen wird als Bereicherung erlebt, es eröffnet ganz neue Perspektiven auf ein Thema. Durch die Zusammenarbeit in kleinen Teams können die Heranwachsenden den Umgang mit Kritik, Kommunikations- und Interaktionsfähigkeiten und das konzentrierte Arbeiten einüben. Das selbstbestimmte und selbstverantwortliche Lernen schätzen sie in besonderem Maße, denn es findet in einer Atmosphäre statt, in der sich Schüler und Lehrer mit großem Respekt begegnen und ein vertrauensvolles Miteinander aufbauen. Die Komplexität der Pulsarthemen und die anspruchsvollen Expertenvorträge stellen leistungsmäßig eine besondere Herausforderung für sie dar. Manche fühlen sich sogar unterfordert und würden das Niveau gerne noch höher angelegt wissen. Insofern ist bei Planung eines Pulsars darauf zu achten, den unterschiedlichen Leistungserwartungen und -möglichkeiten durch Binnendifferenzierung gerecht zu werden.

Als besondere Herausforderung nennen die Pädagogen das Erarbeiten neuer Themenschwerpunkte, die Organisation und das Zeitmanagement in den Pulsarwochen sowie die Rolle als Hauptverantwortliche. Das zusätzliche Engagement werde momentan nur durch die bedeutend intensivere Mitarbeit der Schüler im Vergleich zum normalen Unterricht und deren wesentlich besseres Lernen im Wochenformat entlohnt. Das sonst unübliche Teamteaching mit fachfremden Kollegen erleben sie als anspruchsvoll und bereichernd zugleich, weil sie Einblicke in das Unterrichten in einem anderen Fach nehmen oder individuelle methodische Herangehensweisen kennenlernen können.

Das Lernen und Lehren im neuen Format bereitet der überwiegenden Anzahl der Schüler wie auch der Pädagogen Freude. Die Jugendlichen sind so begeistert, dass sich viele auch nach der Pulsarwoche noch mit dem entsprechenden Thema beschäftigen wollen.

Schülerpulsare bieten engagierten Schülern eine hervorragende Gelegenheit, um beim Unterrichten von Gleichaltrigen das eigene Wissen zu intensivieren und für andere verfügbar zu machen – für die Lernenden ein besonders motivierendes Erlebnis.

Simon Heitz hat als Fachlehrer zwei Schülerpulsare begleitet und konstatiert: „Und ich bin ein Fan von diesem Format, dass Schüler und Schülerinnen sich gegenseitig unterrichten.“ Anthony Garratt, der leitende Schüler in dem Setting geht einen Schritt weiter und prognostiziert: „Ich glaube, dass dieses Format viel Potential birgt und wegweisend sein kann für eine Schule der Zukunft.“

5 Das Format LAK

Petra Ehrler

Mit dem Format Lebens- und Arbeitskompetenzen, kurz LAK genannt, wird über den üblichen schulischen Alltag hinausgedacht. Den Anstoß dazu gab eine 18-jährige Abiturientin, als sie 2015 twitterte: „Ich bin fast 18 und habe keine Ahnung von Steuern, Miete oder Versicherungen. Aber ich kann eine Gedichtanalyse schreiben, in 4 Sprachen." Dafür erhielt sie über Nacht mehr als 22 000 Kommentare[20].

Daraufhin entwickelte das NOS-Team der ESBZ gemeinsam mit Schülern der Oberstufe das Lernmodul *Lebens- und Arbeitskompetenzen.* Hier werden Themen und Inhalte aufgegriffen, die 16- bis 19-Jährigen für ihr Leben in und vor allem auch nach der Schule wichtig sind. Auch den Lehrenden wird damit die Möglichkeit gegeben, Wissenswertes zu vermitteln, das ihnen über den üblichen Lehrplan hinaus notwendig und bedeutsam erscheint und für das es im Schulalltag weder Raum noch Zeit gibt. Die Unterrichtsideen der LAKs sind demnach nicht festgeschrieben. Sie variieren zum einen in Abhängigkeit von den Wünschen der Jugendlichen und Lehrenden, zum anderen in Abhängigkeit von den Möglichkeiten, diese in konkrete schulische Angebote umzusetzen. Für ein erfolgreiches Lernen in Schule und Studium können beispielsweise Kenntnisse über Recherche und Bibliotheksnutzung sowie eine Vertiefung der deutschen Rechtschreibung und der englischen Grammatik von Nutzen sein. Um im Alltag mit lebensrelevanten Aufgaben und Herausforderungen besser umgehen zu können und diese zu bewältigen, haben sich viele Oberstufenschüler an der ESBZ gewünscht, mehr über den Umgang mit Verträgen und Steuern, mit BAföG und Stipendien oder im Anmieten der ersten eigenen Wohnung zu erfahren. Bei den Fertigkeiten suchten sie, in die Welt des Kochens, Nähens, der Kalligraphie und Visualisierungstechniken einzutauchen sowie Zeit- und Konfliktmanagement, Yoga und Achtsamkeit zu erlernen.

20 Stockmeier, B.; Drimmer, E.: Transformation der Oberstufe – Neue Lernformate und Organisationsstrukturen für die gymnasiale Oberstufe, in: Informationsschrift Recht und Bildung, März 2018, S. 6/7.

5.1 Organisation und Durchführung

Das erste im April 2017 durchgeführte LAK war ebenso wie das zweite eintägig. Am Vor- und Nachmittag wurden den Schülern jeweils sechs Workshops zur Wahl angeboten. Da sich einige Themen nur zum Ganztagsunterricht eigneten, die Jugendlichen zudem unterschiedliche Kompetenzen erwerben wollten, wurde das Angebot ab dem 3. LAK im Frühjahr 2018 auf zwei aufeinanderfolgende Tage erweitert. Seitdem können die Heranwachsenden im zweitägigen Modul bis zu vier verschiedene Arbeitsthemen wählen. LAK-Tage werden einmal im Schulhalbjahr durchgeführt. Die Schüler sind zur Teilnahme an dem neuen Unterrichtsformat verpflichtet und können nach Interesse und Neigung aus einem Kursangebot auswählen.

In den LAK-Workshops unterrichten nicht nur Lehrkräfte der ESBZ, sondern auch Eltern, die ihre berufliche Expertise einbringen, oder Experten von außerhalb, die neben der Theorie große Erfahrungsschätze aus der eigenen beruflichen Praxis mitbringen. Fachlich naheliegend sind für Lehrkräfte Inhalte wie *Umgang mit Hilfsmitteln in Mathe* oder *Wie liest man schwierige theoretische Texte?* Oder der Werklehrer offeriert das Thema *Die erste eigene Wohnung wohnlich machen* und befasst sich unter anderem mit dem Tapezieren der Wände und Reparieren von Toilettenspülkästen. Andere Schwerpunkte kommen aus der Arbeits- und Lebenspraxis der Eltern wie beispielsweise *Zeitmanagement, Umgang mit Stress* oder zeigen Bezüge zu persönlichen Interessensgebieten wie *Vorbereitungen zu langen Wanderungen und Backpackerreisen, Lampen selber bauen aus Recyclingmaterialien.* Die Eltern leisten an der ESBZ pro Familie und Monat drei Stunden ehrenamtliche Arbeit zum Erhalt und zur Weiterentwicklung der Schule; sie können diese Sollzeit auch zur Ausarbeitung und Durchführung eines LAKs verwenden. Sofern einzelne Inhalte weder von den Lehrkräften noch von den Eltern abgedeckt werden können, engagiert die ESBZ externe Experten. Deren Kursangebot umfasst beispielsweise *Umgang mit Drogen, Fahrradwerkstatt, Lernen lernen – Was für ein Lerntyp bin ich?* oder *Kommunikations- und Konfliktmanagement.* Zu jedem Kurs wird von den Referenten ein Ankündigungsschreiben nach standardisierten Vorgaben entworfen. Die Jugendlichen wählen aus dem Angebot für jeden LAK-Tag zwei Workshops von drei oder einen Kurs von sechs Stunden aus und tragen sich über das Itslearning-Lernmanagementsystem der ESBZ in die Themen ihrer Wahl ein. Ist die maximale Teilnehmerzahl eines Workshops erreicht, wird er nach dem First-come-first-served-Prinzip geschlossen. Wer keine Auswahl getroffen hat, wird dann den noch freien Kursen zugeteilt. Am Tag der Durchführung werden den Workshopleitern neben Arbeitsmaterialien auch Snacks und

Erfrischungsgetränke im Lehrerzimmer bereitgestellt sowie eine kleine Aufmerksamkeit als Dank für ihren Gastbeitrag übergeben.

Das Themenspektrum der ersten fünf LAKs aus den Schuljahren 2016/17 und 2018/19 war breit gefächert. Im Anhang finden sich Tabellen zu allen durchgeführten LAKs, mit detaillierten Angaben zu Themen, Dauer, Kursleitern und Anzahl der Teilnehmer pro Workshop.

5.2 Beispiele zu den Lebens- und Arbeitskompetenztagen

Die Lebens- und Arbeitskompetenztage fordern die Lehrkräfte, Eltern und Externe gleichermaßen heraus. Wie sie damit umgehen, wie Externe den Schulalltag bereichern und wie die Schüler die LAK-Kurse wahrgenommen haben, wird in den folgenden Abschnitten beschrieben.

5.2.1 Eine Herausforderung für Lehrkräfte

Das neue LAK-Format ermöglicht Lehrern, Themen und Inhalte anzubieten, die den Unterrichtsalltag entlasten, für die bisher aber wenig oder kein Raum zur Verfügung stand wie *materialgestütztes Schreiben* oder *Umgang mit schwierigen theoretischen Texten* oder *Umgang mit Stress*. Auch ein schülerseits eingebrachter LAK-Vorschlag zur Vertiefung in Rechtschreibung und Zeichensetzung ist von den Lehrkräften gerne aufgegriffen worden. Einige Pädagogen haben Inhalte angeboten, die sie im Rahmen einer Fort- und Weiterbildung kennengelernt hatten wie beispielsweise den Einsatz von Visualisierungstechniken, Sketchnotes oder der Körpersprache; des Weiteren solche, die ihnen persönlich wichtig erschienen wie Umgang mit Stress.

Im Folgenden erzählt Dorthe Wolter, eigentlich Lehrkraft für Mathematik und Spanisch, im Interview mit Petra Ehrler, wie es dazu kam, dass sie einen LAK-Workshop *Nähwerkstatt* erarbeitet hat und wie der Tag verlaufen ist.

LAK-Nähwerkstatt
mit Dorthe Wolter

Dorthe Wolter: Zunächst wollte ich einen LAK-Workshop in Mathematik anbieten, zum Umgang mit Formeln – dann habe ich aber die Wünsche der Schülerinnen und Schüler angeschaut. Es bestand der Wunsch, das Nähen zu lernen und da ich selbst gerne nähe, dachte ich: „Super, das möchte ich anbie-

Abb. 5.1 Ankündigung LAK-Workshop Nähwerkstatt

Titel	**Nähwerkstatt**	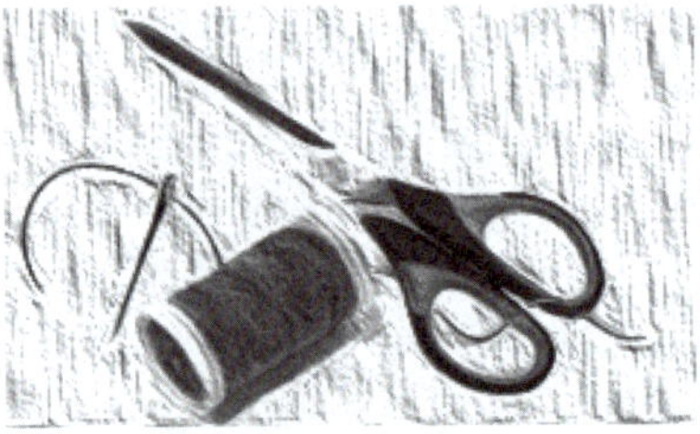
Workshop-leiter*in:	Frau Wolter	
Teilnehmerzahl	**Min.: 3** **Max: 12**	
Datum & Uhrzeit	**Donnerstag, 13.09.2018** (Achtung, der Workshop ist ganztägig!) Bitte bei der Registrierung dann nur diesen einen Workshop wählen.	
Kursinhalte & -ziele	Ihr habt ein Loch in eurer Lieblingshose und wisst nicht, wie ihr es geschickt flicken könnt? Der Knopf ist auch ab und müsste dringend mal wieder angenäht werden? Und die neue Hose ist einfach zu lang? Oder könnt ihr euch einfach nicht trennen und wollt die alte Hose gern umfunktionieren und ihr ein neues Leben als Stiftemäppchen geben? Lösungen für all diese Probleme bietet dieser Workshop: ob Lieblingsstücke reparieren, Taschen nähen, Upcycling oder einfach den Umgang mit einer Nähmaschine lernen. Der Workshop ist geeignet für Einsteiger*innen und fortgeschrittene Näher*innen – das Nähprojekt, was ihr wählt bestimmt den Schwierigkeitsgrad. Da es sich nicht lohnt die Nähmaschinen nur für ein paar Stunden auszupacken ist dieser Workshop ganztätig – also von 9:00 bis 16:00.	
Anmerkungen/ Hinweise	Je nachdem, was ihr lernen möchtet, bringt ihr bitte mit: – alles an Kleidung was ihr flicken, kürzen, verschönern möchtet – Stoffreste, alte Tischdecken/Bettlaken, alte aussortierte Klamotten, die ihr zu neuen Dingen verarbeiten möchtet	

ten!“ Wir haben hier im Haus den *Freiraum Nähen,* eine freie Textilwerkstatt mit Maschinen und Materialien und damit die besten Voraussetzungen zu einer Nähwerkstatt.

Petra Ehrler: Wie lange war Ihre Vorbereitungszeit?

Dorthe Wolter: Ich hatte schon schnell eine Idee […] so waren es etwa fünf Stunden und die Zeit zum Auswählen der Schnitte.

Petra Ehrler: Von den zwölf Teilnehmern sind sieben Jungen, hat Sie das erstaunt?

Dorthe Wolter: Ja, die Schüler fanden das Nähen praktisch und kamen mit ganz konkreten Wünschen: Hose enger nähen, ein Stück in eine Hose einsetzen oder flicken […] Sie hatten sich überlegt, dass dies eine praktische Lebenskompetenz sei.

Petra Ehrler: Was ist ihr Fazit nach dem Tag?

Dorthe Wolter: Unter den Schülerinnen und Schülern gab es etliche, die noch nie eine Nähmaschine in der Hand hatten. Auf jeden Fall haben die Jugendlichen die Angst vor einer Nähmaschine verloren und Grundzüge des Nähens gelernt. Und es gibt einige, die weiterhin nähen möchten, auch einige, die jetzt eine LEX zum Thema Nähen machen wollen, insbesondere die Jungs übrigens. Es hat sehr viel Spaß gemacht – mir und auch den Jugendlichen weitestgehend. Es war ganz toll, die Jugendlichen nochmal anders kennenzulernen. Zum Beispiel würde ich mir nie die Hose eines Schülers im Schritt angucken, weil dort ein Loch drin ist. Auf Lehrerebene ist das etwas ganz Unvorstellbares, aber im Unterricht war ich als Nähexpertin gefragt. Und das war für mich überhaupt nicht komisch, für niemanden war es komisch. Es war schön zu sehen, wie kreativ sie sind, wie mutig sie sind, sie haben ja von 0 auf 100 angefangen, T-Shirts zu nähen, was ich sehr bestaunte. Und ich habe sie Gott sei Dank nicht gestoppt, denn es hat funktioniert.

Petra Ehrler: Sind Sie in die Kunst des Nicht-Stoppens hineingewachsen?

Dorthe Wolter: Die Kunst des Nicht-Stoppens ist auf jeden Fall ein Lernprozess, den ich auch noch lange nicht abgeschlossen habe. Gelernt habe ich das auf einem großen Segelschiff, als ich dort als Lehrerin und als Segelcrew arbeitete. Täglich lernte ich dazu. Nicht stoppen, nur zugucken und die Jugendlichen Verantwortung tragen lassen – das ist ein ganz schwieriger Prozess. Die Frage ist, wann greife ich ein, wann greife ich nicht ein. Das *Klassenzimmer unter Segeln* ist so etwas wie ein Auslandsaufenthalt in der 10. Klasse, ein Segelturn auf einem Traditionssegler, drei Masten, 50 Schülerinnen und Schüler. Wir sind ein halbes Jahr in die Karibik gesegelt und wieder zurück. Die Jugendlichen übernehmen da ganz viel Verantwortung, sie übernehmen für bestimmte Etappen das Schiff komplett eigenständig, die Crew zieht sich zurück und greift nur im Notfall ein. Richtig schwierig ist das, weil ich da ganz anders abschätzen muss, welcher Fehler noch tragbar ist und bei welchem es gefährlich wird.

Petra Ehrler: Standen Sie unter Erfolgsdruck? Sollten am Ende der Nähwerkstatt fertige Produkte vorliegen?

Dorthe Wolter: Ja das dachte ich am Anfang. Deswegen hatte ich Schnitte mitgegeben und bewusst keine T-Shirts oder ähnliches als Anschauungsbeispiele. Aber die Jungs wollten dann gerne T-Shirts nähen. Meine Bedenken, dass sie am Ende der Stunde nichts in der Hand haben könnten, haben sich zerstreut. Die meisten hatten am Ende ein fertiges Stück. Ich glaube, für mich ist es nicht so schlimm, aber für die Jugendlichen wäre das nicht so angenehm, wenn sie aus dem Workshop rausgehen und nichts in der Hand haben.

Petra Ehrler: Wie sehen Sie die Veränderung im Lehrerkollegium hier an der Schule, wenn wir davon ausgehen, dass es einer Wandlung bedarf von einem traditionellen Oberstufenlehrer zu einem, der die neuen Formate anleiten kann.

Dorthe Wolter: Wandlung im Großen muss hier nicht mehr stattfinden, weil es für Menschen, die an diese Schule kommen, klar ist, dass es diese Formate gibt. Das heißt, wir mussten ganz viel mitbringen oder bereit sein für Neues. Ganz viel Mut gehört dazu und die Fähigkeit, radikal anders denken zu wollen, als das normalerweise der Fall ist. Das heißt nicht, dass man das kann, weil wir ja alle von Kindheit an in einem ganz anderen Schulsystem sozialisiert sind. Und jedem kommen irgendwann Gedanken wie: Oh Gott, Abitur, schaffe ich den Stoff? Bekommen die Schülerinnen und Schüler denn genügend mit? – weil wir eben so sozialisiert sind. Dann müssen wir den Mut haben zu sagen: Nein, ich vertraue und ich probiere das aus! Ich glaube, Mut und Vertrauen ist das Wichtigste in Bezug auf Selbstverantwortung der Jugendlichen. Das ist sehr schwer, aber auch schön. Es ist eine Illusion zu

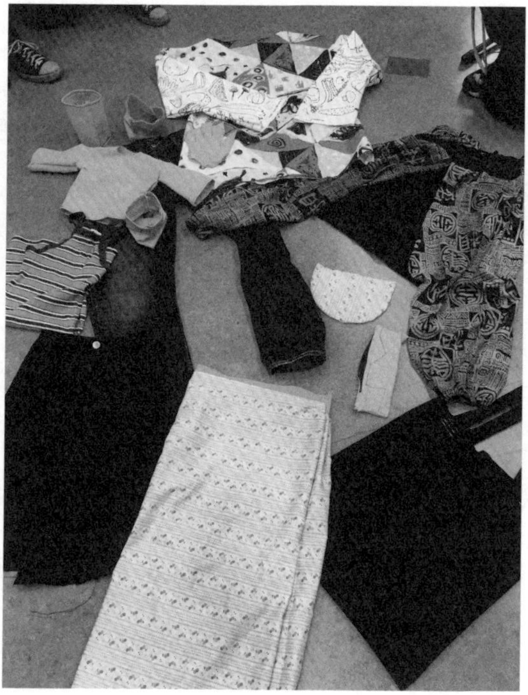

Abb. 5.2 Ergebnisse aus der Nähwerkstatt

glauben, dass wir das mitbringen, denn woher sollen wir das kennen? Wir werden wohl immer wieder weiter überlegen.

Petra Ehrler: Gibt es etwas, was Sie einer Lehrkraft, die traditionell ausgebildet wurde, empfehlen können?

Dorthe Wolter: Ich glaube, wir können im Kleinen ganz viel probieren. Da geht es um Fragen wie: Was interessiert die Schülerinnen und Schüler eigentlich wirklich? Was ist deren Lebensweltbezug? Wie können sie das praktisch gestalten? Und dann können die Jugendlichen immer mehr ausprobieren, beispielsweise in einem eigenen Projekt. Das ist im normalen Schulkontext möglich. Ich kann nur empfehlen einfach anzufangen, wenn man selbst Lust dazu hat, auch wenn es nicht tipp-topp ist – ich bin ja auch keine Schneiderin und hab' das nicht als Beruf gelernt. Und da gab es Themen, da musste ich mit den Schülerinnen und Schülern zusammen überlegen, wie die Lösung sein könnte. Dann ist die Hierarchie-Ebene eine ganz andere und wir lernen uns wieder neu kennen. Das war sehr gut.

Nähwerkstatt – Resonanzen teilnehmender Schüler
„Ja, es hat Spaß gemacht …“, berichtet ein Schüler, der zum ersten Mal näht, gerade die letzten Fäden an seinem T-Shirt verknotet und seine Erfahrungen preisgibt: „Ich hatte gedacht, dass mir am Ende die Zeit fehlt, jetzt bin ich doch relativ schnell fertig geworden. Es hat alles gut geklappt.“

Eine Schülerin näht aus zwei alten Jeans einen neuen Rock und erntet großen Beifall von ihren Freundinnen. Ihr Freund ist ebenfalls Nähanfänger und plant, aus zwei alten Hosen eine neue, weiter geschnittene, zu nähen. Er kommentiert: „Ja, bei mir wurde tatsächlich die Zeit noch knapp, den Rest habe ich noch nicht fertig, den Rest mache ich dann noch zuhause. […] Ich fand nähen einfach cool. […] Ich habe wirklich das Gefühl, dass ich diese Kurse des LAKs für das spätere Leben brauche oder als Vorbereitung für das Abitur, da Lehrer uns Techniken erklären, wie wir schneller lernen und die Sachen besser behalten können.“

5.2.2 Eltern bringen ihre berufliche Expertise ein

Das LAK-Format bietet den Eltern für ihre an der ESBZ selbstverpflichtete Mitarbeit eine ganz besondere Möglichkeit: Sie können ihre beruflichen Fähigkeiten, Kenntnisse und Erfahrungen an die Oberstufenschüler weitergeben. Einige Mütter und Väter haben diese Chance genutzt. So auch Monika Danner, Mutter von zwei Kindern, von denen eines die ESBZ besucht. Sie hat ein LAK-Workshop zum Thema *Selbstorganisation* angeboten. Als Führungskraft in einem Großkonzern beschäftigt sie sich seit vielen Jahren mit den Themen Arbeitsorganisation und Selbstmanagement. Vor dem Hintergrund einer zunehmenden Verdichtung von Arbeit und Information, vor die Wissensarbeiter heute gestellt sind, erschienen ihr diese Felder von besonderer Bedeutung – gerade auch für die Jugendlichen. So kommentiert sie: „Während meiner eigenen Schulzeit, im Studium und bei meinen ersten Praktika gab es weder Smartphone noch E-Mail. Heute ertrinken sogar Jugendliche bereits in Messenger-Nachrichten und nahezu alle Berufstätigen klagen über zu volle Mailaccounts. Ich denke, dass der Umgang mit der Fülle und das sinnvolle (Aus-)Sortieren von Aufgaben enorm wichtig sind, um Konzentration und Lernen überhaupt zu ermöglichen. Dabei habe ich selbst vor allem von der Getting-things-done-Methode profitiert, die ich im Rahmen mehrerer Fortbildungen kennenlernte und in meinem beruflichen Umfeld eingeführt habe. Für mich selbst hatte die konsequente Anwendung fast schon lebensverändernde Auswirkungen; definitiv trug sie deutlich zu einem Abbau von Stress im Alltag bei. Mein LAK-Workshop nahm einige zentrale

Aspekte aus der Methode auf, ohne ein vollständiges Training dazu abzubilden.“ Das Thema ist auf große Resonanz bei den Jugendlichen gestoßen, so dass sich um 9:00 Uhr die maximale Teilnehmerzahl von 15 Jugendlichen zum Kurs eingefunden hatte.

Auch Hans Verolme möchte den Schülern seine Kenntnisse und Erfahrungen aus dem internationalen Verhandlungswesen weitergeben. Nachfolgend beschreibt zunächst Frau Danner, wie sie ihren LAK-Workshop zur *Selbstorganisation* für die Schüler der Jahrgangsstufe 11 vorbereitet und realisiert hat. Anschließend berichtet Hans Verolme im Interview über Verhandlungstheorie und -praxis.

LAK-Selbstorganisation
mit Monika Danner

In dieser Arbeitsgruppe soll den Schülerinnen und Schülern Hilfestellung gegeben werden, ihre Aufgaben im schulischen und privaten Kontext so zu strukturieren, dass sie den Überblick bewahren und sich nicht sogleich überfordert fühlen – das heißt, dass die Bewältigung von Aufgaben mit zunehmender Selbstverantwortung inner- wie außerschulisch besser gelingt. Auf dem Weg zum Abitur steigt das Lernpensum kontinuierlich an, und obwohl Selbstorganisation bereits in der Mittelstufe an der ESBZ von den Schülerinnen und Schülern gefordert ist, gibt es doch viele Fragen, wie man das eigene Lernen und Arbeiten strukturiert beziehungsweise wie man seine eigenen Strukturen modifiziert und verbessert. Dabei spielen digitale Apps und Tools eine wichtige Rolle, am Ende bleibt aber immer die Frage: Wie komme ich mit meinen To-dos durch den schulischen wie außerschulischen Alltag? Und wie strukturiere ich mein Lernen und Arbeiten so, dass sie mir möglichst wenig Stress bereiten? Ob man diese Fragen auf dem Papier behandelt oder Apps nutzt, ist zunächst irrelevant. Wichtig ist vielmehr, ein paar Grundgedanken von Selbstorganisationsmethoden kennenzulernen, um dann für sich herauszufinden, wie ein eigenes Selbstmanagementsystem aufgebaut sein kann. Den Schülerinnen und Schülern wurde der Workshop gemäß Abbildung 3.5 angeboten.

Von einer Erwartungsabfrage ausgehend, haben wir im Kurs folgende Themen bearbeitet:

Was beansprucht deine Aufmerksamkeit?
Dieses Thema haben wir immer wieder aufgenommen, zunächst als Tafelabfrage, dann als Einzelarbeit nach der Pause; dabei wurde den Schülern klar,

Abb. 5.3 Ankündigung LAK-Workshop Selbstorganisation

Titel	**Selbstorganisation** Wie ich meinen Kram endlich gebacken kriege und nichts mehr vergesse	
Workshop-leiter*in:	Monika Danner	
Teilnehmer-zahl	**Min.: 6** **Max: 15**	
Datum & Uhrzeit	**13.09.2018** *(es ist auch möglich beide Zeiten anzukreuzen)*	
	☐ **Vormittags 9:00–12 Uhr** (davon 30 min Pause individuell gelegt)	
	☐ **Nachmittags 13:00–16:00 Uhr** (davon 30 min Pause individuell gelegt)	
Kursinhalte & -ziele	Die Whatsapp-Gruppe fürs Englisch-Referat. Itslearning Aufgaben und Nachrichten. Der Zettel zu „Alle ins Ausland“ (wo war der noch gleich?). Aushänge an der Schule. Post its. Emails. Und eigentlich wollte ich doch längst mal wieder zum Haare schneiden?? Und wo ist eigentlich das Buch, das ich Paula neulich geliehen hab? Wir alle – ob SchülerInnen oder Erwachsene – sind heutzutage mit Aufgaben und «to do's» voll. In dieser Session sprechen wir darüber, wie man sich so strukturieren kann, dass nichts hinten runter fällt. – Was möchte ich in meinem Arbeitssystem ändern? – Welche Listen könnten sinnvoll sein? – Wie kann ich mein Laptop/mein Smartphone gut nutzen um mich zu strukturieren?	
Anmerkungen/ Hinweise	Laptop wenn vorhanden. Smartphone. Block/Stift zum Mitschreiben.	

dass auch Themen wie *mein Fußballverein* oder *Zahnarzttermin verabreden* in ihrem Kopf Platz wegnehmen und organisiert werden wollen.

Brainstorming für alle Arbeitsschritte eines Projekts
Als Beispiel haben wir das ESBZ-Projekt *Alle ins Ausland* genutzt und überlegt, was alles notwendig ist, um ans Ziel zu kommen. Diese Gedanken haben wir als Mindmap strukturiert und dann den jeweils nächsten Schritt überlegt, um weiterzukommen.

Die einzelnen Schritte in Listen bringen
Listen können in Papierform oder digital angelegt werden. Den Schülern habe ich ein Modell vorgestellt, mit dem die einzelnen Aufgaben verschiedenen Listen zugeordnet werden z.B. *Was habe ich am Computer zu erledigen* oder *was habe ich für die Schule zu tun?* Wir haben auch einige Apps/digitale Anwendungen gestreift wie beispielweise Trello, in der solche Listen angelegt werden könnten. Die Aufgabe ist relativ komplex und benötigt Zeit; zumal die Akzeptanz, Aufgaben auf verschiedenen Listen zu verteilen, eher gering ist, da der Sinn sich in der Regel erst in der Erprobung ergibt.

Wie nutze ich einen Kalender?
Wir sprachen darüber, dass auch ein Stundenplan im Prinzip ein Kalender ist, dass Schülerinnen und Schüler in der Oberstufe jedoch mehr Informationen pro Tag griffbereit haben müssen als nur Fächer und Räume. Insbesondere eine sinnvolle Nutzung des Handy-Kalenders bereitet oft Schwierigkeiten; beispielsweise die Frage, wie der Kalender der Online-Plattform ‚itslearning', die an der ESBZ in der Oberstufe als Lernmanagement-System genützt wird, ins eigene Smartphone transferiert werden kann.

Wie kann ich einmal die Woche sinnvoll meine Arbeit strukturieren?
Ich habe die an die Getting-things-done-Methode angelehnte Empfehlung gegeben, in Form eines Wochenrückblicks jeweils gezielt auf die Arbeit der letzten Woche zu schauen und die Termine der kommenden Woche vorzubereiten, siehe Abbildung 5.4. Zudem haben wir einige Leitsätze erarbeitet, siehe Abbildung 5.5. Dabei stand im Zentrum, wie die Organisation von Arbeit und das Arbeiten selbst zwei getrennte Vorgänge sind und dass ein Kalender zwingend notwendig ist, um die Kontrolle zu behalten, gleichgültig ob digital oder analog.

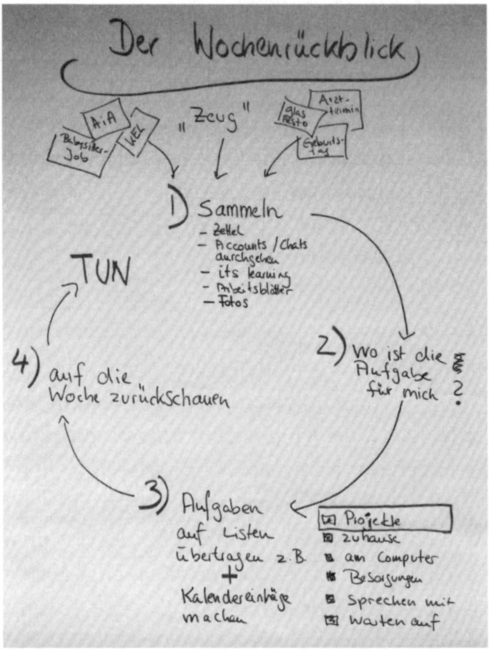

Abb. 5.4 Im Unterricht erarbeitete Schritte zur Selbstorganisation

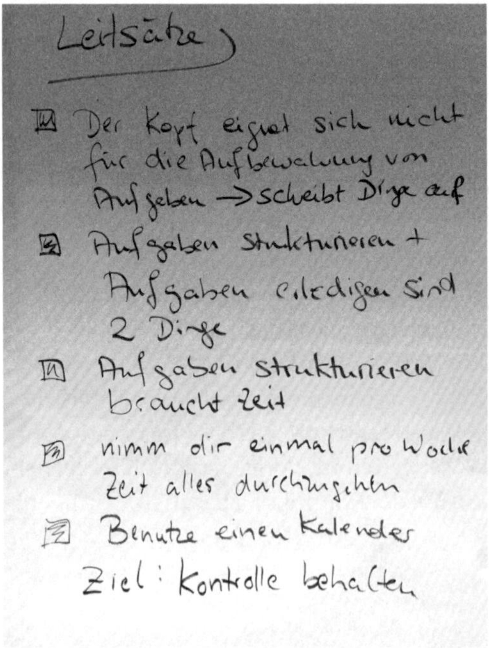

Abb. 5.5 Gemeinsam erarbeitete Leitsätze zur Selbstorganisation

Mein Fazit: Es ist überaus sinnvoll, Berufspraktiker in der Schule als Experten tätig werden zu lassen, das komprimierte Format LAK ist dafür sehr gut geeignet. Ich denke, es ist auch im Sinne der Schulgemeinschaft, dass Eltern mit Kindern, auch fremden, in Kontakt kommen und dadurch ein Gespür dafür bekommen, was so los ist. Mir selbst hat das Unterrichten sehr viel Spaß gemacht. Es wäre für die Lehrenden von außerhalb wichtig zu wissen, in welcher Stimmung die Jugendlichen sind. Ich habe erst vor Ort im Kurs verstanden, dass sie zu Beginn des Schuljahres 11 nach erfolgtem MSA erst einmal eine geringere Motivation haben sich zu engagieren, da grade erst ein Berg an schulischer Leistung geschafft ist. Gut wäre ein Vortreffen, um Erwartungen abzufragen und dann gezielt daraufhin eine Vorbereitung aufbauen zu können. Oder aber ein Telefonat mit einer Lehrkraft führen, um zu verstehen, was die Themen der Gruppe sein könnten. Das Projekt *Alle ins Ausland* eignet sich beispielsweise hervorragend, um das Thema Selbstorganisation praxisnah zu üben. Auch würde ich mir für die Jugendlichen wünschen, dass ihre thematischen Interessen und Bedürfnisse stärker berücksichtigt werden.

Selbstorganisation – Resonanzen teilnehmender Schüler

In der Abschlussrunde äußerten sich die Jugendlichen zu dem Erarbeiteten. Eine Schülerin hat hervorgehoben, dass sie derzeit an fünf Projekten gleichzeitig arbeite. Mit den neuen Managementsystemen wolle sie nun alle ihre Vorhaben neu beziehungsweise anders organisieren. Eine andere hat hingegen erkannt, dass sie mehr unerledigte Projekte hat als sie dachte: „Da bin ich schon ein bisschen überfordert. Da muss ich jetzt erstmal organisieren." Eine dritte hat in der Arbeitsgruppe damit begonnen, ihre Projekte neu zu strukturieren: „Ich hab' mir eine Liste gemacht, was ich noch alles einkaufen muss. Und Listen, was ich einfach so schnell machen kann, beziehungsweise eine Liste, worüber ich nochmal genau nachdenken muss und so. Ich find' es gut mit den Listen, um den Überblick zu bekommen." Eine Freundin stimmte ihr zu: „Ja, ich find' es auch ganz gut, es hilft auf jeden Fall, die Sachen jetzt ein bisschen klarer vor sich zu sehen. Ich würde jetzt nicht unbedingt für alles Listen machen, aber ich will auf jeden Fall auch mehr in mein Handy oder vielleicht mehr in meinen Kalender eintragen, das will ich auf jeden Fall."

LAK-Verhandeln für eine bessere Welt
mit Hans Verolme

Hans Verolme ist Experte für globale Herausforderungen und leitet ein Team internationaler Berater im Bereich Klimapolitik und Entwicklung. Seit 2008 lebt er in Berlin, arbeitet mit Entwicklungsländern, Stiftungen und Nichtregierungsorganisationen mit dem Ziel zusammen, den Klimaschutz zu fördern. Hans Verolme ist Stiefvater eines Kindes an der ESBZ. Im Interview mit Petra Ehrler berichtet er von seinem im LAK 5 durchgeführten Kurs und seinen Erfahrungen mit den teilnehmenden Elft- und Zwölftklässlern.

Hans Verolme: Ich habe einen vierstündigen Workshop gehalten *Verhandeln für eine bessere Welt* auf Englisch. Die Themen umfassten sowohl Verhandlungstheorie als auch Verhandlungspraxis auf der bilateralen und auf der multilateralen Ebene, spezifisch für die Klimapolitik. Das ist mein beruflicher Hintergrund. Ich gebe auch Trainings für Verhandler in Entwicklungsländern, die sich auf internationale Sitzungen vorbereiten. In der Regel sind das Drei-Tages-Treffen in einer Kombination aus Theorie und Workshops. Für die vier Stunden hier in der Schule habe ich einige Teile Theorie, ein paar Übungen und einige kurze Videos zusammengestellt. Ich dachte, das funktioniert wahrscheinlich für Schüler der Oberstufe. Die Entscheidung, den Unterricht auf Englisch zu halten, kommt daher, dass mein Deutsch nicht fehlerfrei ist, aber auch weil die Verhandlungen komplett auf Englisch geführt werden. Sie können sich so schon auf die Berufswelt vorbereiten, da es tatsächlich nur auf Englisch geht, auch wenn sie die Sprache noch nicht komplett beherrschen.

Es ist insgesamt sehr gut gelaufen. Es waren 15 Schüler da. Alle sind bis zum Ende dabei geblieben. Anfangs habe ich versucht zu erfahren, was sie erwarten, und zwischendurch habe ich nachgehakt um zu gucken, wie sie das erleben. Interessant fand ich, dass sie es tatsächlich schwierig finden, länger als zehn Minuten theoretische Inhalte auf Englisch aufzunehmen. Das haben sie ganz ehrlich gesagt. So werde ich im Nachhinein nochmal drauf schauen und sehen, ob ich es anders schneiden kann, damit die theoretischen Inhalte als Block nicht zu groß sind, so dass die Schüler fähig sind, alles aufzunehmen. Ich habe dieses Feedback explizit angefordert, weil ich den Workshop das erste Mal für Jugendliche gehalten habe, die im Alter von 16 bis 18 Jahren sehr unterschiedlich waren. Ein paar Achtzehnjährige arbeiteten auf sehr hohem Niveau. Es war eine Herausforderung für die Jüngeren, aber es war nicht so, dass sie es nicht schafften. Es kann sein, dass manche zurückmelden: ‚Naja, das war schon anstrengend', aber das war kein Problem.

Abb. 5.6 Ankündigung LAK-Workshop Verhandeln für eine bessere Welt

Titel	**Verhandeln für eine bessere Welt** Real Negotiations for Beginners (in English)	
Workshop-leiter*in:	Hans Verolme	
Teilnehmerzahl	**Min.: 6** **Max: 15**	
Datum & Uhrzeit	**Mittwoch 20.02.2019** **11:00–16:00** *(davon 60 Min. Pause individuell gelegt)*	
Kursinhalte & -ziele	You will learn how real-world negotiations work and understand how to work together in a team to archieve success as a negotiator. We will practice listening/communication skills and learn what it takes to achieve a durable agreement. You will also get insight into how international diplomacy works. We will work with short English texts, videos and brief exercises. You will need to be an active part of a team. At the end of the day you will work to tackle a real-world problem: negotiating global climate change.	
Anmerkungen/ Hinweise	Bringt eure Handys mit!	

Petra Ehrler: Weshalb haben Sie diesen LAK-Workshop angeboten?

Hans Verolme: Ja, meine Lebensgefährtin hat gesagt, man muss hier an dieser Schule Elternarbeit leisten und sie weiß, dass es mir Spaß macht, diese Trainings zu halten. Und sie hat gesagt, kannst du nicht mal überlegen, ob du diese Workshops für Schüler umbaust. Das ist tatsächlich viel Arbeit, aber die kann ich dann auch als Elternarbeit eintragen. Ich finde das Konzept gut. Ich glaube, diese Schule hat ganz viele Eltern mit unglaublichen Fähigkeiten, die eingesetzt werden können, ob es nun das Bäumeschneiden oder Unterrichtgeben ist. Und es hat mir Spaß gemacht. Ich habe kein Problem damit, das nochmal zu machen. Das zweite Mal kostet es dann auch weniger Vorbereitungszeit.

Petra Ehrler: Damit geben Sie ja auch Einblick in Ihr Berufsleben.

Hans Verolme: Ja, ich erzähle über den Tag verteilt Anekdoten. Ich erzähle auch, was schwierig ist an dieser Arbeit und frustrierend und, was Spaß macht. Es gab tatsächlich Schüler, die am Anfang sagten, dass sie Interesse an Diplomatie als Beruf haben und die haben einen Einblick bekommen, was das bedeutet. Die Idee, als Diplomat durch die Welt zu reisen und zu verhandeln, ist irgendwie romantisch. Aber diese Arbeit ist nicht romantisch, es ist knallharte Arbeit. Und sie haben gesagt, das war einfach super interessant, das so zu erleben. Am Ende haben wir eine volle Stunde lang einen Verhandlungsblock durchgeführt. Sie mussten ihn inhaltlich vorbereiten und die Position eines Landes beziehen. Dann gab es eine Sitzung, ich war der Vorsitzende und sie mussten eine Verhandlung führen. Das ist dann real. Dann wird es plötzlich greifbar. Das war gut.

Petra Ehrler: Können Sie uns noch einen inhaltlichen Einblick in Ihren Workshop geben?

Hans Verolme: Zunächst erkläre ich, was eine Verhandlung ist, welche Schritte sie durchläuft und welche Dinge man sich dabei merken muss. Dann beginnen wir mit ganz einfachen Beispielen aus dem normalen Leben. Auf die Frage: Warum hast du dich für diesen Workshop entschieden? gab es einige, die sagten: „Naja, ich möchte besser verhandeln im normalen Leben". Um das besser zu verstehen, ist so ein Workshop gar nicht schlecht. Nach der Theorie gibt es eine Übung zum Zuhören, denn das Zuhören ist einer der wichtigsten Aspekte des Verhandelns. Je besser sie zuhören, umso besser können sie verhandeln. Dazu gibt es praktische Übungen für die Schüler. Dann zeige ich zum Beispiel ein Stück aus einem Video, das heißt *The Science*

Abb. 5.7 Ausschnitte aus der Präsentation Verhandeln für eine bessere Welt

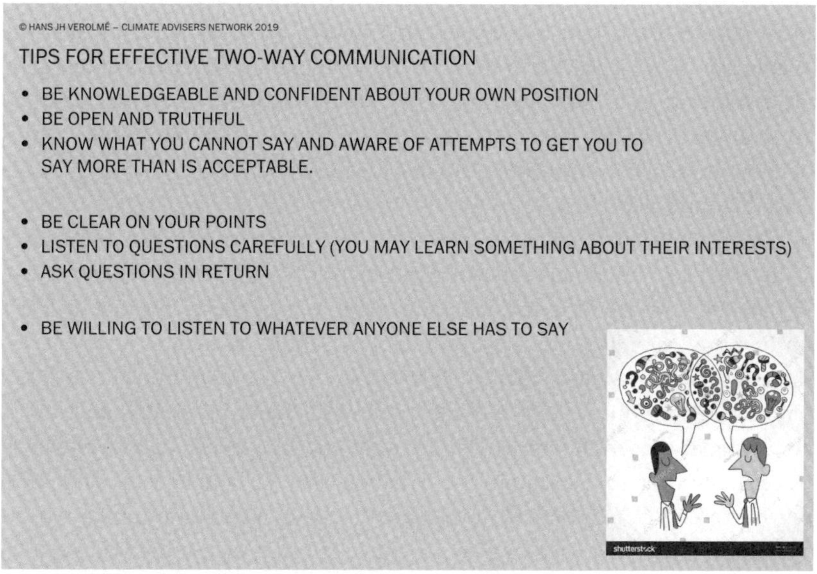

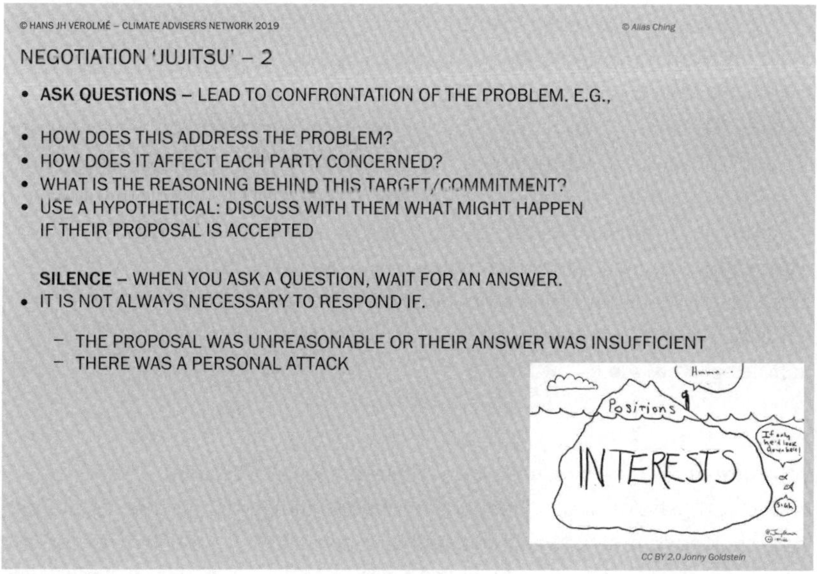

of Persuasion. Dort lernen sie, dass Verhandeln natürlich faktenbasiert ist, denn wir sind rationale Menschen. Und wir denken, dass wir in Beziehungen nicht auf der Basis von Emotionen entscheiden oder verhandeln. Aber die Wissenschaft zeigt mittlerweile, dass es neben den wichtigen Fakten ganz viele Aspekte in einem Kommunikationsprozess gibt, an denen deutlich wird, dass wir anders ticken als wir denken. Das ist ein interessantes Video, bei dem man erstaunt ist, wie groß der Einfluss irrationaler Aspekte auf das Entscheidungsverhalten ist.

Dann fragte ein Schüler, was geschieht, wenn sich einer gegen die Gruppe stellt, also kein Konsensus entsteht. Ein Video von den Klima-Verhandlungen in Bali 2007, wo ich sehr eng dabei war, zeigt, was passierte, als sich die USA im Plenum gegen den Konsens wandte. Die Schüler fanden es total interessant zu sehen, dass tatsächlich auch so ein großes Land am Ende keine Wahl hatte. Was dann in der realen Welt durch das Scheitern der Verhandlungen 2009 wieder eingeholt wurde. Danach kam eine Frage aus der Gruppe nach den Inhalten der Verhandlung. Damit haben wir uns dann befasst. Und wenn wir mehr Zeit gehabt hätten, dann wäre das Üben von Kommunikation für Verhandlungen sehr wichtig gewesen, gleichgültig welches die Inhalte sind. Am Nachmittag konzentrierten wir uns mehr auf das Pariser Abkommen, wie es zustande gekommen ist und wie es weiterläuft. Am Ende haben wir dann die Verhandlungsrunde vorbereitet. Das hat einen Riesenspaß gemacht. Da war natürlich ein Schüler dabei, der gedacht hatte, ich sage einfach kompletten Blödsinn. Der wurde dann innerhalb von wenigen Minuten von seinen Kollegen zurechtgebogen. Dann wurde klar, dass er in dem ganzen Prozess unterging. Ja, wenn er etwas von internationaler Diplomatie lernen möchte, dann muss er natürlich die Inhalte abstimmen können. Am Ende waren die Beispiele, die Geschichten, die ich erzählt habe, am wichtigsten. Das Lernen findet auf dieser Ebene statt. Einer der Jungs sagte am Schluss, ich habe bei den Inhalten nicht wirklich aufgepasst, aber jetzt, nach der Verhandlung, weiß ich es.

Verhandeln für eine bessere Welt – Resonanzen der Schüler

In den Freitextfeldern des Fragebogens haben einige Schüler Bezug auf den Workshop genommen: „Das Reden auf Englisch hat mich motiviert, wieder mutiger mit der Sprache umzugehen." „Es waren teilweise zu komplizierte englische Fachwörter, die nicht zu verstehen waren." „Die praktische Übung einer Verhandlung war sehr gut, weil wir nochmal hautnah erleben konnten, wie das Verhandeln in der Praxis tatsächlich ist." „Ich habe neue Dinge über mich selbst erfahren."

5.2.3 Externe Experten bereichern den Schulalltag

Nicht alle Themen und Inhalte, die sich die Schüler wünschen oder die für ihr (Schul-)Leben relevant erscheinen, können von Lehrkräften oder Eltern angeboten werden. Deshalb kooperiert die ESBZ mit verschiedenen externen Partnern. So gaben beispielsweise Studenten Einblick in ihr Studium und in ihr Studentenleben oder boten Kochkurse an. Ein von der ESBZ immer wieder angefragter professioneller externer Partner ist die gemeinnützige Bildungsinitiative *mehr als lernen* aus Berlin. Diese Initiative „[...] unterstützt (junge) Menschen mit kompetenzorientiertem Lehren und Lernen dabei, ihr eigenes Leben eigenverantwortlich und selbstbewusst zu gestalten und Verantwortung für eine demokratische und friedliche Gesellschaft zu übernehmen."[21] Mitglieder dieser Organisation boten Workshops zu folgenden Themen an: *Man kann nicht nicht kommunizieren, Was sind eigentlich meine persönlichen Stärken?, Lernen lernen oder Erwachsenwerden leicht gemacht: Durchblicke im Bürokratie-Dschungel.*

Neben dieser Zusammenarbeit haben sich im Laufe der Zeit zahlreiche Kooperationen mit weiteren externen Partnern und Personen entwickelt, so auch mit Leonard Reichmann, der nachfolgend von dem von ihm durchgeführten Workshop berichtet.

LAK-Meta-Schule
mit Leonard Reichmann

Über einen Arbeitskollegen in der Management Beratung HRpepper hatte Leonard Reichmann von der Möglichkeit erfahren, einen Workshop zu Lebens- und Arbeitskompetenzen an der ESBZ halten zu können. Da ihm die Schule bereits als Musterbeispiel aus *Reinventing Organizations*[22] bekannt war, hat er diese Chance sofort ergriffen. Erfahrung im Halten von Workshops hatte er durch die zum großen Teil workshopbasierte Arbeit bei HRpepper sowie durch Erfahrung als Trainer für Improvisationstheater und als Kursleiter im Philosophiestudium. Unterstützung bekam er bei der Vorbereitung von Julian Hetzmann, der als Berater bei HRpepper bereits LAK-Kurse gehalten hatte. In dem Interview mit Petra Ehrler kommuniziert Leonard Reichmann seine Intentionen und Erfahrungen.

---

21 Bildungsinitiative mehr als lernen e. V., www.mehralslernen.org/ (Abruf 16. 01. 2020).

22 Laloux, F.: Reinventing Organizations. Ein Leitfaden zur Gestaltung sinnstiftender Formen der Zusammenarbeit. München: Vahlen 2015.

Leonard Reichmann: Das Thema des Workshops ergab sich aus meinem Interesse für die Interaktion zwischen gegebenen Strukturen wie die einer Schule und selbstbestimmtem Leben. Während der Ankündigungstext noch auf Kompetenzen abzielte, habe ich während der Konzeption des Workshops das Themenfeld entsprechend des Untertitels ausgeweitet auf alles, was in der Schule unbewusst gelernt wird.

Die Zielsetzung war, Sozialisationsprozesse bewusst zu machen. Das langjährige Verweilen in einer schulspezifischen Normalität prägt nachhaltig, wie die Schülerinnen und Schüler andere Normalitäten wahrnehmen. Im Workshop wurde versucht, durch möglichst detailreiche Rekonstruktionen und Differenzierungen bestimmter Situationen herauszuarbeiten, auf wie vielschichtige Weise der Schulkontext unsere Persönlichkeiten prägt. Dabei sind die Hauptaufgaben der Kursleiter erstens, die Jugendlichen zu möglichst viel Konkretion in ihren Vorstellungen zu motivieren, und zweitens, darauf hinzuweisen, wie die vorgestellten Situationen jeweils anders hätten sein können. Letzterer Punkt ist zentral, um die Möglichkeit zu bieten, sich neben der rekonstruierten und beispielhaft festgehaltenen Normalität des Schulalltags andere Normalitäten vorzustellen. Ziel dabei war, Autonomie darüber zu erlangen, wie man die gegebene Normalität nach eigenen Maßstäben beurteilt. Denn man kann nur als gut oder schlecht bewerten, was man nicht für notwendig und unverrückbar, kurz für normal hält. Den Workshop habe ich zum ersten und bisher einzigen Mal an der ESBZ gehalten, mit 15 Teilnehmern zwischen 15 und 18 Jahren. Einige waren aufgrund von Losverfahren anwesend. Einen inhaltlichen Eindruck vermitteln die folgenden Ausschnitte aus dem Handout.

Sinn und Zweck des Workshops ist es, sich bewusst zu werden, dass eine Situation auch anders sein könnte und man nach Handlungen sucht, mit denen man seine eigene Prägung beeinflussen kann. Wenn Schülerinnen und Schüler zum Beispiel sagen, der Geschichtsunterricht sei viel zu eurozentrisch, wir lernen überhaupt nichts über Asien und Indien, dann muss uns das erstens auffallen, so dass wir zweitens etwas daran ändern können, indem wir zum Beispiel ein Projekt ins Leben rufen oder Gespräche mit den Lehrenden erfolgen. Die Jugendlichen haben jetzt eher soziale Kategorien für ihre Fragestellungen ausgewählt, also nicht die Themen Schulgelände oder Kulturgüter. In ihren Gruppen diskutierten sie nah am Thema, waren sehr konzentriert bei der Sache und bearbeiteten, was sie bewegt. Die Schülerinnen und Schüler können an derselben Schule ganz unterschiedlich geprägt werden. Wenn zum Beispiel jemand über Jahre hin ein Buch unter dem Tisch zum Spicken verwendet und damit immer durchkommt, dann kommt er oder sie mit einem völlig anderen Gerechtigkeitsverständnis aus

Abb. 5.8 Ankündigung LAK-Workshop Meta-Schule

<table>
<tr><td>Titel</td><td>Meta-Schule
Was wir gelernt haben, ohne es gelernt zu haben</td><td rowspan="4">
</td></tr>
<tr><td>Workshop-leiter*in:</td><td>Leonard Reichmann und
Julian Hetzmann</td></tr>
<tr><td>Teilnehmerzahl</td><td>Min.: 5
Max: 15</td></tr>
<tr><td>Datum & Uhrzeit</td><td>Mittwoch, 20.02.2019

11–16:00 Uhr (inkl. Mittagspause)</td></tr>
<tr><td>Kursinhalte & -ziele</td><td colspan="2">„Das brauchen wir doch nie wieder!“ – Jep, traurige Wahrheit. Zumindest die halbe. Die andere Hälfte ist aber vielleicht die interessantere: Welche Fähigkeiten haben wir trainiert, während wir uns in der Schule mit dem Satz des Pythagoras, dem vierhebigen Jambus oder Insektenmägen auseinandersetzen mussten? Wie haben wir in der Schule gelernt, auf Neues zu reagieren, welche Überzeugungen hat der Unterricht in uns festgesetzt, oder kurz – welche Denkmöglichkeiten und Denkhindernisse nehmen wir aus unserer Schulzeit mit? Wir laden ein zu einem Blick über den Tellerrand!</td></tr>
<tr><td>Anmerkungen/ Hinweise</td><td colspan="2"></td></tr>
</table>

der Schule als jemand, der sich in der zehnten Klasse zum ersten Mal traut, einen kleinen Spickzettel zu verwenden und gleich erwischt wird. Genau auf solche Situationen will ich hinaus. Weiter führen dann natürlich Fragen wie: Warum kommt man überhaupt dazu, spicken zu wollen? Warum ist das System Schule so etabliert und was könnte man vielleicht daran ändern? Wie müsste es aussehen, damit Jugendliche gar nicht auf die Idee kommen, Spickzettel zu schreiben, oder welche Wirkung hätte es, wenn Schülerinnen und Schüler offiziell solche Zettel mitnehmen würden und ein Teil der Leistung darin bestünde, wie sinnvoll sie diese Zettel gestaltet haben?

Abb. 5.9 Ausschnitte aus dem Handout zur Meta-Schule

Um die große Frage „Wie prägt mich die Schule?“ zu beantworten, bietet es sich an, sie in zwei Teile aufzuteilen.	
1. Wie prägt mich **die Schule?**	2. Wie prägt die Schule **mich?**
Bsp.: Wie prägt/prägen mich... • die Lehrinhalte? • die verwendeten Formate zur Wissensvermittlung? • das Verhalten der Lehrenden? • der Umgang zwischen Lehrenden, Schulleitung, Sekretariat und anderen Mitarbeitenden der Schule? • die Gestaltung des Schulgeländes und -gebäudes?	Bsp.: Wie prägt die Schule... • meine Wertebasis? • meine Wahrnehmung von Geschlechterrollen? • mein Selbstbild und meine wahrgenommene Selbstwirksamkeit? • mein Verhältnis zu Kulturgütern, wie Musik und Kunst? • meine Bewertung verschiedener Gesellschaften?

Durch Beispiele findest du schnell Zugang zu den einzelnen Kategorien
Wie prägt mich **die Schule?**

Wie prägt uns **der Umgang zwischen Lehrenden, Schulleitung, Sekretariat und Anderen in der Schule?**

Dieser Punkt ist ähnlich wie der vorige, bezieht sich aber vor allem auf den Umgang mit Hierarchie. Wenn eure Schulleitung etwas sagt, kuschen dann alle Lehrenden sofort, oder werden wichtige Entscheidungen unter allen LehrerInnen getroffen?
Bekommt man als SchülerIn mit, wie die Entscheidungen getroffen werden?
Gibt es Interaktionen zwischen Lehrern und Putzpersonal?
Wie läuft diese ab und welche soziale Wertung steht dahinter?
Wie seht ihr die Menschen im Sekretariat?
Hier gibt es viel zu entdecken!

Diese Verhältnisse, wie miteinander umgegangen wird, verändern sich meistens während der gesamten Schulzeit nicht. Es wird also als „normal“ wahrgenommen und nicht weiter beachtet. Genau hier passiert aber die stärkste, weil unauffälligste Prägung! Denn das, was an der Schule „normal“ ist, bewerten wir oft auch in der Gesellschaft und im weiteren Leben als „normal“.

Wie prägt die Schule **mich?**

Unsere Wertebasis wird vor allem durch unsere Eltern geprägt, aber auch durch unsere Mitschüler und durch die Kriterien, anhand derer wir bewertet werden. Die Schule ist die zentrale soziale Bewertungsinstanz unserer Gesellschaft, deshalb kommt ihr bei der Entwicklung unserer Werte eine tragende Rolle zu.

Habt ihr zum Beispiel jemals angezweifelt, dass intelligentere Menschen einen höheren Lohn bekommen sollten? Mit welchem Recht? Es ist reiner Zufall, mit welchem Intellekt man auf die Welt kommt. Wenn man nach dem Leistungsprinzip geht, das sich unsere Wirtschaft auf die Fahne schreibt, könnte man auch dafür argumentieren, dass diejenigen Personen, die sich am meisten anstrengen und aufopfern am meisten Geld bekommen sollten. Dass vielen Menschen dieser Gedanke fremd erscheint, kann unter anderem daran liegen, dass in der Schule fast ausschließlich Ergebnisse belohnt werden, ohne die Voraussetzungen und Anstrengungen der einzelnen miteinzubeziehen.

Meta-Schule – Resonanzen teilnehmender Schüler

Im Workshop stellten einige Schüler die Ergebnisse ihrer Gruppenarbeit vor. Sie hatten sich mit der Frage befasst: Wie prägen Mitschüler unser Selbstbewusstsein? Dabei nahmen sie vor allem Mobbing, Freundschaft und Lob in den Blick: „Wir haben uns dazu folgende Situation ausgedacht: Du wirst stark von deinen Klassenkameraden gemobbt, Freunde hast du nicht – bisschen hart, aber so kann es ja sein. Das führt dazu, dass du dich in deiner Klasse nicht mehr traust dich zu äußern, weil du Angst hast. Darunter leiden dann deine Noten und das hat im Großen gesehen ganz weite Auswirkungen auf dein ganzes Leben. In der zweiten Situation haben wir uns das Thema Freundschaft angeguckt: Du kommst in deinem Klassenraum und siehst deine Freunde, fühlst dich jeden Tag erwünscht, fühlst dich total geborgen und deine Freunde halten zu dir, auch wenn du mal etwas sagst, was nicht total richtig ist, dann kriegst du keine doofen Kommentare von deinen Freunden. Das führt dazu, dass dein Selbstbewusstsein gefördert wird, da dich keiner für schlechte Sachen verurteilt und du assoziierst Positives mit der Schule. Und ähnlich, wenn du Lob bekommst: Du kommst morgens in deine Klasse, wirst gelobt. Das Lob stärkt dich in deinem Selbstbewusstsein, du fühlst dich gut und wirst angeregt, deinen Weg so weiterzugehen, weil du so positiv bist. Mit wenig Selbstbewusstsein entwickelst du generell ein unsicheres Verhalten. Dadurch wird es schwieriger, neue Bekanntschaften zu finden und vielleicht ist es auch schwieriger einen Job zu finden, weil du gar keine Sicherheit ausstrahlst. Du stellst die Meinung von anderen über deine eigene Meinung. Unsere Frage war auch: Wie prägen Lehrer unser Verhalten? und Wie wirkt sich das auf unser Leben aus? Also präsentieren wir zwei Beispiele, ein negatives und ein positives. Unser negatives Beispiel: Da wurde uns zu Beginn des Unterrichts gesagt, dass alle Fragen, egal welche wir haben, jetzt nicht beantwortet werden. Das Fach war für viele von uns nicht das beste, und diese Aussage hat zu Verunsicherung geführt. Das ängstigt, wir sind dann noch mehr unter Druck, dass wir das wirklich verstehen müssen. Bei der zweiten Situation sprechen wir von einer Lehrerin, die eine sehr angenehme Präsenz hat. Und weil uns ihr Thema interessiert, hat die Begeisterung und die Stimmung im Raum zugenommen und es hat Spaß gemacht zu lernen. Gleichzeitig ist sie sehr gut organisiert und strahlt Selbstbewusstsein aus. Sie ist fröhlich und weiß, ich mach' hier einen Unterricht, den mögen die Leute. Da macht es uns sehr viel mehr Spaß hinzugehen und wir gehen aus dem Unterricht mit dem Gefühl, etwas gelernt zu haben."

Nach dem Workshop gaben weitere Schüler ihre Meinung zur Meta-Schule ab: „Es war faszinierend zu sehen, welchen Einfluss die Lehrer aber auch die Mitschüler auf uns haben. Das haben wir uns sonst nicht bewusst gemacht. Wir fanden den Kurs total gut, weil wir noch einmal eine ganz andere Sicht auf

Schule und Lehrer bekommen haben. Die Lehrer sind halt auch Menschen und haben ihre Fehler, sind eben keine Maschinen, die alles richtig machen. Heute haben wir auch reflektiert, welchen Einfluss unsere Schule auf uns hatte. Als ich beispielsweise an die ESBZ kam, war ich ein ganz schüchternes Mädchen, super schüchtern eben. Meine Tutorin hat mich dann über Jahre aufgebaut und so weiß ich jetzt, was ich kann. Da habe ich ein ganz anderes Selbstwertgefühl bekommen als früher. Ja, in unserer Schule wird ganz viel diskutiert und so habe ich gelernt, das zu vertreten, was mir wichtig ist, meine Meinung zu vertreten, auch wenn die anderen anderer Meinung sind."

5.3 LAK-Evaluationsergebnisse

Von April 2017 bis Juni 2019 wurden fünf Lebens- und Arbeitskompetenztage wissenschaftlich begleitet. LAK 1 und 2 waren eintägige und LAK 3 bis 5 zweitägige Veranstaltungen, welche sich an die Jahrgänge 11–13 richteten. Vom 2. Halbjahr 2016/17 bis zum 2. Halbjahr 2018/19 haben die Jugendlichen aus der Jahrgangsstufe 11 dreimal, aus der Jahrgangsstufe 12 viermal und aus der Jahrgangsstufe 13 einmal an einem LAK teilgenommen. Die Schüler konnten somit maximal zweimal an einem LAK teilnehmen.

Wie aus der Tabelle 5.1 ersichtlich ist, wurden in den fünf LAK-Veranstaltungen 131 Workshops durchgeführt – 103 als Kurzworkshop mit 2 bis 3 Zeitstunden und 28 als Langworkshop mit 4 bis 5,5 Zeitstunden. Sie wurden von 147 Personen verantwortet beziehungsweise geleitet, und zwar von 64 Pädagogen aus der ESBZ, von 34 Eltern und von 49 Externen. Insgesamt haben 781 Schüler aus den drei Jahrgangsstufen teilgenommen. Pro LAK-Veranstaltung konnten sie aus mehreren Themen bis zu drei Kurse wählen. Auf den Teilnehmerlisten sind somit 1 915 Jugendliche registriert. Aus der Tabelle geht hervor, wie hoch die Rücklaufquote aus der Online-Befragung ist und wie sich die Interviews auf die einzelnen LAKs über die Jahre verteilen.

Das 5. LAK, das letzte im Evaluationszeitraum, hat am 20. und 21. Februar 2019 stattgefunden. Die teilnehmenden Jugendlichen der 11. und 12. Jahrgangsstufe konnten aus einem Angebot von insgesamt 38 Workshops wählen. Die 13 Kurse des ersten Tages waren fünfstündig angelegte Ganztagsveranstaltungen, inklusive 60 Minuten Pause, die 25 des zweiten Tages waren jeweils dreistündige Halbtagsveranstaltungen. Entsprechend konnten die 193 Schüler der beiden Jahrgänge je drei Workshops wählen. Nichtwählende wurden freien Gruppen zugeteilt. Insgesamt 40 Lehrkräfte haben unterrichtet. Bei der Online-Befragung haben 106 Schüler aus Jahrgang 11 und

Tab. 5.1 LAK-Teilnehmer und -Interviews, Rückläufe zum Online-Fragebogen

	LAK 1 Eintägig	LAK 2 Eintägig	LAK 3 Zweitägig	LAK 4 Zweitägig	LAK 5 Zweitägig	LAK 1–5
Jahrgang	12	11–13	12	11	11+12	11–13
Schuljahr	2016/17	2017/18	2017/18	2018/19	2018/19	2016–2019
Anzahl Kurse	15	38	20	20	38	131
Anzahl Schüler	98	293	104	93	193	781
Anzahl Kursteilnehmer (TN)	196	582	304	254	579	1 915
Anzahl Lehrkräfte	17	45	24	21	40	147
Rücklauf Fragebogen Schüler	71 %	51 %	[illegible]2 %	50 %	34 %	46 %
Rücklauf Fragebogen Lehrkräfte	92 %	61 %	[illegible]0 %	81 %	58 %	65 %
Anzahl Interviews	7	15	13	4	3	42

93 aus Jahrgang 12 gültige Fragebogen abgegeben, was einer Rücklaufquote von 34,4 % entspricht. Von den Lehrkräften konnten 23 gültige Fragebogen ausgewertet werden, dies entspricht einer Rücklaufquote von 57,5 %.

5.3.1 Themenwahl und Themenwünsche

Die Schüler an der ESBZ haben das LAK-Format mitentwickelt, indem sie offen über ihre Wünsche und Bedürfnisse sprachen und Einblick in ihre Welt auch außerhalb des Schulalltags gewährten. Neben Fragen zu lebenspraktischen Dingen, zur Welt der Erwachsenen, zur Berufsorientierung oder zur Bewältigung von Nöten und Ängsten im schulischen Alltag wurden auch Wünsche zu weiteren Interessensgebieten gesammelt. Durch wiederholtes Abfragen der Themenwünsche nach jedem LAK zur Vorbereitung auf das kommende konnten neue Felder beziehungsweise Schwerpunkte ausgelotet und angeboten werden. Zudem ist es dem NOS-Team stets gelungen, geeignete Referenten für die vielfältigen Kompetenzbereiche zu finden, um mit ihnen attraktive Workshopangebote zu organisieren.

Ob und inwieweit die Themen des 5. LAKs das Interesse der Schüler getroffen beziehungsweise geweckt haben, wurde gemäß Abbildung 5.10 beantwortet. Für 90 % der Jugendlichen ist das Themenangebot bei LAK 5 ausschlaggebend dafür gewesen, den Workshop zu wählen (62 % trifft voll zu; 28 % trifft eher zu; 9 % trifft eher nicht/gar nicht zu). 22 % wählen LAK 5 hingegen auch wegen der teilnehmenden Mitschüler (5 % trifft voll zu; 17 % trifft eher zu). Nur 9 % geben an, den Workshop auch wegen der Lehrkraft gewählt zu haben (3 % trifft voll zu; 6 % trifft eher zu).

In Abb. 5.11 sind die vergleichenden Mittelwerte zur Frage nach den Wahlmotiven der Schüler von LAK 2–LAK 5 ausgewiesen. Die Mittelwerte zeigen, dass das Wahlverhalten der Jugendlichen in LAK 2 bis 5 vergleichbar ist: Stets ist das Themenangebot von vorrangiger Bedeutung. Im Projektverlauf verlieren sowohl die Lehrkraft als auch die Mitschüler als Wahlmotiv deutlich an Bedeutung.

Eine Schülerin äußerte sich zur Themenauswahl: „Es wurden Themen behandelt, die sonst in den Rahmenlehrplänen keinen Platz finden, die aber eigentlich alltagsnäher und teilweise für einen selbst viel wichtiger sind wie beispielsweise die Frage, was wir eigentlich brauchen, um glücklich zu sein, [...] oder Fragen zu Steuer, Steuerecht und anderen Skills, die im individuellen Alltag praktisch sind.“ Weitere Aussagen dazu wie folgt: „Themen, die überhaupt nicht schulrelevant, curriculumsrelevant sind, sind wahnsinnig wichtig für das Leben nach der Schule. Diese müssen also in viel größerem

Abb. 5.10 Wahlmotive der Schüler bei LAK 5 (in %)*

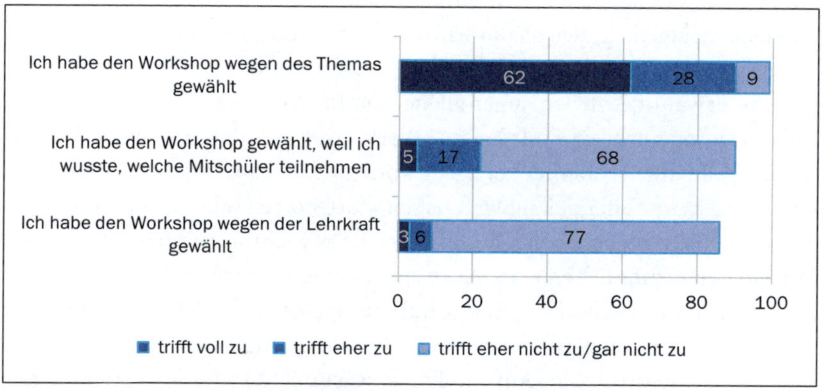

* Die fehlenden Abschnitte der Balkensummen zur 100-Prozent-Marke entsprechen dem jeweiligen Anteil derjenigen, die diese Frage nicht beantwortet haben.

Abb. 5.11 Wahlmotive der Schüler zu LAK 2 bis 5 (Mittelwerte)

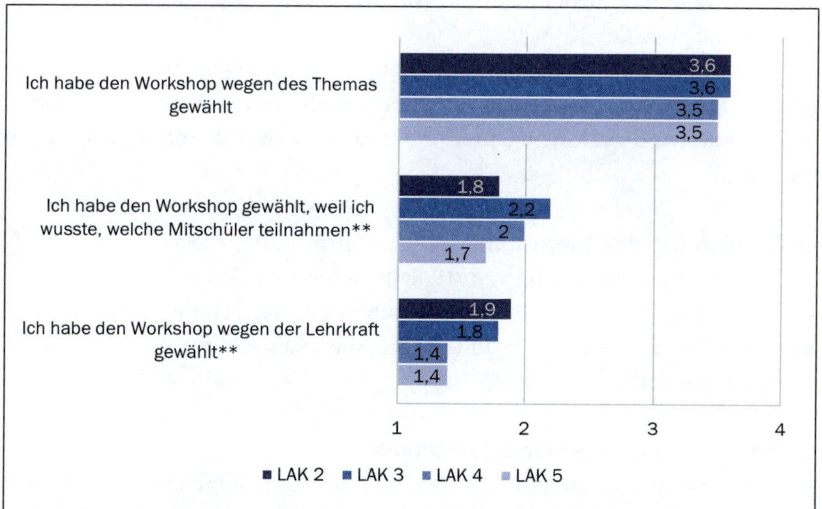

1 = trifft gar nicht zu bis 4 = trifft voll zu; ** = sehr signifikant mit $p < 0,01$

Maße in den Unterricht integriert werden." „Was ich dieses Mal ganz gut fand ist, dass es so viele Auswahlmöglichkeiten gab. Am Anfang dachte ich ‚So naja, mal gucken, wie das so wird', aber ich fand es am Ende wirklich viel besser als erwartet. Ich fand es ziemlich toll."

Wie erwähnt, wurden Jugendliche, die in Vorbereitung der LAK-Tage nicht termingerecht gewählt hatten, Workshops zugeteilt, in denen die maximale Teilnehmerzahl nicht erreicht worden war. Dabei war zu beobachten, dass sie sich dort eher gelangweilt haben, dort störten oder dass sie den Kursen vermehrt ferngeblieben sind. Insofern ist es wichtig, mit den Schülern im Vorfeld den persönlichen Kontakt zu suchen und sie zur Wahl zu motivieren. In einem Interview machte eine Schülerin nach LAK 2 deutlich, dass auch im Erleben der Umstände, die durch eine Zuteilung entstehen, ein heilsamer Prozess liegen kann. Auf die Frage, warum sie keine LAK-Workshops gewählt habe, antwortete sie: „Die Faulheit, einfach die Faulheit, ich hab's einfach verpeilt. [...] Ich kenn' ein paar, die sich schlichtweg nicht darum gekümmert haben. Danach beschweren sie sich, dass die Kurse doof sind, aber das ist dann die eigene Schuld. Mir würde es leichter fallen, wenn die Lehrer in die Klassen kommen und uns erinnern würden – aber wir sind ja Oberstufe, da ist es ja nicht mehr möglich, dass wir als Klasse gemeinsam wählen, alle einen Zettel bekommen und wählen. Das müssten wir jetzt schon selbst hinkriegen, denn später ist ja auch niemand da [...] Als ich zugeteilt wurde, war es dann das, was ich bekommen habe. Damit muss ich dann leben und werde nächstes Mal vielleicht wählen, um was Besseres zu bekommen." Und auf Nachfrage, wie sie denn das nächste Mal vorgehen würde, antwortete sie lachend: „Ich wähle!"

Die durchgeführte Online-Befragung bot den Jugendlichen die Möglichkeit, neue Themenwünsche zu nennen. Mehr als die Hälfte der Antwortenden nutzten diese Chance und präsentierten folgende Interessensgebiete (Auszug):

im Bereich Fachkompetenzen

- Technische Entwicklung vom 19. Jahrhundert bis heute
- Mehr sportliche Angebote, das kommt in unserer Schule oft zu kurz
- Grundlagen von Chemie und Mathe, was man schon verlernt hat, aber später braucht.

im Bereich Lernstrategien und -techniken

- Wie lerne ich effizient; Methoden für das regelmäßige und konsequente Lernen

im Bereich Lebenspraxis

- Klimaneutral leben; Umgang mit Klimawandel, nachhaltig und günstig leben
- Leben mit wenig Müll, Selbstversorger sein
- Erneuerbare Energien, alternative Antriebe für Auto, Bus, LKW etc.
- Upcycling, Fair Fashion
- Alles zum Umgang mit Geld, Aktien, Steuererklärung
- Reisen nach dem Abi, Visum, Freiwilligendienst
- Minijobs, Nebenjobs, Studentenjobs, Kindergeld und andere Lebensfinanzierungsmöglichkeiten direkt nach der Schule
- Sozial engagieren in Berlin – Möglichkeiten
- Umgang mit Social Media

im Bereich Fertigkeiten

- Kampfsport, Pedalo fahren
- Interpretative Zeichenkunst
- Schweißen
- Kochen für Backpacker
- Depressionen, Stressbewältigungsmethoden
- Erste Hilfe
- Politische Diskussionen; Politik für Anfänger; Moderation, Debatte

im Bereich Werte

- Buddhismus
- Was dürfen Polizisten und was nicht? Was sind unsere Rechte und ab wann überschreiten Polizisten die rechtlichen Grenzen, ohne dass wir es wissen?
- Ungewöhnliche Lebensläufe.

Die Auswahl aus den Nennungen der Schülerinnen und Schüler spiegelt über alle LAKs hinweg die breite Fächerung der Wunschthemen, vornehmlich in den Bereichen Lebenspraxis und Fertigkeiten.

5.3.2 Qualität und Leistungsniveau

Die LAK-Workshops wurden nicht nur von Lehrkräften der ESBZ geleitet, sondern auch von Eltern und Externen, die zwar fachliche aber nicht notwendigerweise auch pädagogische Kompetenzen mitbringen. Deshalb wurde online auch danach gefragt, inwieweit der LAK-Unterricht interessant und

Abb. 5.12 Kursbewertung der Schüler zu LAK 5 (in %)

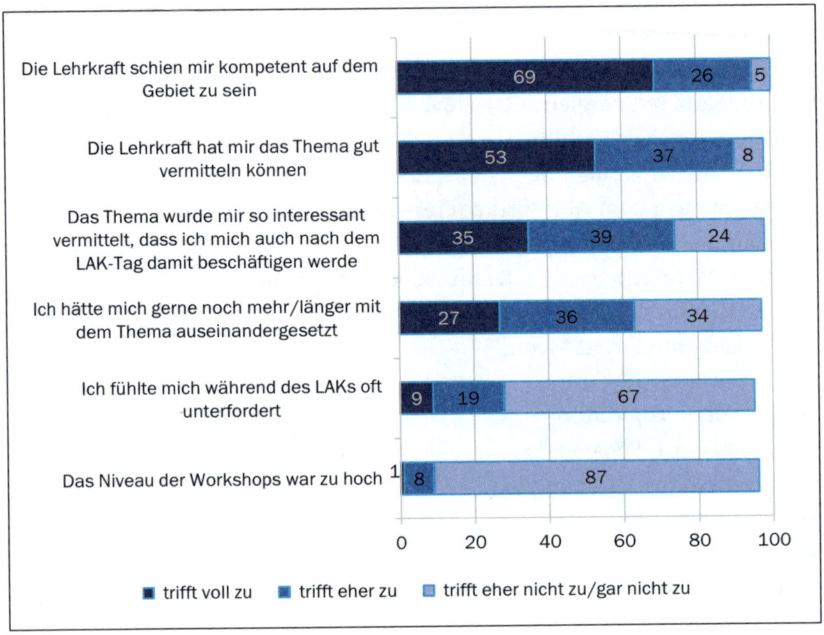

schülernah gestaltet war und ob er dem Leistungsniveau der Schüler entsprochen hat. Die Befunde sind in Abb. 5.12 dargestellt.

95 % der Jugendlichen attestieren den Lehrenden, also den Lehrern, Eltern und Externen, ein hohes Maß an fachlicher Kompetenz (69 % trifft voll zu; 26 % trifft eher zu; 5 % trifft eher nicht/gar nicht zu). 90 % geben zudem zu verstehen, dass die Leiter der LAK-Workshops die Unterrichtsinhalte gut vermitteln können (53 % trifft voll zu; 37 % trifft eher zu; 8 % trifft eher nicht/gar nicht zu). Etwa zwei Drittel der Schüler finden die Inhalte der LAK-Tage so interessant, dass sie sich nach eigenem Bekunden auch danach weiter damit beschäftigen wollen. 28 % der Jugendlichen geben an, sich während des LAK-Workshops unterfordert zu fühlen (9 % trifft voll zu; 19 % trifft eher zu; 67 % trifft eher nicht/gar nicht zu), nur 9 % eher überfordert (1 % trifft voll zu; 8 % trifft eher zu; 87 % trifft eher nicht/gar nicht zu).

Die Mittelwerte weisen über alle LAKs hinweg eine große Konstanz auf, obwohl die Workshops inhaltlich unterschiedlich waren. Sie lassen erkennen, dass die meisten Lehrenden während der gesamten Entwicklungsphase als fachlich kompetent wahrgenommen worden sind und es ihnen gelungen ist, den Schülern die Unterrichtsinhalte in überzeugender Art und Weise zu vermitteln, auch wenn in den Freitextfeldern des Fragebogens einige wenige Schüler über mangelnde methodische und didaktische Kompetenzen einzelner Referenten berichtet haben. Zum Anforderungsniveau ist zu bemerken, dass sich von LAK 2 bis LAK 5 signifikant mehr Schüler unterfordert fühlten.

Schüler haben im Interview besonders externe Fachkräfte und Eltern hervorgehoben, die Einblicke in ihr Fachgebiet und in ihren beruflichen Alltag gewährt hatten, was ihr eigenes Lernen besonders bereichert und gefördert hat: „Die externen Experten kennen sich wirklich aus und haben ihre Themen ansprechend vorgestellt, außerdem hatten sie Material dabei, das mir sehr weitergeholfen hat." Des Weiteren schätzten sie die authentischen Erfahrungsberichte und die Art, wie die Themen präsentiert wurden: „Der Lehrer strahlte eine Gelassenheit aus, die mich entspannt hat und mich so besser lernen ließ"; „Auf meine Fragen wurde direkt eingegangen! Die externe Lehrerin hat uns als erwachsen und kompetent angesehen und so mit uns geredet. Ich habe viel dazu gelernt, aber vor allem Motivation bekommen, mich besser zu organisieren."

5.3.3 Lerneffekte und Resonanzen der Schüler

Wie beurteilten die Jugendlichen das Lernen im LAK? Konnten sie aus den Workshops, die schulische oder lebenspraktische Themen behandelten, etwas für ihren Alltag mitnehmen? Die Antworten der befragten Jugendlichen in Abb. 5.13 lassen darauf schließen, dass sich das Modul *Lebens- und Arbeitskompetenzen* im schulischen Alltag der Neuen Oberstufe der ESBZ mehr als bewährt hat und für die meisten Schüler persönlich bereichernd ist. Zwei Drittel geben zu verstehen, dass ihnen das Lernen in den LAK-Kursen Freude bereitet (29 % trifft voll zu; 46 % trifft eher zu), und 69 % haben in den LAKs nach eigenen Angaben viel dazu gelernt (27 % trifft voll zu; 42 % trifft eher zu). Die überwiegende Mehrzahl (84 %) kann das Gelernte gut in den Lebensalltag integrieren (44 % trifft voll zu; 40 % trifft eher zu). Auch die Mittelwerte zu den genannten Items Lernzuwachs, Integrationsmöglichkeit des Gelernten in den Alltag, persönliche Bereicherung und Lernen mit Freude weisen auf eine gleichbleibend hohe Zustimmung bei LAK 2 bis 5 hin.

Eine Schülerin antwortete auf die Interview-Frage, wie viel sie im LAK gelernt habe: „Auf einer Skala von 1 bis 10 sage ich neun. Einen ganz kleinen Teil wusste ich schon, aber der Rest war neu für mich und das fand ich echt spannend." Ein weiterer Schüler äußerte sich dazu spontan: „Alles war toll! Es wurde gut rübergebracht und hat eigentlich allen Spaß gemacht!" Bei der Online-Befragung beziehen sich die meisten Antworten der Jugendlichen auf

Abb. 5.13 Lerneffekte und Resonanzen der Schüler aus LAK 5 (in %)

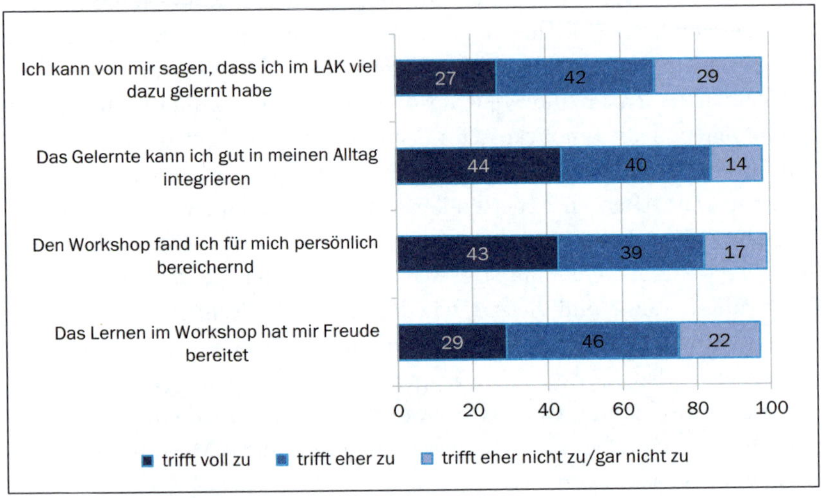

die offene Frage: „Was hat sich beim Lebens- und Arbeitskompetenztag für dich als positiv herausgestellt und warum?" auf lebenspraktische Dinge, gefolgt von schulischen Themen. Im Folgenden eine Auswahl:

aus dem Bereich Lebenspraxis

- „Der Workshop zum Umgang mit Geld war super, weil das für viele in unserem Alter sehr spannend ist."
- „Es war besonders positiv, etwas Praktisches zu lernen, wie eine Bohrmaschine zu benutzen, weil ich damit keine Erfahrungen hatte, aber denke, dass mir das Gelernte nützlich sein wird."
- „Ich kann jetzt meine Steuererklärung schreiben."
- „Ich habe viel übers Backpacken gelernt und Lust auf eine eigene Reise nach dem Abi bekommen."
- „Ich kann jetzt ein Buch binden. Das ist cool, I guess."
- „Es war keine typische Drogenprävention, in der jemand dir sagt, dass alle Drogen scheiße sind, sondern eine in der wir vieles über die Drogen gelernt haben, sowohl die guten als auch die schlechten Dinge."
- „Ich hab' Neues übers Mietrecht erfahren, mit dem ich andern weiterhelfen konnte."
- „Mir wurden meine Fragen zu Versicherungen und Arbeitsverträgen beantwortet."
- „Ich weiß jetzt, wie ich meine neue Geschäftsidee realisieren kann."

- „Ich habe neue Ideen für die Vorbereitung aufs Studium und auf die Studiumssuche bekommen. Das Lebenslaufschreiben war toll."

aus den Bereichen Fachkompetenzen und Lernstrategien & -techniken

- „Ich habe neue Einstellungen des Taschenrechners kennengelernt."
- „Hab viel über die schriftliche Prüfung in Chemie gelernt."
- „Ich habe nun eine Vorstellung davon, wie eine Abiturprüfung aussehen kann. Jetzt weiß ich, was auf mich zukommen wird."
- „Durch systematisches Vorgehen und Abarbeiten können große, unüberwindbar scheinende Aufgaben bewältigt werden."
- „Lernen mit Zeit und Prokrastination umzugehen."
- „Meditation – ein guter Ausgleich zum oft stressigen Schulalltag."

Ein Dreizehntklässler gab im Interview zu verstehen: „Gerade vor dem Abitur lohnt es sich, Kommaregeln aufzufrischen. Das hat auf jeden Fall viel gebracht. Ich kann jetzt nicht sagen, dass ich jedes Komma perfekt setzen kann, aber auf jeden Fall habe ich mich dadurch verbessert. Auf jeden Fall ein voller Erfolg."

Ein Schüler *äußerte* im Interview zum Workshop *Meine erste eigene Wohnung:* „Es gab drei Grundthemen, wie man richtig die Wände streicht, dann noch, wie man richtig Holz einölt, damit es unter widrigen Wetterbedingungen nicht kaputt geht, und über den Umgang mit Strom, also Kabel verbinden und so was. Also das mit Strom konnte ich schon, aber der Rest, den konnte ich tatsächlich noch nicht. Jetzt bin ich auf jeden Fall ein Stückchen weiter, war alles ziemlich interessant. Wenn ich irgendwann mal eine eigene Wohnung habe, dann werde ich mich bestimmt an ein paar Techniken davon erinnern."

Zum LAK *Visualisierungstechniken äußerte sich* ein Schüler wie folgt: „Ich finde es relativ praktisch, dass Visualisierung angeboten wird, weil ich in meinen Kursen in der Oberstufe öfter mal die Aufgabe kriege, relativ komplexe Texte zu lesen und dann visuell darzustellen, um es anderen Mitschülern zu erklären. Und mir fällt es schwer, irgendwie da Vielseitigkeit reinzubringen und nicht nur alles so aufzumalen, wie es im Text steht. Deswegen bin ich in diesen Kurs gegangen, um das zu üben und vielleicht auch neue Eindrücke zu kriegen, wie ich das übersichtlicher gestalten kann. Bis jetzt gefällt mir der Kurs auf jeden Fall sehr gut und ich lerne viel."

Die neuen Erkenntnisse aus dem Workshop *Körpersprache* werden für den kommenden Auslandsaufenthalt wertvoll sein, erhoffte sich eine Schülerin im Interview: „Das bringt mir was in der Kommunikation mit fremden Leuten, wenn ich Leute noch nicht einschätzen kann, dann ist es ganz gut zu wissen, wie sie sich mir gegenüber fühlen. Und vor allen Dingen für *Alle ins Ausland,* wenn ich in ein Land gehe, in dem ich die Sprache nicht wirklich kann, dass ich dann ein bisschen über Körpersprache gucken kann. Wie verstehe ich mich gerade mit dem anderen? Sind wir auf einem ähnlichen Level? Oder möchte mein Gegenüber einfach nur weg?"

Weitere Stimmen zu den LAK-Workshops *Nähwerkstatt, Selbstorganisation, Verhandeln für eine bessere Welt, Meta-Schule,* sind den Beispielen direkt zugeordnet und in Kapitel 5.2.1 bis 5.2.3 nachlesbar.

In den Freitextfeldern der Online-Befragung haben die Jugendlichen die besondere Art des Lernens positiv akzentuiert, vor allem das gemeinsame, jahrgangsübergreifende Arbeiten. Die damit verbundene besondere Arbeitsatmosphäre hat vielfach Begeisterung ausgelöst, wie nachstehende Zitate zeigen:

- „Der Umgang untereinander und die Lernbereitschaft aller Anwesenden! Das präzise Konzentrieren auf ein Thema."
- „Ich konnte mich mit etwas beschäftigen, was mich wirklich interessiert."
- „Ich konnte frei von Konkurrenzdruck lernen."
- „Die Zusammenarbeit in der Klasse war hervorragend. Mal mit anderen Leuten Unterricht zu haben war toll! Ich habe viel Neues gelernt und hatte dabei Spaß."
- „Gute Stimmung und interessante Gespräche, tolle Lehrkraft, offene Kommunikation und sehr offene Atmosphäre. Tolles Themenangebot!"
- „Die ruhige und entspannte Arbeitsatmosphäre und die Gruppengröße, dadurch fühlte ich mich nicht gestresst/gestört und konnte gut arbeiten."
- „Es wurde in wenig Zeit viel Wissen vermittelt, sehr effektiv."

Die Online-Frage: „In welchen Bereichen sind deine Erwartungen enttäuscht worden?" wurde von nur wenigen Schülern beantwortet. Neben der Diskrepanz zwischen Ankündigungstext und Unterrichtsinhalt wurden beispielsweise ein eher niedriges fachliches Workshop-Niveau, die fehlende Möglichkeit zur Vertiefung oder eine zu theoretische Betrachtung des Themas genannt. Gelegentlich fehlte es den Schülern an Zeit zum selbständigen Arbeiten. Organisatorisch wurden immer wieder die mangelnde Pünktlichkeit einzelner Mitschüler und die schlecht geplanten Pausen angeführt. Nur vereinzelt wurde das LAK-Format als solches kritisiert beispielsweise mit dem Hinweis: „Normaler Unterricht wäre angenehm. Wie soll ich mich bitte auf mein Abi vorbereiten, wenn ich so meine Zeit verschwende?"

5.3.4 Bewertung durch die Lehrkräfte

Die Lehrkräfte, Eltern und externe Referenten wurden über den Online-Fragebogen zur Organisation der LAKs befragt und um eine Selbsteinschätzung ihres Unterrichts gebeten. Die Antworten der Lehrenden aus LAK 5 sind in Abb. 5.14 dargestellt. Aus ihrer Sicht ist das LAK-Format sehr gut geeignet, um schulische ebenso wie lebenspraktische Themen anzubieten und mit den Schülern zu bearbeiten. Etwa 91 % können nach eigenen Angaben ihren Zeitplan innerhalb des LAK-Workshops gut einhalten (39 % trifft voll zu; 52 % trifft eher zu; 9 % trifft eher nicht/gar nicht zu), 43 % würden gerne mehr Zeit zur Verfügung haben; für 52 % ist der vorgegebene Zeitrahmen gut bemessen. Nach eigener Einschätzung wählen 96 % der Unterrichtenden angemessene Methoden zur Vermittlung des jeweiligen Themas und 95 % bestätigen, dass die Jugendlichen am Thema interessiert sind. 96 % der Lehrkräfte, Eltern und externen Referenten sind mit der Organisation seitens der Schule zufrieden (83 % trifft voll zu; 13 % trifft eher zu, 4 % trifft eher nicht/

Abb. 5.14 Kursbewertung der Lehrkräfte zu LAK 5 (in %)

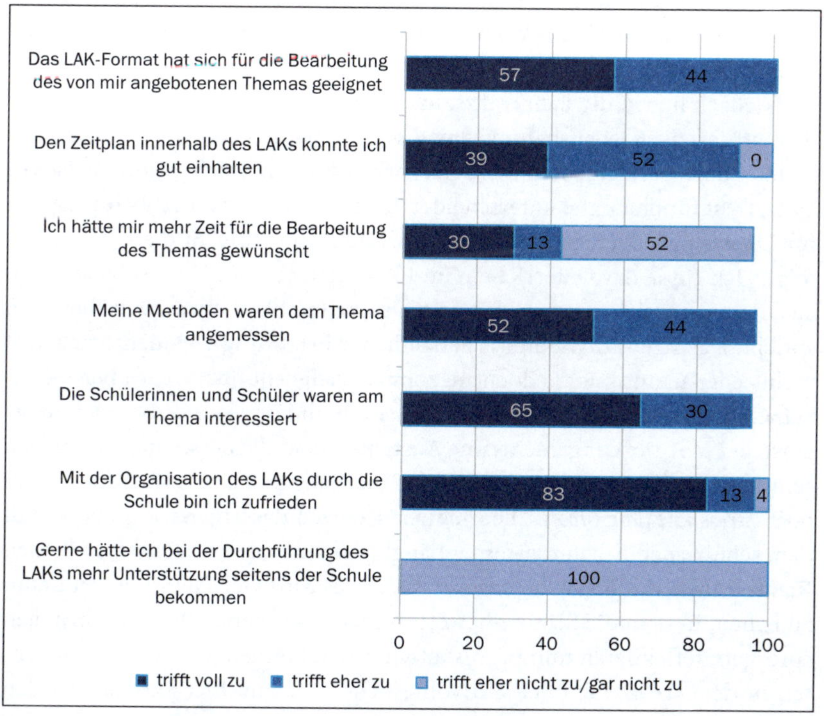

gar nicht zu). Besonders bewährt hat sich in diesem Zusammenhang, dass die Zuständigkeit für die Organisation der LAK-Tage auf eine Lehrkraft der ESBZ hauptverantwortlich übergegangen ist. Ein Vergleich der Mittelwerte von LAK 2 bis 5 zeigt keine signifikanten Unterschiede.

Auf die Frage, welche Vorteile die Lehrkräfte in dem LAK-Format sehen, wurden vor allem folgende Aspekte genannt (Auszug):

- die Vielfalt in der Auswahl aus philosophischen, kognitiv fachlichen, sportlichen, berufsorientierenden, lebenspraktischen Workshops,
- die Mischung aus schulischen und außerschulischen Themen und solchen, die sonst keinen angemessenen Platz finden,
- die Freiwilligkeit im Lernen, wodurch eine persönliche Interessensebene entsteht,
- dass Schüler eigene Erfahrungen einbringen können,
- der hohe lebenspraktische Bezug,
- die kleinen Gruppengrößen.

In den Interviews haben die Lehrkräfte das große Interesse der Schüler an den Inhalten und die damit verbundene hohe Lernbereitschaft hervorgehoben: „Ich fand das tatsächlich ganz besonders gut, weil diejenigen dort hinkamen, die genau das Thema wollten, die ein Ziel hatten: Ich kann keine Noten lesen, ich möchte hier rausgehen und Noten lesen können."

Vielfach haben die Lehrkräfte zudem ihre veränderte Rolle als Lehrende thematisiert, weil lebensnahe Themen berühren und beim Unterrichten eine andere, eine persönlichere Seite hervorbringen, was sich vom klassischen Unterricht fundamental unterscheidet. Johannes Lösch ist Fachbereichsleiter für Deutsch an der Oberstufe der ESBZ und unterstreicht diese These wie folgt: „Ich finde das Unterrichten im LAK relativ persönlich. Es bleibt nicht aus, dass man sich zeigt, dass man sich hineingibt in etwas, worüber man spricht. Das streift den Bereich persönlicher Erfahrung viel mehr; vielleicht nicht jedermanns Sache, doch man muss vielleicht auch mal über seinen Schatten springen. Aber ich finde, es ist ein anderes Klima, das sich dabei einstellt." Wie tief der gemeinsame Austausch über die persönlichen Themen sein kann, zeigen Auszüge aus einem Interview mit ihm zum LAK *Immer noch Stress mit dem Stress:* „Die Schüler schätzen das Thema, das massiv mit dem schulischen Alltag zusammenhängt, was normalerweise aber gar keinen Raum findet. Und ich habe das Gefühl, das es ganz wertvoll ist, einen Raum zu haben, in dem die Schüler bewertungsfrei über persönliche Erfahrungen sprechen, reflektieren und in Austausch gehen können. [...] Das Unterrichten in der Art ist für mich ein völlig neues Terrain, hier verlasse ich den normalen Schüler-Lehrer-Kontext. Es ist nochmal eine andere Rolle, die ich da innehabe. Es geht mehr um persönliche Erfahrung. Dazu braucht es eine gute Atmosphäre. Das spielt im Unterricht zwar auch eine große Rolle, aber da ist meine Rolle als Lehrer ganz stark durch die Bewertung vorgegeben. Da finde ich es befreiend, dass es hier wegfällt, dass wir uns mehr menschlich begegnen. Es ist ein bewertungsfreier Raum und da ist jeder offen. Die Schüler waren erstaunlich offen und gesprächsbereit, obwohl es eine Gruppe war, die zum ersten Mal so zusammengekommen ist. Die Stressthemen der Jugendlichen waren Prüfungsangst, Prüfungsdruck, Anforderungen an sich selbst, Erwartungen – das wurde ganz oft genannt. Wir haben uns hauptsächlich über den schulischen Bereich unterhalten, ganz oft über das Thema Noten. Rund um diese Benotung tritt ziemlich viel Stress für die Schüler auf. Und Gehirnpsychologen sagen, dass wir im Zustand entspannter Wachheit am besten lernen. Es ist nachgewiesen, dass wir nur einen Bruchteil der Gehirnfunktion nutzen können, wenn wir unter Stress stehen. Denn dann geht es um Kampf oder Flucht, ums Überleben und nicht um Problemlösung. Wir sollten uns fragen, inwiefern wir gehirnphysiologisch sinnvolle Arbeit in der Schule leisten. Und ich finde es erschreckend, welche Stresssymptome die Schüler äußern. Schlaflosigkeit, Rückenschmerzen, Migräne, so eine beständige Übelkeit, Ruhelosigkeit. Von daher finde ich total wichtig, dass mehr Raum ist für Selbstkompetenz, für Lebenskompetenz, damit wir die ganzen negativen Effekte, die das Schulsystem produziert, irgendwie abfangen und einen Umgang damit lernen."

Das Unterrichten in diesem Format kann Lehrende fordern, aber auch begeistern, wie es eine Lehrerin zum Ausdruck bringt: „Gerade durch das andere Format, indem ich eben keinen Grundkurs unterrichte, sondern dadurch, dass andere Inhalte mit dazukommen oder dass ich völlig aus dem Fachrahmen heraus etwas anderes besprechen kann, dass macht, dass ich diese Begeisterung wieder erlebe, die Begeisterung am Unterrichten selbst."

5.3.5 Zusammenfassung

Das neue Oberstufenformat *Lebens- und Arbeitskompetenzen* ist ein pädagogisches Konzept, das von Lehrkräften, Schülern und Eltern der ESBZ gemeinsam entwickelt wurde. Von April 2017 bis Juli 2019 ist es in der Neuen Oberstufe regelmäßig durchgeführt, wissenschaftlich begleitet und evaluiert worden. Die als feste Unterrichtseinheit an der ESBZ etablierten LAK-Tage finden einmal im Schulhalbjahr statt und sind verpflichtend für alle Schüler. Folgende Aspekte tragen wesentlich zum Gelingen dieses neuen Lernmoduls bei:

Der partizipative Prozess zur Themenfindung der Workshops hat sich bewährt. Die Jugendlichen können ihre persönlichen Interessen einbringen, sie können sagen, was sie lernen möchten und was für ihren schulischen Erfolg von Nutzen ist und so an der inhaltlichen Gestaltung weiterer LAKs mitarbeiten. Über alle LAKs hinweg spiegeln die Wünsche der Schülerinnen und Schüler eine große Interessensweite, vornehmlich in den Bereichen Lebenspraxis und Fertigkeiten. Für 90 % der Lernenden ist das Themenangebot ausschlaggebend für die Seminarwahl.

In den drei- beziehungsweise sechsstündigen Workshops unterrichten nicht nur Lehrkräfte der ESBZ, sondern auch Eltern, die ihre berufliche Expertise einbringen, und externe Experten, die neben der Theorie große Erfahrungsschätze aus der Praxis präsentieren. Damit können die Schüler Einblick in die unterschiedlichsten Lebens- und Arbeitsfelder nehmen, was sie sehr positiv bewerten. Etwa 95 % attestieren den Eltern und externen Referenten ausgezeichnete Fachkenntnis und die Fähigkeit, die Inhalte der Workshops methodisch und didaktisch gut vermitteln zu können. In Bezug auf das Anforderungsniveau fühlen sich von LAK 2 bis LAK 5 signifikant mehr Schüler leistungsmäßig eher unterfordert.

Über 70 % der Schüler haben in den Workshops nach eigenem Bekunden effizient und mit Freude gelernt, mehr als 80 % bewerten die Inhalte als persönlich bereichernd und im Alltag gut integrierbar. Etwa drei Viertel der Jugendlichen planen, sich auch nach der Veranstaltung mit der Materie weiterzubefassen. Sie sehen im LAK ein Format, in dem es gegenüber dem herkömmlichen Unterricht Möglichkeiten zum ganzheitlichen Lernen und Arbeiten mit Händen und Sinnen gibt. Die besondere Arbeitsatmosphäre, weit ab von dem auf Leistung orientierten herkömmlichen Unterricht, und das jahrgangsübergreifende Zusammenkommen der Schüler werden als besonders positive Aspekte betont.

Aus Sicht der Lehrenden eignet sich das LAK-Format gut, um schulische ebenso wie lebenspraktische Themen zu vermitteln. Als große Pluspunkte gelten die Vielfalt in der Auswahl aus philosophischen, kognitiv fachlichen, sportlichen und berufsorientierenden Workshops, die Freiwilligkeit im Lernen, die kleinen Gruppengrößen sowie die Mischung aus schulischen und außerschulischen Themen und solchen, die sonst keinen angemessenen Platz finden. Mit der Organisation der mittlerweile zweitägigen Workshops durch die Schule ist die überwiegende Mehrzahl der Lehrenden zufrieden. Bewährt hat sich insbesondere, dass eine Lehrkraft der ESBZ für das Gesamtmanagement der LAK-Tage hauptverantwortlich und somit Ansprechpartner für alle Beteiligten ist.

Worüber man nachdenken sollte, wären die im Workshop *Immer noch*

Stress mit dem Stress zutage getretenen, alarmierenden Stresssymptome der Schüler wie Schlaflosigkeit, Rückenschmerzen, Migräne, beständige Übelkeit, Ruhelosigkeit. Weil das Thema ‚Stress' an sich „massiv mit dem schulischen Alltag zusammenhängt, was normalerweise aber gar keinen Raum findet", wie Johannes Lösch, Fachbereichsleiter an der Oberstufe der ESBZ, kommentiert und weiter ausführt: „Die Schüler schätzen das Thema […]. Von daher finde ich total wichtig, dass mehr Raum ist für Selbstkompetenz, für Lebenskompetenz, damit wir die ganzen negativen Effekte, die das Schulsystem produziert, irgendwie abfangen und einen Umgang damit lernen."

6 Die Abschlussbefragung von Abiturienten und Lehrkräften

Dirk Randoll und Jürgen Peters

In Ergänzung zur prozessbegleitenden Evaluation wurden sowohl die angehenden Abiturienten als auch die beteiligten Lehrer nochmals schriftlich zu ihren Gesamterfahrungen mit den neuen Lernformaten in der NOS befragt.

6.1 Die Perspektive der Abiturienten

2018 haben 65 Abiturienten an der abschließenden Befragung teilgenommen, was einem Rücklauf von 74,7 % entspricht. Für den Abiturjahrgang 2019 liegen 55 verwertbare Antworten vor, die Rücklaufquote liegt hier bei 61,8 %. Weil sich keine statistisch signifikanten Unterschiede im Antwortverhalten der Jahrgänge 2018 und 2019 ergeben haben, werden die Befunde aus den beiden Teilstichproben zusammenfassend betrachtet.

Der zum Einsatz gekommene Fragebogen (siehe Anhang) gliedert sich thematisch in die folgenden Bereiche:

- Allgemeine Erfahrungen mit den neuen Lernformaten
- Erfahrungen mit den Lernexpeditionen
- Erfahrungen mit den Pulsaren
- Erfahrungen mit den Lebens- und Arbeitskompetenztagen.

Um zu prüfen, ob leistungsstärkere Schüler in anderer Weise von den neuen Lernformaten profitiert haben als leistungsschwächere, wurde eine Differenzierung nach den Leistungsfähigkeiten der Lernenden vorgenommen. Der Vergleich basiert auf den Selbsteinschätzungen der Jugendlichen, zumal die Abiturnoten zum Erhebungszeitpunkt noch nicht feststanden. Die Ergebnisse hierzu finden sich in Kapitel 6.1.5.

6.1.1 Allgemeine Erfahrungen mit den neuen Lernformaten

In Abbildung 6.1 sind die Befunde zu Fragen nach der allgemeinen Einschätzung der NOS durch die Schüler aus den beiden Abiturjahrgängen wiedergegeben (N = 120)[23]. Aus Gründen der besseren Übersichtlichkeit werden die beiden ablehnenden Kategorien zusammengefasst betrachtet. Annähernd zwei Drittel der angehenden Abiturienten geben an, dass sich die neuen Lernformate auch günstig auf den Unterricht in anderen Kursen ausgewirkt haben. Insofern stellen sie nicht nur eine willkommene Alternative im schulischen Alltag – im Sinne einer Bereicherung oder Abwechslung – dar, sondern können als integrativer Bestandteil der Neuen Oberstufe betrachtet werden. Auch bleibt der Anteil derjenigen, die meinen, durch die Teilnahme an dem neuen Lernformat LEX andere Unterrichtsinhalte verpasst zu haben beziehungsweise diese nachholen zu müssen, um zum Beispiel eigene Wissenslücken aufzuarbeiten, relativ klein. Konkret trifft dies für 19,2 % der Befragten zu (4,2 %) beziehungsweise eher zu (15,0 %). Erinnert sei in diesem Zusammenhang daran, dass sich der Unterricht für diejenigen Schüler, die nicht an einer Lernexpedition teilgenommen haben, gemäß der Vereinbarung des Lehrerkollegiums ausschließlich auf die Wiederholung spezifischer Lerninhalte beziehen sollte.

Etwa zwei Drittel der befragten Abiturienten teilen mit, dass sie aufgrund der Teilnahme an den Pulsaren ein verstärktes Interesse für gesellschaftsrelevante Fragen, Themen und Inhalte entwickelt haben. Für 46 % der Jugendlichen haben sich durch die Teilnahme an den neuen Lernformaten neue berufliche Perspektiven nach dem Abitur eröffnet. Im Vergleich dazu trifft es hingegen für nur 17,5 % zu beziehungsweise eher zu, durch die Teilnahme an den neuen Lernformaten erkannt zu haben, was sie nach dem Abi beruflich konkret machen möchten. Letztlich stimmen etwa 60 % der angehenden Abiturienten der Aussage zu beziehungsweise eher zu, in den Lernexpeditionen gelernt zu haben, mehr Verantwortung für den eigenen Lernprozess zu übernehmen.

Zusammenfassend zeigt sich, dass die Zeit und Mühen, die die Lernenden in die neuen Lernformate investiert haben, in der Retrospektive in der Tendenz mehrheitlich als sinnvoll und als persönlich bereichernd erlebt wurden. Allerdings haben die neuen Lernformate nach Meinung der befragten Abiturienten nur einen geringen Einfluss auf die konkrete berufliche Orien-

23 Die Fragen wurden in einer fünfstufigen Likert-Skala mit folgenden Antwortmöglichkeiten vorgegeben: trifft voll zu, trifft eher zu, weder noch, trifft eher nicht zu, trifft gar nicht zu.

Abb. 6.1 Stellungnahmen der Abiturienten zu den neuen Lernformaten (in %)*

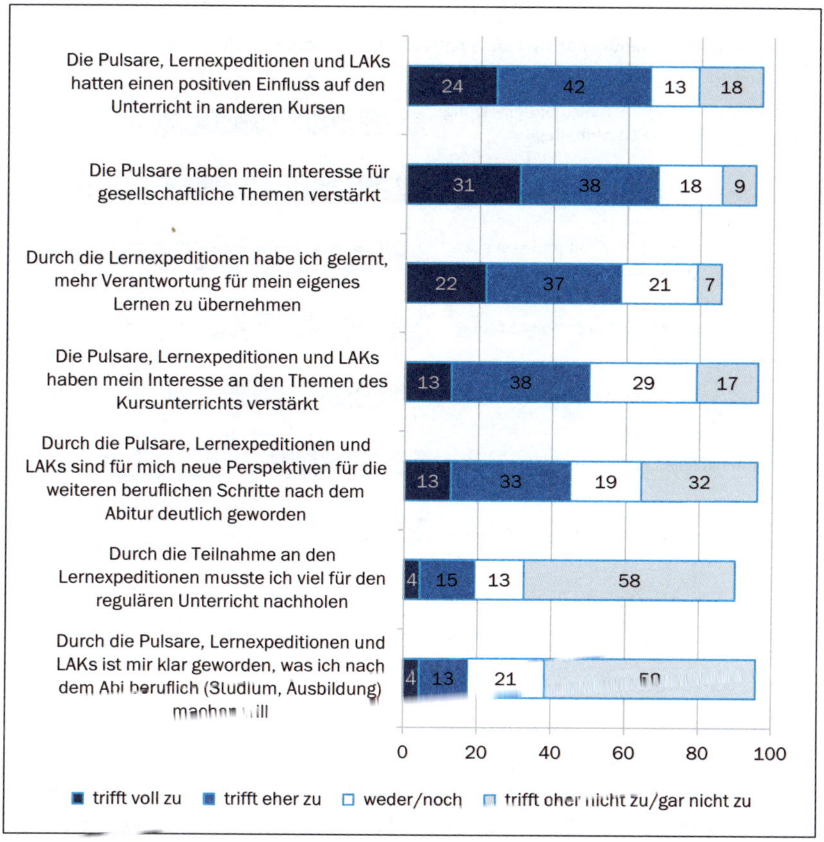

* Die fehlenden Abschnitte der Balkensummen zur 100-Prozent-Marke entsprechen dem jeweiligen Anteil derjenigen, die diese Frage nicht beantwortet haben.

tierung, obgleich jeder zweite angibt, dadurch neue berufliche Perspektiven entwickelt zu haben.

In Abbildung 6.2 sind die Ergebnisse zum Einfluss der neuen Lernformate auf verschiedene Aspekte des Lernens und der Persönlichkeitsentwicklung der Jugendlichen wiedergegeben. Annähernd 75 % der Abiturienten bringen zum Ausdruck, dass sie durch ihre Teilnahme an den neuen Lernformaten ein verstärktes Interesse an der Auseinandersetzung mit neuen Lerninhalten entwickelt haben. Darüber hinaus trifft es für 70,8 % zu beziehungsweise eher zu, dadurch auch einen stärkeren Theorie-Praxis-Bezug erfahren zu haben. Mehr als die Hälfte schreibt den neuen Lernformaten zudem einen

Abb. 6.2 Einfluss der neuen Lernformate im Urteil der Befragten (in %)

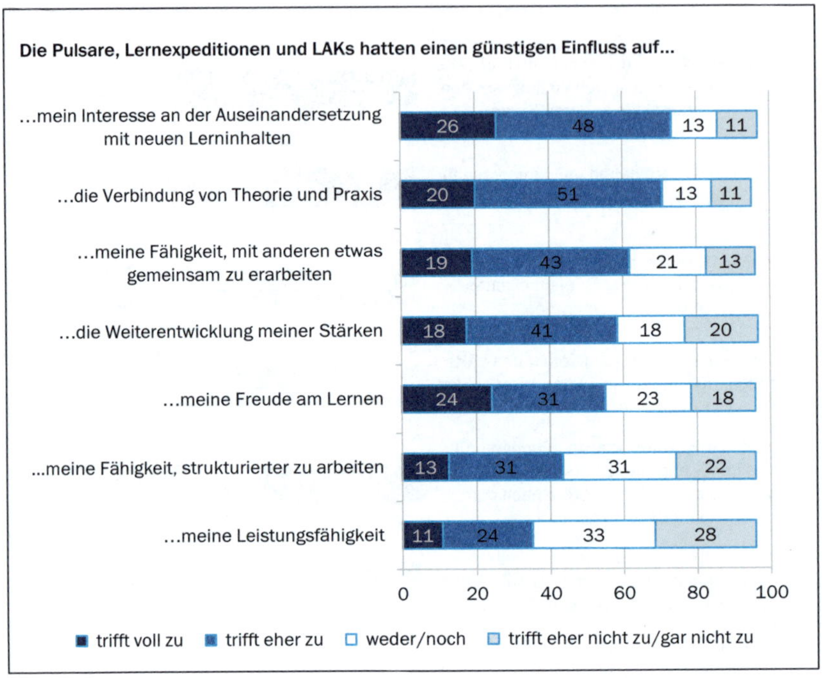

günstigen/eher günstigen Einfluss auf die Entwicklung ihrer Teamfähigkeit (61,7 % Zustimmung), auf die Weiterentwicklung eigener Stärken (58,3 % Zustimmung) und auf ihre Freude am Lernen (55,0 %) zu. Trotz der relativ kurzen Projektphasen geben 43,3 % der Befragten letztlich zu verstehen, dass sich die neuen Lernformate günstig auf die Entwicklung ihrer Fähigkeit zum strukturierten Lernen ausgewirkt haben, 35 % gestehen ihnen zudem einen günstigen Einfluss auf die eigene Leistungsfähigkeit zu.

6.1.2 Erfahrungen mit den Lernexpeditionen

Die befragten Abiturienten haben nur an Lernexpeditionen teilgenommen, die auf freiwilliger Basis stattfanden. Die Anzahl der von den Schülern besuchten LEX-Veranstaltungen hat sich im Schuljahr 2018/19 im Vergleich zu dem vorgehenden verdoppelt (der Mittelwert stieg von 0,9 auf 2,1). Da die Schüler für die Teilnahme an einer Lernexpedition eine schriftliche Bewerbung ausarbeiten und abgeben mussten, die von den Oberstufenlehrern

Abb. 6.3 Die Lernexpeditionen im Urteil der Abiturienten (in %)

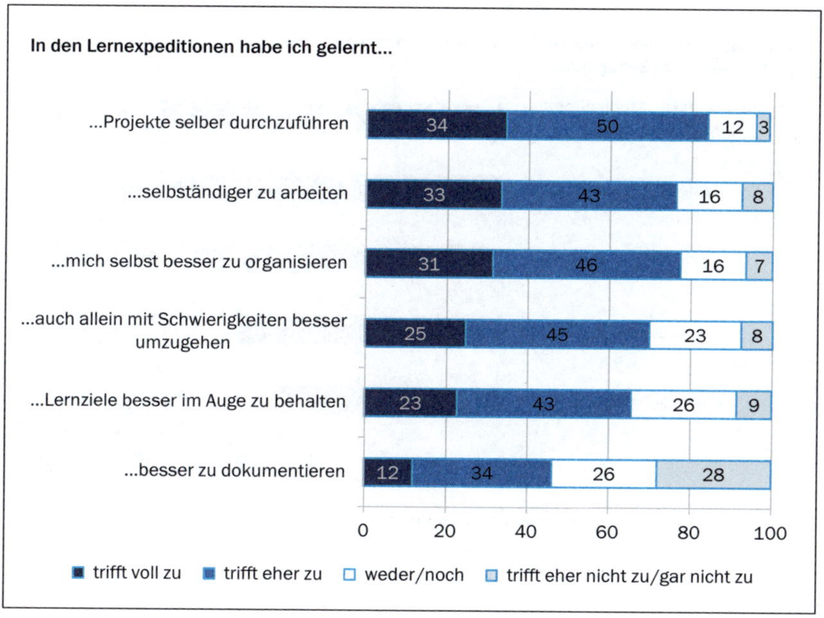

auch abgelehnt werden konnte, weist die steigende Zahl der Teilnehmer auf die zunehmende Kompetenz der Jugendlichen hin, qualitativ gute Anträge zu schreiben. Dies steht mitunter auch im Zusammenhang damit, dass sich die Beratungsqualität und -intensität der Lehrer im Laufe der Zeit verbessert hat. Auch der zunehmende Erfahrungstransfer der älteren Schüler auf die jüngeren dürfte dabei mit eine Rolle gespielt haben. 15 % der Abiturienten haben an drei Lernexpeditionen teilgenommen.

Was haben die Abiturienten in den Lernexpeditionen nach eigenem Ermessen gelernt? Die in Abbildung 6.3 mitgeteilten Befunde beziehen sich auf diejenigen Schüler, die mindestens an einer Lernexpedition teilgenommen haben (N = 93). Die Ergebnisse lassen erkennen, dass sich die Teilnahme an einer Lernexpedition im Urteil der Befragten mehrheitlich günstig auf ihre Fähigkeit zum selbstverantwortlichen Lernen ausgewirkt hat, wie zum Beispiel darauf, ein Projekt selbständig durchführen oder sich beim Lernen selbst besser organisieren zu können. Etwa drei Viertel der angehenden Abiturienten geben an, durch die Teilnahme an einer LEX gelernt zu haben, mit auftretenden Schwierigkeiten alleine besser zurechtzukommen (69,9 %

Abb. 6.4 Weitere Urteile der Abiturienten zu den Lernexpeditionen (in %)

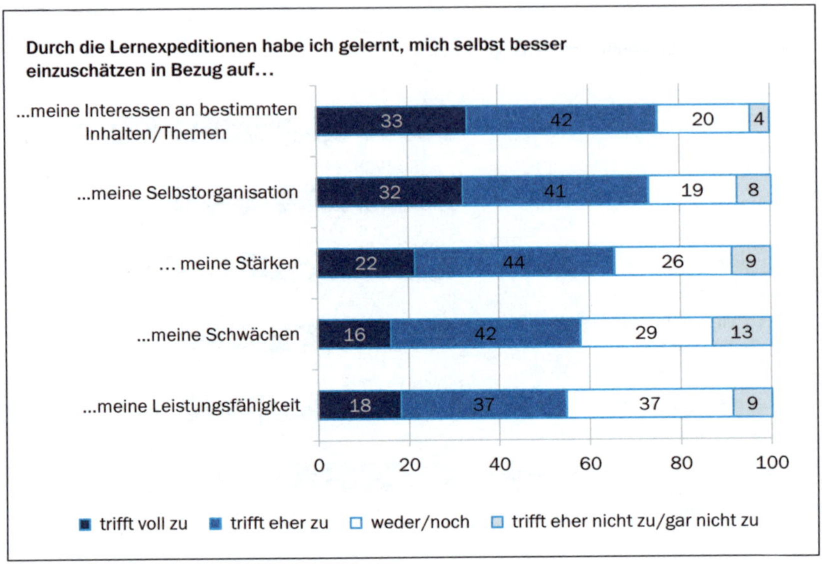

Zustimmung) und sich stärker auf eigene Lernziele fokussieren zu können (65,6 % Zustimmung). Etwas zurückhaltender fallen die Antworten der Befragten hingegen zum Urteil über den Einfluss der LEX-Tage auf die Fähigkeit aus, das eigene Lernen dadurch besser dokumentieren zu können (46,2 % Zustimmung).

Wie bereits betont, stellen die Lernexpeditionen bereits in der Vorbereitungsphase hohe Anforderungen an die Eigenständigkeit der Schüler. Gelingt der Einstieg, erfahren sie in dieser Hinsicht einen zusätzlichen Lerngewinn – und zwar unabhängig von der Anzahl der besuchten Lernexpeditionen.

Wie aus Abbildung 6.4 hervorgeht, teilen 75,2 % der angehenden Abiturienten mit, in den Lernexpeditionen gelernt zu haben, sich selbst in Bezug auf die eigenen inhaltlichen und thematischen Interessen besser einzuschätzen. Dies trifft für 73,5 % der Befragten auch auf die Fähigkeit zur Selbstorganisation, für 65,6 % auf das Erkennen eigener Stärken und Schwächen und für 54,9 % auf die eigene Leistungsfähigkeit zu beziehungsweise eher zu.

Die Abiturienten hatten bei der Bearbeitung des Fragebogens auch die Möglichkeit, sich frei über ihre in den Lernformaten jeweils gemachten Erfahrungen zu äußern. Davon haben 31,7 % Gebrauch gemacht. Die meisten Kommentare beziehen sich zunächst auf die hohe Wertschätzung beziehungsweise Würdigung der Möglichkeit zum selbstbestimmten und selbstverantwortlichen Lernen. In diesem Zusammenhang werden die Erfahrungen in den Praktika besonders positiv hervorgehoben, auch weil sie vielen Jugendlichen eine erste berufliche Orientierung ermöglicht haben. Kritik bezieht sich hingegen vor allem darauf, dass man als Schüler bei der Ablehnung eines Antrags zu einer Lernexpedition den Ersatzunterricht besuchen musste, der den Erwartungen der jungen Erwachsenen dann häufig nicht entsprach. Weitere kritische Anmerkungen lassen darauf schließen, dass sich diejenigen, deren Bewerbung abgelehnt wurde, eine konstruktivere Begründung gewünscht hätten. Zugleich weisen einige Kommentare auch darauf hin, dass es sehr wichtig sei, besser zu prüfen, ob die selbstgewählte thematische Fragestellung innerhalb einer Woche auch sinnvoll bearbeitet werden kann. Denn letztlich kommt in den offenen Antworten auch zum Ausdruck, dass „das Streben nach einem Ziel, nach einem fertigen Produkt, etwas zu beenden“ bedeutsam für den erfolgreichen Lernprozess der Jugendlichen ist.

6.1.3 Erfahrungen mit den Pulsaren

Die Befragten konnten während der Zeit in der NOS vier oder fünf Pulsare durchlaufen. Die Befunde in Abb. 6.5 lassen erkennen, dass die in den Pulsaren angebotenen Themen und Inhalte den meisten Jugendlichen neue und interessante Perspektiven beziehungsweise Lernfelder eröffnet haben, was die meisten von ihnen auch als persönlich bereichernd empfanden. Im Vergleich zum regulären Unterricht sind die Pulsare nach Meinung der Mehrzahl der angehenden Abiturienten zudem stärker fächerübergreifend ausgerichtet (77,5 % Zustimmung) und weisen einen vergleichsweise größeren Praxisbezug auf (78,5 % Zustimmung). Etwa zwei Drittel der jungen Erwachsenen (67,5 %) geben zu verstehen, dass es ihnen in den Pulsaren möglich war, Wissensinhalte in einzelnen Fächern zu vertiefen. Demgegenüber gibt nur etwa ein Drittel der Befragten an (32,5 %), sich in den Pulsaren neue Lernmethoden angeeignet beziehungsweise diese dort vermittelt bekommen zu haben. Weil der Fokus der Pulsare auf inhaltliche Aspekte ausgerichtet ist und weniger auf methodische beziehungsweise strategische Aspekte des Lernens, überrascht dieser Befund nicht.

Die freien Antworten zu den in den Pulsaren gemachten Erfahrungen zeigen, dass den Abiturienten der Bezug zu den im Lehrplan vorgegebenen schulischen Lerninhalten wichtig ist. Darüber hinaus ist ihnen das Passungsverhältnis zwischen den angebotenen Themen/Inhalten und eigenen Interessen von Bedeutung. Die Vielfalt des Themenangebotes wurde von den Befragten ausdrücklich gewürdigt: „Sehr große Vielfalt von Möglichkeiten“,

Abb. 6.5 Die Pulsare im Urteil der Abiturienten (in %)

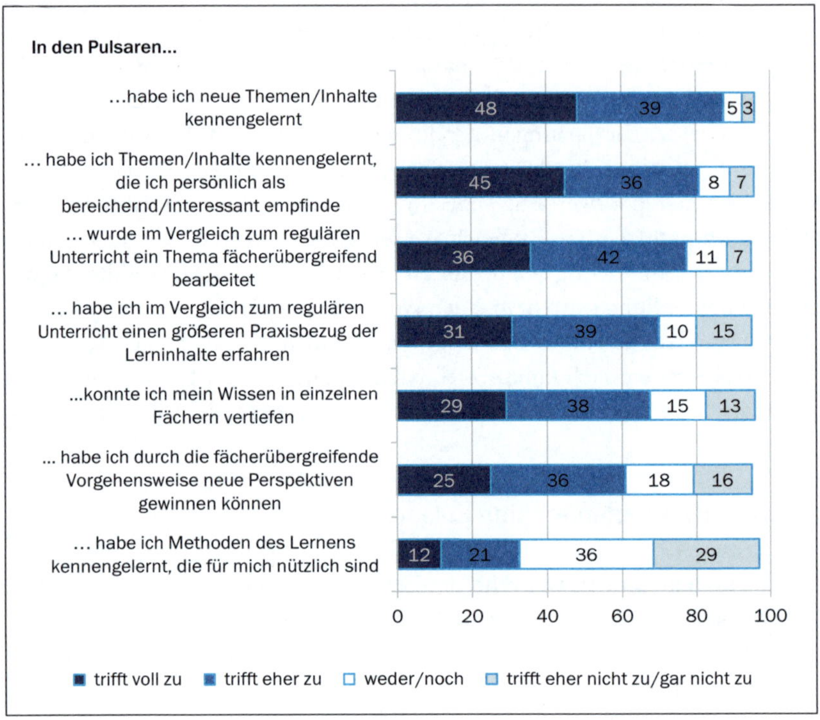

„War toll". Bemängelt wurde zuweilen hingegen das fehlende Bewegungsangebot: „Zu wenig Sport-Pulsare!!!" Einige Jugendliche haben angeregt, die Pulsare verstärkt als Vorbereitung für die Abiturprüfungen zu nutzen, was die Wichtigkeit des inhaltlichen Bezugs zu den verpflichtenden Lerninhalten nochmals unterstreicht. Dahingehend sind auch Einzeläußerungen wie „Abschaffen!"; „Zeitverschwendung im Abi!!!" zu interpretieren.

Insgesamt werden die Pulsare von den Jugendlichen als abwechslungsreiche und persönlich bedeutsame und bereichernde Ergänzung zum regulären Unterricht beurteilt: „Eine willkommene Pause vom Alltag und immer hilfreich, um sich mit Sachen zu beschäftigen, die dir persönlich wichtig sind." Die Antworten der befragten Jugendlichen sprechen aber auch für die Wichtigkeit der thematischen Vielfalt im Angebot der Pulsare, damit die Interessen möglichst vieler Schüler angesprochen oder geweckt werden. Die Möglichkeit der inhaltlichen Vertiefung eines als persönlich bedeutsam eingeschätzten Themas/Inhalts ist den Jugendlichen dabei genauso wichtig wie der Lernfortschritt in einzelnen Fächern. Dies ist insofern nachvollziehbar, als die meisten Pulsarteilnehmer im Vorfeld der Abiturvorbereitungen unter dem Druck stehen, daraus etwas Gewinnbringendes für ihre Abschlussprüfungen zu generieren.

6.1.4 Erfahrungen mit den Lebens- und Arbeitskompetenztagen

Die befragten Jugendlichen konnten an maximal zwei LAK-Veranstaltungen, mit einer Dauer von jeweils zwei Tagen, teilnehmen. Innerhalb der LAK-Tage war der Besuch von mehreren Workshops möglich und erwünscht. Jeder zweite Jugendliche (51,7 %) gibt an, in den letzten beiden Schuljahren an mindestens zwei LAK-Veranstaltungen teilgenommen zu haben, siehe Abbildung 6.6. Die Motive zur Teilnahme beziehen sich dabei mehrheitlich (zu 83 %) auf das persönliche Interesse der Jugendlichen an lebenspraktischen Themen und Inhalten, gefolgt von dem Bedürfnis nach inhaltlicher Vertiefung in einzelnen Fächern (24 % Zustimmung) und der konkreten Vorbereitung auf eine BLL-Prüfung[24] (17 %).[25]

Die Ergebnisse zeigen, dass insbesondere die Workshops, in denen lebenspraktische Themen im Vordergrund standen, von 75 % der Befragten positiv bewertet werden. Von denjenigen, die während der LAK-Tage fachliche Fragen vertiefen wollten, gibt nur jeder zweite an, dass dies auch gelungen sei. Die LAK-Tage zur Vorbereitung für die BLL-Prüfungen zu nutzen, trifft bei 35 % auf Zustimmung. Allerdings ist dieses Ergebnis wegen der geringen Stichprobengröße nicht überzubewerten, zumal einige Jugendliche in den offenen Fragen auch zum Ausdruck gebracht haben, die LAK-Tage gezielt zur Vorbereitung auf die BLL-Prüfungen genutzt zu haben.

Die freien Antworten zu den LAK-Tagen fallen überwiegend positiv aus. Sie weisen vor allem darauf hin, dass sich den Jugendlichen dort vielfach die Möglichkeit geboten hat, sich mit Themen auseinanderzusetzen, die sie über den schulischen inhaltlichen Kontext hinaus persönlich für bedeutsam halten. Die Bearbeitung lebenspraktischer LAK-Themen und -inhalte, wie beispielsweise die Erstellung einer Steuererklärung oder Kenntnisse über die Rechtslage bei Mietverträgen, war vielen Jugendlichen so bedeutsam, dass sie sich dies sogar als Bestandteil des regulären Unterrichts wünschen: „Es ist gut, dass Themen bearbeitet werden, die man sonst nicht in der Schule lernt wie beispielsweise Wohnungsverträge: Was ist bei der ersten Wohnung

24 BLL = Besondere Lernleistungen
25 Da die Schülerinnen und Schüler innerhalb eines LAKs an verschiedenen Workshops teilnehmen konnten, übersteigen die Prozentwerte insgesamt 100 %.

Abb. 6.6 Erfahrungen der Abiturienten mit den LAK-Tagen (in %)

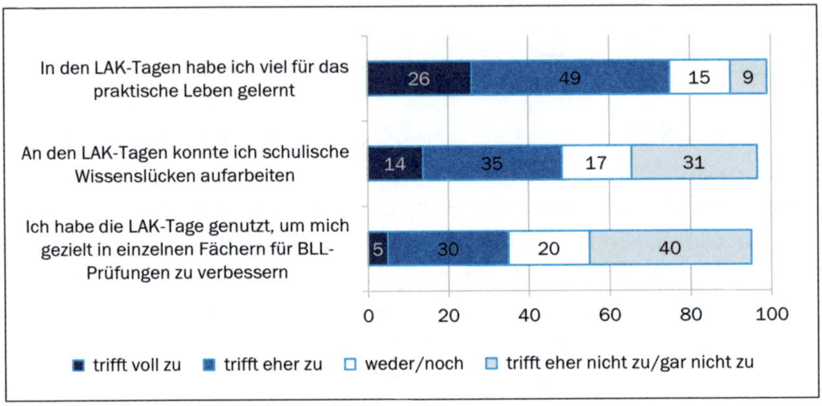

zu beachten?“ Weitere Themen und Inhalte, die von den Schülern im Rahmen der LAKs als wichtig eingeschätzt wurden und deshalb verstärkt in den Lehrplan aufgenommen werden sollten, beziehen sich auf die Jobsuche, auf Studien-Infos oder auf allgemein rechtliche Fragen: „Behandelte Themen (Beispiel Steuern) sollten in den Lehrplan aufgenommen werden!!!“

Letztlich kommen aus der Gruppe derjenigen, die die LAK-Tage zur schulischen Vertiefung genutzt haben, auch Vorschläge, diese für die Vorbereitung auf die Abiturprüfungen und/oder auf andere anstehende Prüfungen zu nutzen. Einige wenige kritische Anmerkungen betreffen die Organisation der LAK-Tage selbst und das unzureichende Angebot: „Es gab interessante Angebote, oft waren diese aber schon voll besetzt.“ Insgesamt wird den LAK-Tagen eine positive Wirkung mit Blick auf die Lebens- und Berufsorientierung der Heranwachsenden zugesprochen, was beispielhaft als Erwartungshaltung in dem folgenden Zitat zum Ausdruck kommt: „Es war sehr bereichernd für mein späteres Leben, auch Berufsleben.“

6.1.5 Differenzierung nach Leistungserwartungen

Lernexpeditionen verlangen von den Schülern wegen des anspruchsvollen Bewerbungsverfahrens einen nicht unerheblichen Vorbereitungsaufwand. Im Folgenden soll deshalb der Frage nachgegangen werden, inwieweit die Häufigkeit der Teilnahme an einer LEX im Zusammenhang mit der Leistungsfähigkeit der Schüler steht. Dazu wurden die Befragten gebeten einzuschätzen, welche durchschnittliche Gesamt-Abiturnote sie am Ende ihrer

Schulzeit erwarten würden. Bezogen auf die Gesamtstichprobe (N = 120) liegt der Wert bei 2,0 mit einer Streuung von S = 0,5 und einer Varianz von 1,0 bis 3,3. Aufgrund dieser Verteilung wurde eine Differenzierung der leistungsschwächeren und der leistungsstärkeren Jugendlichen durch das Noten-Kriterium ‚besser oder schlechter als 1,9' festgelegt. 53 % der Befragten haben ihre erwartete Abiturnote besser als 2,0 eingeschätzt. Insgesamt handelt es sich demnach um einen Vergleich von Jugendlichen mit der Erwartung überdurchschnittlich guter Abiturnoten.

Die Gegenüberstellung der Befunde aus den beiden Teilstichproben zeigt, dass die leistungsstärkeren angehenden Abiturienten etwas häufiger (im Durchschnitt 1,8) an einer Lernexpedition teilgenommen haben als die leistungsschwächeren (im Mittel 1,5). Mit ein Grund dafür dürfte der hohe Aufwand bei den Bewerbungen sein.

Aus Abbildung 6.7 geht hervor, in welchen Bereichen die leistungsstärkeren Jugendlichen von der Teilnahme an den Lernexpeditionen mehr beziehungsweise eher profitiert haben als die leistungsschwächeren. Konkret geben die Leistungsstärkeren häufiger als die Leistungsschwächeren an, in der LEX-Woche gelernt zu haben, mit Schwierigkeiten besser umzugehen,

Abb. 6.7 LEX-Urteile in Abhängigkeit von der Leistungsfähigkeit (Mittelwerte)

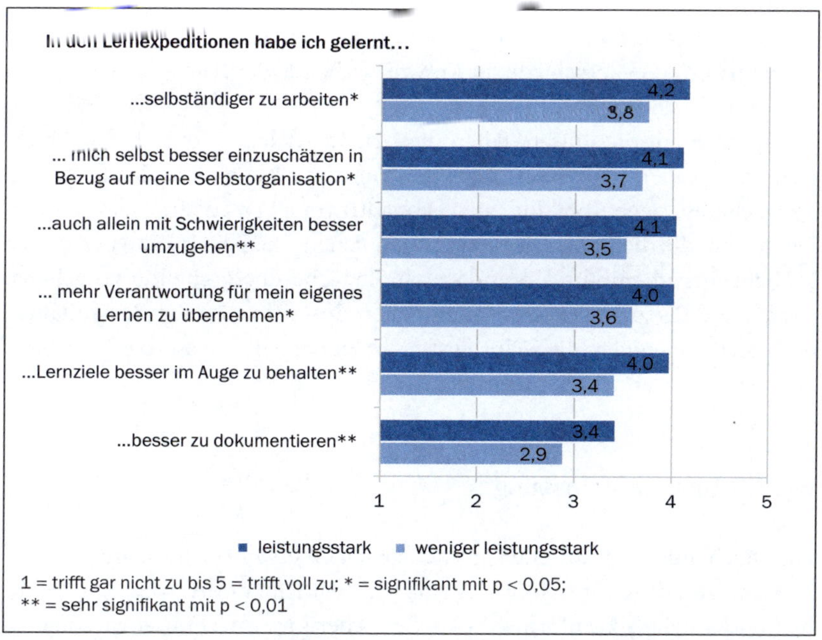

Abb. 6.8 PULSAR-Urteile in Abhängigkeit von der Leistungsfähigkeit (Mittelwerte)

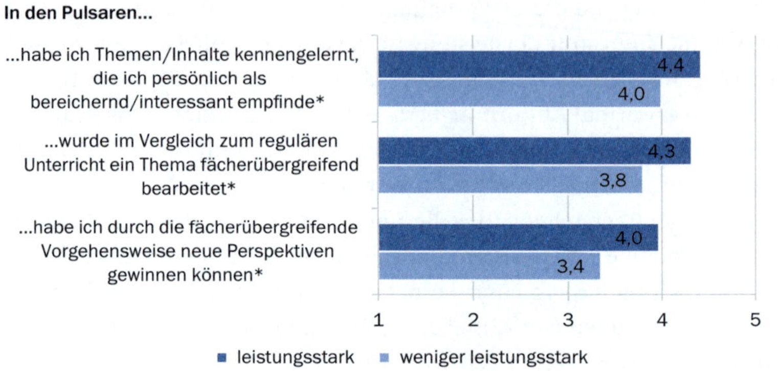

1 = trifft gar nicht zu bis 5 = trifft voll zu; * = signifikant mit $p < 0{,}05$

Lernziele besser im Auge zu behalten und das eigene Lernen dadurch besser dokumentieren zu können. Aber auch die weniger leistungsstarken angehenden Abiturienten haben durch die Lernexpeditionen nach eigenem Bekunden deutlich an Selbständigkeit und an der Fähigkeit zur Selbstorganisation hinzugewonnen. Bei der Einschätzung der eigenen Stärken und Schwächen, der Übernahme von Verantwortung für das eigene Lernen und der eigenverantwortlichen Durchführung von Projekten ergaben sich hingegen keine nennenswerten Unterschiede im Antwortverhalten der Jugendlichen aus den beiden Teilstichproben.

Bezogen auf die Pulsare fallen die Urteile der leistungsstärkeren Abiturienten bei allen genannten Aspekten positiver aus als die der leistungsschwächeren, siehe Abbildung 6.8. Dies trifft vor allem auf die Aussagen derjenigen zu, die die in den Pulsaren angebotenen Themen/Inhalte persönlich als bereichernd empfunden und durch die fächerübergreifende Vorgehensweise neue Perspektiven gewonnen haben. Insgesamt ist aber festzuhalten, dass auch diejenigen, die sich selbst nicht zu den leistungsstärkeren zählen, von der Pulsarteilnahme profitieren.

6.1.6 Zusammenfassung

Die angehenden Abiturienten aus der Neuen Oberstufe bringen am Ende ihrer Schulzeit durch ihr Antwortverhalten deutlich zum Ausdruck, dass die neu entwickelten Lernformate eine Bereicherung im schulischen Angebot der ESBZ darstellen. Für die Lernenden haben sich dadurch viele Möglichkeiten zum selbständigen und selbstverantwortlichen Lernen und Arbeiten eröffnet. Der Zugewinn an Selbständigkeit und Eigenverantwortung beim Lernen und Arbeiten sowie das Kennenlernen eigener Stärken und Schwächen sind nur einige der immer wieder genannten Aspekte, die von den Jugendlichen in diesem Zusammenhang positiv hervorgehoben werden.

Den Lernformaten LEX, PULSAR und LAK liegt eine Vielzahl von Angeboten zugrunde, die sich inhaltlich gegenseitig befruchten und ergänzen. Sie entsprechen weitestgehend den individuellen Ansprüchen und Erwartungen der angehenden Abiturienten. Während sich die jungen Heranwachsenden in den Lernexpeditionen besonders in ihrer Selbständigkeit und Eigenverantwortlichkeit gefordert und gefördert fühlen, bieten die Pulsare die Möglichkeit, fachspezifische Inhalte zu vertiefen und fächerübergreifende Zusammenhänge zu erkennen und zu bearbeiten. Die LAK-Tage eröffnen den Jugendlichen hingegen vor allem die Möglichkeit, lebenspraktische Themen, Inhalte und Aufgaben, wie zum Beispiel den Umgang mit Mietverträgen, das Ausfüllen einer Steuererklärung oder das Reparieren eines Fahrrads, kennenzulernen und zu bearbeiten. Die Unterschiedlichkeit der Lernformate zeigt sich auch in den Anforderungen, die sie an die Schüler jeweils stellen. Bei den Lernexpeditionen liegt der Schwerpunkt auf der Förderung der Selbständigkeit der Jugendlichen und auf der Erfahrung der Sinnhaftigkeit bei der Bearbeitung eines Themas – beides Aspekte, die letztlich die Qualität dieses Lernformates auch ausmachen. Weil dies vor allem eine individuelle Frage ist, tut die Schule gut daran, die vorhandene Beratungs- und Begleitpraxis trotz des damit einhergehenden zeitlichen Aufwands beizubehalten. Festzustellen ist auch, dass die leistungsstärkeren Jugendlichen offensichtlich mehr von den Lernexpeditionen profitiert haben als die weniger leistungsstarken. Bei der Durchführung der Pulsare ist es der ESBZ inzwischen gelungen, für alle Leistungsgruppen ein vergleichbar gut bewertetes Angebot zu schaffen. Das Eingehen auf unterschiedliche Leistungsfähigkeiten und Leistungsvoraussetzungen der Schüler wird trotz aller Anstrengung jedoch stets eine pädagogische Herausforderung bleiben, worauf einzelne kritische Kommentare der Jugendlichen auch hinweisen. Die LAK-Tage wecken durch das breite Angebot schulischer und außerschulischer Themen in der Regel per se die Interessen der meisten Schüler. Einige der bearbeiteten Themen wie der Umgang mit Mietverträgen oder mit allgemeinen finanziellen Fragen sollten nach Meinung einiger Jugendlicher sogar zum integrativen Bestandteil des allgemeinen Oberstufenlehrplans werden.

Die Befunde lassen darauf schließen, dass die Qualität eines Pulsars im Wesentlichen von folgenden Bedingungen abhängt:

- Ein Thema sollte so gewählt werden, dass es den persönlichen Interessen und Neigungen der Heranwachsenden entspricht.
- Es ist darauf zu achten, dass es einen fachlichen Bezug zu den im Rahmenlehrplan vorgeschriebenen Themen und Inhalten aufweist, weil ein Teil der Lernenden – vor allem die Leistungsschwächeren – die Pulsar-Zeiten auch für die Vorbereitung auf das Abitur nutzen.

Aus der Perspektive der Lernenden ist die Einführung der neuen Lernformate in die Neue Oberstufe der ESBZ demnach vor allem deshalb als gelungen zu bewerten, weil sie wesentlich zur Förderung der Selbständigkeit beziehungsweise des selbstverantwortlichen Lernens und Arbeitens der Lernenden beitragen. Zudem haben viele Jugendliche dadurch ganz neue methodische Zugänge bei der Bearbeitung eines Themas kennengelernt. Letztlich wird ihnen dadurch auch der Blick für fächerübergreifende Zusammenhänge und ein direkter Bezug zu den im Rahmenlehrplan vorgeschriebenen Lerninhalten eröffnet. Die mittlerweile vorliegenden Abiturnoten zeigen, dass sich die ESBZ hier auf einem guten Weg befindet.

6.2 Die neuen Lernformate im Urteil der Lehrer

Die Lehrer der Neuen Oberstufe der ESBZ konnten im Mai 2019 auf eine vierjährige Praxis in der Durchführung der neuen Lernformate zurückblicken. Deshalb war es im Rahmen der Evaluation von Interesse, auch deren Perspektive mitzuberücksichtigen. Der hierfür entwickelte Lehrer-Fragebogen bezieht sich thematisch auf die folgenden Bereiche:

- Allgemeine Urteile über die neuen Lernformaten (geschlossene Fragen);
- Erfahrungen mit den Lernexpeditionen (offene Frage);
- Erfahrungen mit den Pulsaren (offene Frage);
- Erfahrungen mit den LAK-Tagen (offene Frage);
- Reflexion der Lehrkräfte zu ihrem eigenen pädagogischen Handeln (offene Frage);
- Abschließende Bewertung der Neuen Oberstufe (offene Frage).

Von 45 ausgehändigten Fragebogen kamen 25 vollständig ausgefüllt zurück, was einem Rücklauf von 55,6 % entspricht.

6.2.1 Förderung der Schülerinnen und Schüler

Den Pädagogen, die an der Entwicklung und Umsetzung der Neuen Oberstufe aktiv beteiligt waren, wurden zunächst Fragen zur Wahrnehmung und Einschätzung des Einflusses der neuen Lernformate auf verschiedene Aspekte im Verhalten der Schüler gestellt. Sie hatten dabei die Möglichkeit, diese auf einer vierstufigen Likert-Skala einzuschätzen: trifft voll zu, trifft eher zu, trifft eher nicht zu, trifft gar nicht zu. Die im Folgenden mitgeteilten Ergebnisse beziehen sich auf die Aussagen derjenigen Lehrer, die an der Durchführung eines oder mehrerer der neuen Lernformate aktiv beteiligt waren. Für die übrigen bestand die Möglichkeit, die Antwortkategorie ‚kein Urteil' zu wählen. Die zur Beantwortung vorgegebenen Fragen lassen sich drei Bereichen zuordnen:

- Aussagen zur Lernkompetenz der Schüler;
- Angaben zur Selbstwirksamkeit und Selbstorganisation der Schüler;
- Einfluss der neuen Lernformate auf spezifische Persönlichkeitsaspekte der Schüler.

Die in Abbildung 6.9 mitgeteilten Befunde zeigen, dass die überwiegende Mehrzahl der Lehrer bei der Beurteilung der neuen Lernformate in Ergänzung zum regulären Unterricht vor allem zwei Aspekte als besonders gelungen hervorheben: 1. Die zunehmende Fähigkeit der Schüler, interdisziplinäre Zusammenhänge zu erkennen beziehungsweise wahrzunehmen und 2. das verstärkte Einbringen eigener Gedanken und Ideen durch die Jugendlichen. Letzteres entspricht in der Tendenz auch den Einschätzungen der Lernenden. Gleichermaßen gibt die überwiegende Mehrzahl der Lehrer an (96 %; mit der Tendenz zu ‚trifft eher zu'), dass die Schüler durch die neuen Lernformate in Ergänzung zum herkömmlichen Unterricht gelernt haben, verstärkt Verantwortung für ihr eigenes Lernen und Arbeiten zu übernehmen. Hierbei fallen die Urteile der Pädagogen deutlich positiver aus als die der Schüler (21,7 % trifft zu; 36,7 % trifft eher zu). Die überwiegende Mehrzahl der Lehrenden gibt durch ihr Antwortverhalten zudem zu verstehen, dass sich die neuen Lernformate im Vergleich zum regulären Unterricht günstig auf die Fähigkeit der Schüler zur Zusammenarbeit mit anderen Mitschülern ausgewirkt haben.

Die überwiegende Mehrzahl der Pädagogen gibt an, dass die neuen Lernformate in Ergänzung zum herkömmlichen Unterricht auch einen günstigen Einfluss auf die Entwicklung der Selbständigkeit, des Selbstwertgefühls und des Selbstvertrauens der Schüler als auch auf deren Gefühl der Sinn-

Abb. 6.9 Einfluss der neuen Lernformate auf Aspekte des Lernens (in %)

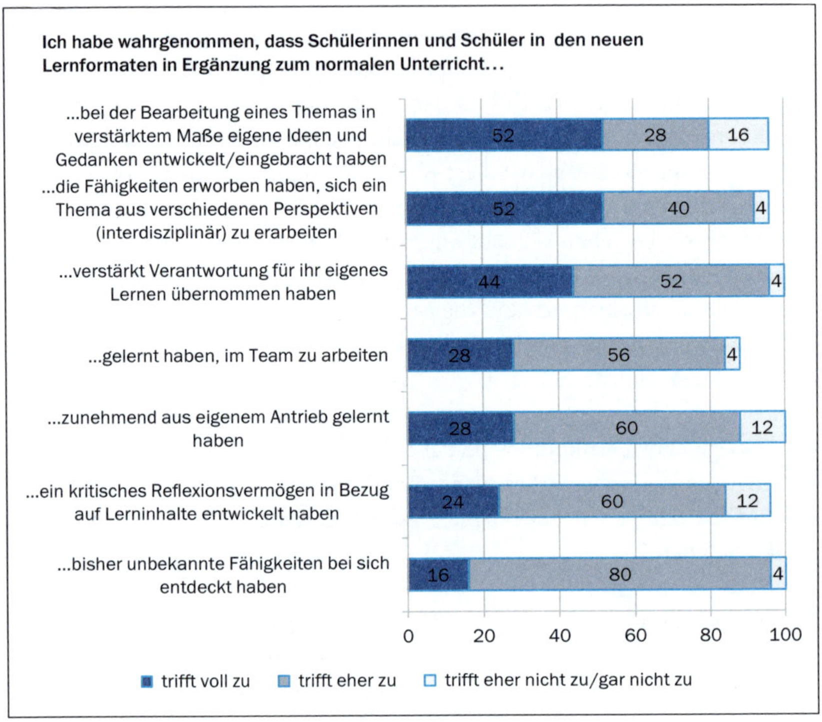

haftigkeit im eigenen Tun sowie auf ihre Fähigkeit im Umgang mit unvorhergesehenen Situationen hatten, siehe Abbildung 6.10. Zudem haben sich die Jugendlichen nach Ansicht der überwiegenden Mehrzahl der Pädagogen dadurch auch häufiger als Gestalter des eigenen Lernprozesses erfahren. Etwas zurückhaltender fallen die Urteile hingegen zur Aussage aus, dass die Schüler durch die Teilnahme an den neuen Lernformaten in Ergänzung zum regulären Unterricht vermehrt das Gefühl entwickelt hätten, in ihrem Lebensumfeld etwas bewirken zu können (28 % Ablehnung). Letzteres entspricht im Wesentlichen auch den Urteilen der Jugendlichen. 68 % der Pädagogen (davon 12 % trifft voll zu) geben an, dass die jungen Heranwachsenden durch die neuen Lernformate in Ergänzung zum regulären Unterricht gelernt haben, besser mit eigenen Stärken und Schwächen umzugehen. Auch dies stimmt weitestgehend mit deren Selbsteinschätzung überein.

Die in Abbildung 6.11 mitgeteilten Befunde zeigen, dass sich die Teilnahme an den neuen Lernformaten in Ergänzung zum herkömmlichen Un-

Abb. 6.10 Förderung der Selbstwirksamkeit aus Sicht der Pädagogen (in %)

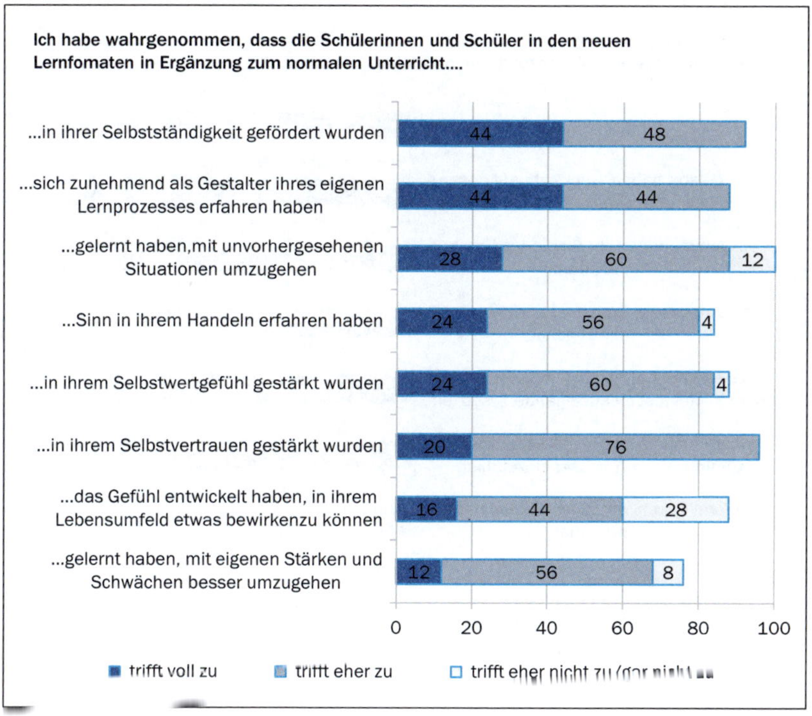

terricht nach Meinung der meisten Pädagogen auch günstig auf verschiedene Aspekte der Persönlichkeit und der sozialen Kompetenz der Schüler ausgewirkt hat, wie beispielweise auf ihre Kreativität, auf die Fähigkeit zur Rücksichtnahme, auf den Umgang mit Grenzerfahrungen und auf das Vertretenkönnen der eigenen Meinung. Weil die neuen Lernformate auch auf die Förderung dieser Aspekte abzielen, ist die Umsetzung dieser Intentionen im schulischen Alltag aus der Perspektive der Pädagogen weitestgehend als gelungen einzuschätzen.

6.2.2 Lernexpeditionen

Was haben die Jugendlichen nach Ansicht der Pädagogen in den Lernexpeditionen in Ergänzung zum herkömmlichen Unterricht gelernt beziehungsweise erfahren? Wo sehen sie gegebenenfalls Notwendigkeiten für Verände-

Abb. 6.11 Persönlichkeitsförderung aus Sicht der Pädagogen (in %)

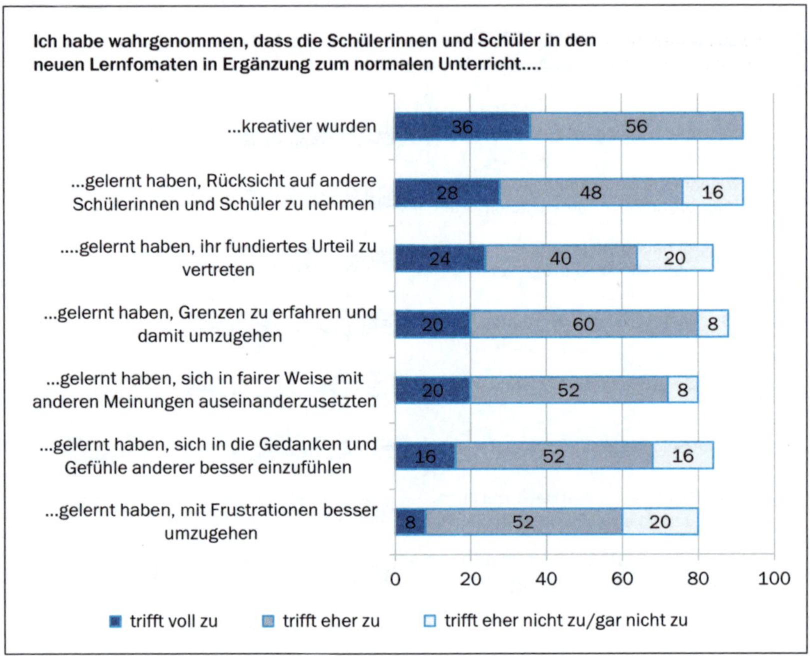

rungen und Verbesserungen? Die befragten Lehrer hatten die Gelegenheit, hierzu in zwei offenen Fragen ihre Stellungnahmen abzugeben, wovon 15 auch Gebrauch gemacht haben:

- Was haben die Lernexpeditionen bei Ihren Schülerinnen und Schülern bewirkt, was konnten Sie bei den Schülerinnen und Schülern beobachten?
- Was gäbe es aus Ihrer Sicht an den Lernexpeditionen zu verbessern, was sollte man anders machen?

Die aufgrund der Teilnahme an den neuen Lernformaten von den Lehrern am häufigsten genannten Veränderungen[26] bei den Schülern beziehen sich inhaltlich zunächst auf die Zunahmen an Selbstwirksamkeit, eine bes-

26 Wegen der relativ geringen Fallzahlen wird an dieser Stelle auf Prozentangaben verzichtet. Das entschiedene Kriterium, das zur Gewichtung der Aussagen herangezogen wurde, war die Unterscheidung von Einzel- und Mehrfachnennungen.

sere Selbstorganisation und auf die Steigerung der Lernmotivation: „Die Schülerinnen und Schüler erfahren, dass ihre Interessen relevant sind und sie ein Thema konsequent und ohne ‚unerwünschte' Einmischung verfolgen können."

Weitere von den Pädagogen in diesem Zusammenhang genannte Aspekte betreffen das Scheitern und das Durchhalten im Sinne von ‚am Ball bleiben', wenn es ‚unangenehm' wird. Viele Jugendliche haben in den Lernexpeditionen nach Ansicht der Pädagogen auch vielfach die Erfahrung gemacht, was es bedeutet, bekannte beziehungsweise gewohnte Arbeitsweisen aufzugeben, mit Verbindlichkeit umzugehen und Verantwortung zu übernehmen.

Die zu Beginn einer Lernexpedition bei den Jugendlichen häufig zu beobachtende Orientierungslosigkeit wird von den befragten Lehrern in der Retrospektive sowohl als Chance als auch als Risiko gesehen. Wenn es den Lernenden gelingt, für das von ihnen gewählte Thema eine zügige Umsetzung und Handlungsoptionen zu entwickeln, werden sie in der Regel auch außergewöhnliche Lernerfahrungen machen. Zudem kann nach Ansicht der Pädagogen ein positiver Einfluss auf den eigenen Lern- und Schulalltag mitgenommen werden. Haben die Lernenden hingegen bereits zu Beginn einer LEX über eine nur geringe intrinsische Motivation verfügt, dann waren bereits frühzeitig Schwierigkeiten bei der Findung eines geeigneten Themengebiets zu beobachten – was viele Schüler dann dazu bewogen hat, sich nicht weiter zu engagieren. Weitere von den Lehrern bei den Schülern beobachtete Veränderungen beziehen sich auf:

- eine bessere Selbstreflexion,
- den Mut, eigene Themen zu finden und eigene Lernwege zu entwickeln,
- ein besseres Zeitmanagement,
- mehr Freude am Lernen,
- eine bessere Kooperation mit Mitschülern,
- Vorstellungen für eigene berufliche Perspektiven zu entwickeln.

Die von den Pädagogen zum Ausdruck gebrachten Vorschläge zu Verbesserungen in der Planung und Durchführung der neuen Lernformate beziehen sich vor allem auf das Bewerbungsverfahren und auf die individuelle Betreuung der Schüler. Durch das System Schule stoßen die Pädagogen nach eigenem Bekunden dabei jedoch vielfach an Grenzen: „Für mich ist die LEX ein freiwilliges Format. Verbesserung sehe ich in dem Bewerbungsverfahren, das allerdings dem System Schule geschuldet ist. Ein wirklicher Austausch und eine Betreuung, die den Schülerinnen und Schülern in ihrer Individualität gerecht wird, sind im Schulalltag kaum oder gar nicht zu leisten. Damit widerspricht das Format dem System. [Und ist somit] Problem und Chance zugleich."

Weitere Ergänzungs- beziehungsweise Verbesserungsvorschläge beziehen sich darauf,

- den Schülern eine Sammlung positiver LEX-Ergebnisse und Beispiele für die Planung, Dokumentation und Präsentation zur Verfügung zu stellen,
- einen noch stärkeren Bezug zu den Prüfungsinhalten herzustellen,
- eine themenbezogene Betreuung vermehrt durch externe Experten zu ermöglichen.

Insgesamt bleibt festzuhalten, dass die mit dem Modul LEX intendierten Ziele dann am ehesten erreicht werden, wenn die Inhalte und Themen, die bearbeitet werden sollen, den Interessen der Jugendlichen auch entsprechen und wenn die Passung zwischen Leistungsanforderungen und den individuellen Möglichkeiten stimmt. So wünschenswert und wertvoll die Berücksichtigung und Unterstützung der persönlichen Lerndispositionen und -interessen der Schüler einerseits sind, ist die Umsetzung letztlich immer eine Ressourcenfrage. Einige Kommentare der Pädagogen weisen darauf hin, dass es ihnen in der Neuen Oberstufe im Laufe der Zeit immer besser gelungen ist, auf individuelle Besonderheiten der Schüler einzugehen und in dem bestehenden Schulsetting eine ausgewogene Balance zwischen Freilassen und Begleiten herzustellen.

6.2.3 Pulsare

Von den 25 an der Befragung teilnehmenden Lehrern gaben 24 ihre Stellungnahmen zu den Fragen nach den von ihnen aufgrund der Teilnahme an den Pulsaren beobachteten Veränderungen im Lernverhalten der Schüler ab. Die am häufigsten genannten Aspekte beziehen sich inhaltlich zunächst darauf, dass die Schüler in den Pulsaren häufig die Möglichkeit wahrgenommen haben, ein Thema intensiver zu bearbeiten als im regulären Unterricht. Genannt werden zudem eine bessere Lernmotivation der Schüler, die Entwicklung eines besseren Verständnisses für interdisziplinäre/fächerübergreifende Zusammenhänge, eine größere Selbständigkeit bei der Bearbeitung eines Themas und ein besseres Zeitmanagement. Worauf in den Stellungnahmen der Pädagogen zu den Pulsaren im Vergleich zu den Lernexpeditionen häufiger Bezug genommen wird, sind Hinweise auf eine nachhaltige Wissensaneignung durch Kontextualisierung und ein positiver Effekt auf den regulären Unterricht. Demnach zeichnet sich das Lernen in den Pulsaren vor allem durch inhaltliche Tiefe, die in anderen Unterrichtsformaten kaum möglich ist, sowie durch das Herstellen fächerübergreifender Querbezüge aus. Einige Lehrer haben zudem beobachtet, dass sich die Schüler oftmals nach einem Pulsar weiter mit einem Thema auseinandergesetzt haben.

Für die vertiefende Bearbeitung und Betrachtung eines Themas bilden die Pulsare demnach einen geeigneten Rahmen zum Kennenlernen und Erproben neuer Lernwege. Des Weiteren bieten sie den Schülern die Möglichkeit, Themeninhalte aus verschiedenen Blickwinkeln kennenzulernen sowie Querverbindungen zu entdecken. Die meisten Lehrer heben in ihren Stellungnahmen zu den Pulsaren die konstruktive Art der Zusammenarbeit unter den Schülern hervor, vereinzelt wird in diesem Zusammenhang auch Bezug auf die Lehrer-Schüler-Beziehung beziehungsweise auf die veränderte Rolle als Lehrer genommen (Mentor und Mitlernender). Eine kritische Anmerkung weist auf die mögliche Konkurrenz der Pulsare zum Regelunterricht hin: „Pulsare sollten grundsätzlich allen Schülerinnen und Schülern sowie allen Lehrkräften freigestellt werden. Da die Unterrichtszeit in Sek II (KL. 12 + 13) ohnehin knapp ist, konkurrieren die neuen Lernformate stark mit den klassischen Unterrichteinheiten.“

Verbesserungs- und Erweiterungsvorschläge beziehen sich in den Kommentaren der Pädagogen vor allem darauf, eine stärkere thematische Verknüpfung zwischen Pulsaren und gewöhnlichem Unterricht herzustellen, was auch die Schüler zum Ausdruck gebracht haben. Darüber hinaus halten es viele Pädagogen für wünschenswert beziehungsweise notwendig,

- die Zahl der Pulsare pro Schuljahr zu erhöhen;
- mehr Möglichkeiten zum Lernen an außerschulischen Lernorten zu schaffen;
- bewertbare Ergebnisformen zu etablieren;
- die Lehrer-Inputzeiten zu minimieren;
- stärker auf gelungene Pulsare zurückzugreifen;
- die Pulsare zeitlich zu strecken.

Auch die Pädagogen aus dem NOS-Team weisen in ihren Kommentaren immer wieder auf die Frage nach der Passung zwischen Pulsarinhalten und herkömmlichem Fachunterricht hin, weil dies mitentscheidend für die Motivation der Teilnahme der Jugendlichen ist.

Aus der Perspektive der Pädagogen bieten die Pulsare ihren Schülern demnach die Möglichkeit, ein Thema aufzugreifen, für das sie sich auch begeistern können, um es auf methodisch vielfältigste Art und Weise in einer

Tiefe und Intensität zu bearbeiten, die im regulären Unterricht kaum möglich erscheint. Deshalb ist auch nachvollziehbar, weshalb die Lernenden wie auch die Lehrenden immer wieder darauf hinweisen, wie wichtig es sei, die in den Pulsaren bearbeiteten Themen und Inhalte mit jenen in den verbindlichen Fachunterrichten vorgeschriebenen aufeinander abzustimmen. Um Konkurrenzsituationen zwischen Pulsar und allgemeinem Unterricht zu vermeiden, sind letztlich konkrete Absprachen zwischen Pulsarleitern und Fachlehrern zwingend. Wichtig dabei ist, dafür genügend Raum und Zeit zur Verfügung zu stellen.

6.2.4 Lebens- und Arbeitskompetenztage

Die Kommentare der Lehrkräfte zu den LAK-Tagen beziehen sich inhaltlich vor allem auf die Würdigung der lebenspraktischen Bezüge der angebotenen Inhalte, die sich nicht nur auf fachspezifische Fragen beziehen, sondern auch auf das Aufzeigen neuer Handlungsoptionen und deren Reflexion. Weitere Stellungnahmen der Lehrer betreffen die Beobachtung, dass in den LAK-Tagen über das übliche Rollenverständnis hinaus andere Begegnungsmöglichkeiten mit den Schülern stattfinden können. Die in den LAK-Workshops im Fokus stehenden außerschulischen Themen stellen demnach nicht nur eine inhaltlich-methodische Erweiterung des verbindlich vorgegeben Kursplans dar, sondern bieten zugleich einen bewertungsfreien Raum, in dem sich Lehrer und Schüler auch auf anderen als den allgemein schulischen Ebenen begegnen können. Die begleitenden Lehrer haben bei den Schülern zudem eine höhere Motivation und eine größere Lernfreude beobachtet, vereinzelt wurden auch Aspekte der besseren beruflichen Orientierung, zuweilen aber auch der zeitlichen Überforderung wahrgenommen.

6.2.5 Allgemeine Lernerfahrungen der Lehrkräfte

95 % der Pädagogen haben auf die offene Frage, was sie im Zuge der Durchführung der neuen Lernformate selbst gelernt, erfahren, wahrgenommen und erlebt haben, geantwortet. Die meisten Stellungnahmen beziehen sich zunächst darauf, dass mit der Einführung der neuen Lernformate auch neue Lernsettings geschaffen wurden, die andere Formen des Lernens und Lehrens möglich gemacht haben, beispielsweise:

- wie viel Raum in Schule sein kann, um anders als in Fächern zu denken, zu lernen, sich zu begegnen;
- die Wichtigkeit bewertungsfreier Räume für die Lehrer-Schüler-Beziehung;
- eine intensive inhaltliche Auseinandersetzung mit Themen, die keinen Platz im normalen Unterricht hätten;
- Gruppenzusammenhänge strukturieren, Raum halten, Gastgeben.

Wie bereits betont, können sich die Lernenden und die Lehrenden in einem solchen Lernsetting in besonderer Art und Weise begegnen, was von den meisten Pädagogen als gewinnbringend empfunden und erfahren wird. Die neuen Formen des Lehrens und Lernens haben nach Ansicht der Pädagogen auch dazu beigetragen, dass sich die Zusammenarbeit im Kollegium deutlich verbessert hat und externe Experten als Bereicherung erlebt und erfahren wurden. Die neuen Formate erfordern demnach eine andere Form der Prozesssteuerung, vor allem weil die Schüler aktiv an der Gestaltung beteiligt sind. Die meisten Lehrer bringen deshalb auch zum Ausdruck, dass sie sich in einer neuen Rolle und Funktion erlebt haben, und zwar vermehrt in Richtung Moderator und Lernbegleiter anstatt als klassischer Wissensvermittler. In diesem Zusammenhang stand das Thema ‚Art of Hosting' im Fokus, wozu auch Fortbildungen besucht wurden.

Insgesamt beschreiben die Lehrkräfte ihre Arbeit in den neuen Lernformaten im Vergleich zu dem üblichen Fachunterricht als anstrengender aber zugleich auch als erfüllender. Dies wirft erneut die Frage nach den notwendigen Ressourcen auf, die für eine erfolgreiche Umsetzung der neuen Lernformate zur Verfügung stehen sollten.

6.2.6 Schlussfolgerungen

Welche Schlussfolgerungen ziehen die an der Entwicklung der NOS beteiligten Pädagogen aus ihren Erfahrungen mit den neuen Lernformaten? Einerseits bringen sie mehrheitlich zum Ausdruck, dass die neuen Lernformate eine wertvolle Bereicherung der Neuen Oberstufe darstellen, was beispielsweise in Äußerungen wie ‚auf dem richtigen Weg zu sein' zum Ausdruck kommt. Anderseits wird zuweilen bemängelt, dass dadurch kostbare Zeit für den regulären Unterricht verlorengeht. Diese divergierenden Aussagen werden durch die Forderung, dass die Pulsare und Lernexpeditionen zeitlich viel zu kurz ausgefallen seien, um ihr volles Potential zu entfalten (z. B. im Hinblick auf ein selbstbestimmtes Lernen der Schüler), konterkariert. Eine wichtige Gestaltungsaufgabe besteht deshalb immer wieder darin, die neuen Lernformaten mit dem traditionellen Fachunterricht in ein ausgewogenes Verhältnis zueinander zu bringen. Ein Aspekt, der auch von vielen Schülern hervorgehoben wird. Die folgenden Lehreraussagen lassen diese Problematik nochmals deutlich werden: „Ich wünsche mir, dass dies ein Ort bleibt, an dem Transformation stets möglich ist. Diese Lernformate sind ein sinnvoller Teil davon und zeigen, dass es möglich werden kann. Ein wertvolles Lernformat lebt aber immer von Menschen, die bereit sind, in gesetzten Rahmen, ihrer Leidenschaft zum Fach und zum Lernen nachzuspüren." „Ich würde mir wünschen, dass diese Lernformate nicht als Unterbrechung/Bereicherung des normalen Unterrichts erscheinen (bei Lehrenden und Lernenden), sondern dass es um das LERNEN geht und wir die Form finden/nutzen, die für uns für diesen Inhalt am besten passt!"

Der Wunsch der Pädagogen nach mehr informellen Begegnungsmöglichkeiten zeigt, wie wichtig es ist, genügend zeitliche Ressourcen zur Verfügung zu haben, damit sie sich bei der Planung, Durchführung und Reflexion der verschiedenen Lernsettings und -inhalte in Ruhe aufeinander abstimmen können. Letztlich beziehen sich einige Darlegungen auch darauf, wie wichtig es den Lehrern aus der ESBZ ist, mit anderen Schulen zusammenzuarbeiten, um ihre Erfahrungen zu teilen beziehungsweise weiterzugeben, zumal die NOS ja ein **Leuchtturm** für andere, normale Schulen sein möchte.

Fazit und Ausblick

Dirk Randoll, Petra Ehrler und Jürgen Peters

Der Unmut der Oberstufenschülerinnen und -schüler aus der ESBZ über die Fremdbestimmung durch die vorgegebenen Lerninhalte brachte Mitte 2013 den Stein der Veränderung ins Rollen und machte die **Notwendigkeit eines anderen Lernens**[27] deutlich. Nach sechs Jahren Entwicklungsarbeit kann die Schule nun drei neue Oberstufenformate präsentieren, die zukunftsweisend sind. Den Lernenden wird jetzt mehr als bisher Vertrauen geschenkt und Raum zum selbstverantwortlichen Lernen gegeben. In diesen Formaten übernehmen die Schüler Verantwortung, entwickeln neue Ideen bis hin zur Konzeption eigener Unterrichtseinheiten und stellen sich den großen Herausforderungen des Lebens und Arbeitens.

Eine Woche lang in der *Lernexpedition* zu lernen, was man als Jugendlicher schon immer einmal lernen wollte, begeistert. Selbstbestimmt und selbstorganisiert arbeiten sie auch außerhalb der Schule – dabei erreichen die allermeisten ihre selbstgesetzten Lernziele, eignen sich neues Wissen an und lernen sogar weitaus mehr als ursprünglich geplant. Es verwundert daher nicht, dass die Schüler in dieser gut vorbereiteten Woche ihr Selbstmanagement, ihre Lernmotivation und ihr Selbstvertrauen in besonderem Maße entwickeln.

In den *Pulsaren* wählen die Lehrkräfte Themen aus den Rahmenlehrplänen und konzipieren Unterrichtswochen mit Inhalten aus verschiedenen Fachperspektiven in einer neuen Komplexität. Es ist gelungen, die Themen der Pulsare so zu wählen, dass sie bei den Jugendlichen auf großes Interesse stoßen. Gelernt wird im Wechsel von impulsgebenden angeleiteten Lernphasen und selbständigen Vertiefungsphasen. Dabei arbeiten die Schüler fächerübergreifend wesentlich engagierter als im normalen Unterricht und lernen deutlich mehr und besser. Im Rahmen der Teamarbeit üben sie den Umgang mit Kritik und das konzentrierte Arbeiten, zudem schulen sie ihre Kommunikations- und Interaktionsfähigkeiten.

Die Schüler sind an dem Themenfindungsprozess zu den *Lebens- und Arbeitskompetenz-Tagen* beteiligt, wodurch ein breitgefächertes Angebot aus schulischen und lebenspraktischen Workshops entsteht. Es unterrichten

27 Siehe: Das Leitbild einer guten Schule im Vorwort von H. Ullrich.

nicht nur Lehrkräfte, sondern auch Eltern und externe Experten, die neben der Theorie große berufliche Erfahrung aus der Praxis präsentieren. Die Schüler lernen effizient und mit Freude, mehr als 80 % bewerten die Inhalte der zweitägigen LAK-Workshops als persönlich bereichernd und im Alltag bestens integrierbar.

Die Evaluation der neuen Formate an der ESBZ zielte vor allem darauf ab, den beteiligten Lehrkräften Rückmeldung über ihre Arbeit beziehungsweise die der Schülerinnen und Schüler zu geben, damit daraus notwendige Veränderungen beziehungsweise Korrekturen bei der Planung, Weiterentwicklung und Durchführung der neuen Lernformate abgeleitet werden konnten und können. Eine Voraussetzung dafür war, dass sich die Pädagogen und das Team der Wissenschaftler von der Alanus Hochschule stets auf Augenhöhe begegnen und sich gegenseitig vertrauen konnten. Für diese Offenheit und Bereitschaft zur Kooperation sind wir als Forscherteam dankbar, weil dies wesentlich zum Gelingen der Evaluation beigetragen hat. Die jeweiligen Ergebnisse sind auch dem Expertenbeirat in regelmäßigen zeitlichen Abständen präsentiert und mit ihm gemeinsam reflektiert worden, was die inhaltliche Qualität des Projektes zusätzlich gefördert hat.

Die wichtigsten Gesichtspunkte, die es aufgrund der Evaluation bei der Umsetzung der neuen Lernformate vor allem auch für zukünftige Nachfolger und Weiterentwickler zu bedenken gilt, lassen sich in den folgenden vier Punkten zusammenfassen.

1. Wer die neuen Lernformate an seiner Schule zum neuen Lernprinzip machen und sie stärker in die eigene Schulpraxis integrieren möchte, muss sich über das Spannungsverhältnis zwischen selbstbestimmtem Lernen und Arbeiten auf der einen und der Bewältigung der durch die Abschlussprüfungen (Abitur) vorgegebenen Lerninhalten auf der anderen Seite im Klaren sein. Besonders einige Antworten der Jugendlichen auf die offenen Fragen haben deutlich werden lassen, wie wichtig ihnen der Bezug der in den neuen Lernformaten bearbeiteten Inhalten zu dem verbindlichen Lehrstoff in der Schule ist. Will man das Potential des selbstverantwortlichen Lernens voll ausschöpfen, wird man deshalb nicht umhinkommen, eine Entscheidung zu treffen:

   a) die neuen Lernformate thematisch stärker an die Abiturprüfungen anzugleichen, zumal es immer Schüler geben wird, die sich vor allem an dem ‚Output Abitur' orientieren, wodurch die Lernformate jedoch in ihrem Potential eine Begrenzung erfahren.

b) das traditionelle Abitur grundsätzlich in Frage zu stellen und neue Formen zu entwickeln, was einer **Reform der Schule von innen und von unten** entspricht. Es gibt an der ESBZ immer wieder Schüler, die das selbstbestimmte Lernen wichtiger finden als das Abitur. Nicht zuletzt aus diesem Grund haben einige die Schule auch vorzeitig verlassen.

2. Eine weitere Besonderheit bei der Einführung der neuen Lernformate betrifft die Art, wie Lehrer ihren Schülern begegnen und wie sie sie begleiten. Im Grunde genommen müssen die Pädagogen dafür ein anderes Rollenverständnis entwickeln, zumal sie nicht mehr länger diejenigen sind, die Wissen vermitteln oder ihren Schülern sagen, was sie zu tun und an was sie zu arbeiten haben. Dieses neue Rollenverständnis hat sich an der ESBZ im positiven Sinne auf die gesamte Beziehungsqualität zwischen Lehrern und Schülern ausgewirkt. Sobald man sich als Pädagoge in die Rolle des Mitlernenden, Mentors oder Coach begibt und Lernprozesse gemeinsam mit seinen Schülern gestaltet, entwickelt sich Lernen zu einem sich gegenseitig befruchtenden und aufeinander bezogenen Prozess. Wie herausfordernd und inspirierend das Einfinden in die Rolle des Mitlernenden sein kann, zeigt sich in den vielen Fortbildungen, die die Lehrer an der ESBZ bei der Realisierung der neuen Formate aus eigener Initiative besucht haben, beispielsweise zum Thema ‚Art of Hosting'. Es wäre daher wünschenswert, dies verstärkt auch in der Lehrerausbildung und Lehrerfortbildung aufzugreifen. Bei alledem bleibt jedoch der Blick einer erfahrenen Lehrkraft auf Lernprozesse und die daraus häufig von den Jugendlichen geforderte und/oder erwartete Hilfestellung weiterhin ein unverzichtbarer Bestandteil des Lehrerseins und seines Selbstverständnisses.
3. Ein anderer Gesichtspunkt bei der Einführung der neuen Lernformate betrifft die Belastung der Lehrkräfte. Bei den Befragungen wurde wiederholt deutlich, dass die Lehrenden vor allem für die Vorbereitung der neuen Lernformate einen nicht unerheblichen Mehraufwand zu leisten hatten. Dabei haben sie mehrheitlich zwar immer wieder betont, dass sich dieser zusätzliche Einsatz auch gelohnt hat. Dies bedeutet aber nicht, dass die Bilanz damit ausgeglichen war. Gerade weil der Lehrerberuf zu einem der belastendsten zählt, wäre es für Schulen, die sich auf den Weg zu einer neuen Lernkultur machen und nicht notwendigerweise über die Ressourcen der ESBZ verfügen, förderlich, die Pädagogen durch gezielte Fortbildungsangebote und Entlastungsstunden in ihrer Arbeit aktiv zu

unterstützen. Denn das Neue entwickelt sich nicht per se aus der Alltagspraxis und der Alltagsroutine heraus, sondern verlangt neben der eigenen Entwicklung interkollegialen Austausch und Reflexion – und dafür braucht es die nötigen Zeiträume.

4. Die an der ESBZ für die Neue Oberstufe neu entwickelten und erprobten Lernformate stellen eine konsequente Fortsetzung der in der Mittelstufe bereits in verschiedenen Lernsettings angelegten und praktizierten Möglichkeiten zum selbstverantwortlichen Lernen und Arbeiten der Schülerinnen und Schüler dar. Sie treffen bei den Lernenden vor allem deshalb auf so positive Resonanz, weil sie von ihren Lehrern aktiv in die Gestaltung von Lernprozessen einbezogen werden – im Sinne einer **Schule als demokratische Gemeinschaft.** Damit fühlen sich die jungen Heranwachsenden in ihrer Kompetenz und mit ihren Wünschen und Ideen ernst genommen. Zudem werden sie in ihrer Selbstwirksamkeit gestärkt, was es ihnen erleichtert, sich in der Schule emotional zugehörig, wohl und vor allem wertgeschätzt zu fühlen. Gerald Hüther hat diese und andere Prinzipien des ‚Lernens aus Freude' bereits hinreichend beschrieben.[28] Nicht zuletzt auch deshalb wird die ESBZ im Zusammenhang mit dem OECD-Projekt ‚Innovative Lernumgebungen' beispielhaft genannt, weil man dort jene Aspekte verwirklicht sieht, die eine gute Schule heute ausmachen.[29] Dazu zählen zusammenzufassend vornehmlich:

- das Anknüpfen an die Lebenswelten, Interessen, Wünsche, Vorerfahrungen und das Vorwissen der Jugendlichen,
- die Orientierung an ihren Leistungserwartungen und Leistungsmöglichkeiten,
- die Herstellung des Nachvollzugs und der Sinnhaftigkeit der zu bearbeitenden Themen und Inhalte,
- die Förderung der Fähigkeit zur Selbstregulation,
- die Planung fächerübergreifenden und interdisziplinierten Lernens und Arbeitens in Projekten,
- die Planung und Förderung individueller und kooperativer Lernprozesse,
- das Herstellen von Transparenz bei der Leistungsbewertung, die auch in anderer Form als nur durch Noten oder Punkte erfolgen kann.

28 Hüther, G.: Mit Freude Lernen – ein Leben lang. Weshalb wir ein neues Verständnis vom Lernen brauchen. Göttingen: Vandenhoeck & Ruprecht 2016.

29 Siehe in: Sliwka, A.: Pädagogik der Jugendphase. Wie Jugendliche engagiert lernen. Hintergründe und Praxiswissen. Weinheim: Beltz 2018, S. 42 ff.

In all diesen Gesichtspunkten kommt die Wichtigkeit der **Anerkennung der Individualität der Jugendlichen** zum Ausdruck.

Der Erziehungswissenschaftler Heiner Ullrich fasst die genannten Aspekte in seinem Vorwort zu diesem Buch deshalb resümierend wie folgt zusammen: „Als ein zentrales Ergebnis lässt sich die hohe Akzeptanz festhalten, welche die reformpädagogisch inspirierten Lernformate bei der weit überwiegenden Mehrheit der Oberstufenschüler und ihren Lehrpersonen gefunden haben. Diese neue Lernkultur stellt durch ihre alternativen Zugänge und ihre fach- und schulübergreifende Ausrichtung eine Bereicherung des schulischen Lehrangebots dar, das allerdings auch veränderte Anforderungen an die Lehrerschaft stellt, beispielsweise eine intensivere kollegiale Kooperation und eine stärkere Akzentuierung der Lernbegleitung anstelle der Wissensvermittlung. Mit der gelungenen Bereicherung des traditionellen gymnasialen Kursunterrichts durch langjährig erprobte neue Lernformate stellt die ESBZ aktuell einen **Leuchtturm** für die Gestaltung der gymnasialen Oberstufe vor allem an integrativen und inklusiven Reformschulen dar.“

Literaturverzeichnis

Anhalt, E.: Was bedeutet Studierfähigkeit – gestern und heute? In: Lin-Klitzing, S. (Hrsg.) (2014): Abitur und Studierfähigkeit. Ein interdisziplinärer Dialog. Bad Heilbrunn: Klinkhardt.

Bildung für Berlin. Die fünfte Prüfungskomponente im Abitur. Senatsverwaltung für Bildung, Jugend und Wissenschaft (2012), Berlin. Siehe unter: www.berlin.de/sen/bildung/schule/pruefungen-und-abschluesse/abitur/ (Abruf 16.01.2020).

Bildungsinitiative mehr als lernen e. V., www.mehralslernen.org/ (Abruf 16.01.2020).

Evangelische Schule Berlin Zentrum: Lernkonzept, Pädagogik, Schulkultur, www.ev-schule-zentrum.de/paedagogik/lernkonzept-paedagogik-schulkultur (Abruf 16.01.2020).

Finkbeiner, F. (2010): Baum für Baum. Jetzt retten wir Kinder die Welt. München: oekom.

Groeben, A. von der (2010): Wir wollen Schule machen. Eine Streitschrift des Schulverbunds *Blick über den Zaun:* Eine pädagogische Streitschrift. Leverkusen: Budrich.

Grünewald, S. (2019): Wie tickt Deutschland? Psychologie einer aufgewühlten Gesellschaft. Köln: Kiepenheuer & Witsch.

Hüther, G. (2016): Mit Freude lernen – ein Leben lang: Weshalb wir ein neues Verständnis vom Lernen brauchen. Göttingen: Vandenhoeck & Ruprecht.

Initiative Neues Lernen, Berlin, www.initiative-neues-lernen.de/ (Abruf 16.01.2020)

Institut der Deutschen Wirtschaft: Deutschland in Zahlen. www.deutschlandinzahlen.de/tab/deutschland/bildung/schule/allgemeinbildende/schueler-je-lehrer-allgemeinbildende-schulen (Abruf 20.01.2020).

Kahl, R.: Eine Schule, die gelingt: Enja Riegel und die Helene-Lange-Schule. DVD (Archiv der Zukunft).

Laloux, F. (2015): Reinventing Organizations. Ein Leitfaden zur Gestaltung sinnstiftender Formen der Zusammenarbeit. München: Vahlen.

Mayring, P. (2015): Qualitative Inhaltsanalyse. Grundlagen und Techniken, Weinheim: Beltz.

NOS Neue Oberstufe: Lernexpeditionen, www.neue-oberstufe.de/lernformate/lex/lern-expedition (Abruf 16.01.2020).

Randoll, D.; Ehrler, P.: Evangelische Schule Berlin Zentrum (ESBZ) – Reformpädagogik für morgen. In: Idel, T.-S.; Ullrich, H. (2017): Handbuch Reformpädagogik. Weinheim: Beltz.

Rasfeld, M.; Breidenbach, S. (2014): Schulen im Aufbruch – Eine Anstiftung. München: Kösel.

Schmidtbauer, W. (2017): Raubbau an der Seele: Psychogramm einer überforderten Gesellschaft. München: oekom.

Sliwka, A. (2018): Pädagogik der Jugendphase. Wie Jugendliche engagiert lernen. Hintergründe und Praxiswissen. Weinheim: Beltz.

Stockmeier, B.; Drimmer, E. (2018): Transformation der Oberstufe – Neue Lernformate und Organisationsstrukturen für die gymnasiale Oberstufe. In: Informationsschrift Recht und Bildung des Instituts für Bildungsrecht und Bildungsforschung e. V. Ausgabe März 2018, Jahrgang 15.

UNESCO-Weltaktionsprogramm: Bildung für nachhaltige Entwicklung, www.bne-portal.de/ (Abruf 16.01.2020).

Wilber, K. (2018): Integrale Lebenspraxis. München: Kösel.

De Zárate, A.; Tressel, J.; Ehrenschneider, L.-L. (2014): Wie wir Schule machen: Lernen, wie es uns gefällt, München: Knaus.

Abbildungsverzeichnis und Bildnachweise

Abbildungen

Bildnachweise

Abbildungen 1.1–1.3, 3.7, 3.14, 5.1, 5.2, 5.4, 5.5 © P. Ehrler

Abbildungen 3.1–3.3 © A. Kolpowska, K. Mrózek

Abbildungen 3.4–3.6 © M. Meretz

Abbildungen 4.1–4.4 © J. F. Sievert, Th. Meyer

Abbildung 4.5 © M. Eichinger

Abbildung 4.6 © A. Garratt

Abbildung 5.1 © D. Wolter

Abbildung 5.3 © M. Danner

Abbildungen 5.6, 5.7 © H. Verolme

Abbildungen 5.8, 5.9 © L. Reichmann

Tabellenverzeichnis

Anhang

Zu Kapitel 5: Das Format LAK, Organisation und Durchführung

In den Tabellen 5.2–5.6 sind alle LAK-Workshops der Schuljahre 2016/17–2018/19 nach Bereichen aufgeführt, mit Angaben, welchen Zeitraum sie umfassten, ob sie von Lehrkräften aus der ESBZ, von Externen oder von Eltern angeboten wurden und wie viele Teilnehmer sich pro Kurs angemeldet hatten. Ausgefallen sind Kurse bei Erkrankung der Lehrkraft oder gelegentlich bei einer zu geringen Anmeldezahl.

Tab. 5.2 Themen & Teilnehmer LAK 1–5, Bereich Fachkompetenzen

Fachkompetenzen	halbtags (h) oder ganztags (g)	1 = Lehrkraft 2 = Externe 3 = Eltern	Teilnehmer
LAK 1			
Umgang mit Hilfsmitteln in Mathe	h	1	10
Rechtschreibung und Zeichensetzung	h	1	18
Von den Profis lernen – Wie recherchiere ich richtig im Netz?	h	2	15
LAK 2			
Umgang mit Mathehilfsmitteln	h	1, 1	20
Quellenanalyse	h	1	7
Literaturrecherche und Bibliotheksnutzung	h	3, 3	12
Rechtschreibung und Zeichensetzung	h	1	20
Wie liest man schwierige theoretische Texte	h	1	16
Chemie als drittes Prüfungsfach	h	1	8
Philosophie trifft auf Biologie	h	1	21
LAK 3			
Rechtschreibung und Zeichensetzung	h	1	20
Graphen und Diagramme	h	ausgefallen	–
Recherche und Bibliotheksnutzung	h	3	10
LAK 4			
Biologie, Chemie und Physik, die ersten Klausuren in der Oberstufe	g	1	7
Recherche und Bibliotheksnutzung	h	3	4
Präsentieren, Powerpoint & Co.	h	3	7

Fachkompetenzen	halbtags (h) oder ganztags (g)	1 = Lehrkraft 2 = Externe 3 = Eltern	Teilnehmer
LAK 5			
Klausuren in Biologie, Physik, Chemie – Doc Stelzer hilft	g	1	10
Fit fürs Abi: Advanced English Grammar	g	1	10
Recherche und Bibliotheksnutzung	h	3	9
Seek, save and run oder: Wie muss ich meinen Computer dressieren, um eine vorzeigbare Hausarbeit abzuliefern?	h	1	12
Komma klar	h	1	20
Brexit, Trump, Europawahlen	h	3	31
Melodik, Harmonik, Rhythmus: Eine Spurensuche in der Musik	h	1	3

Tab. 5.3 Themen & Teilnehmer LAK 1–5, Bereich Lernstrategien und -techniken

Lernstrategien und -techniken	halbtags (h) oder ganztags (g)	1 = Lehrkraft 2 = Externe 3 = Eltern	Teilnehmer*
LAK 2			
Mein Weg zur guten BLL	h	1	20 + 8
Von der Gliederung zum Text – Die BLL fast fertig	g	1	5
LAK 4			
Teamarbeit	h	2	10
LAK 5			
Lernen lernen	g	2	20
Lesen, um zu schreiben: Materialgestütztes Schreiben	g	1	9
Lernen lernen – Was für ein Lerntyp bin ich?	h	2	14
Lernen lernen	h	2	20

* Workshops, die sowohl vormittags als auch nachmittags stattfanden, sind zusammen aufgelistet und durch ein + unter Teilnehmer gekennzeichnet.

Tab. 5.4 Themen & Teilnehmer LAK 1–5, Bereich Lebenspraxis

Lebenspraxis	halbtags (h) oder ganztags (g)	1 = Lehrkraft 2 = Externe 3 = Eltern	Teilnehmer
LAK 1			
Fit für die erste Wohnung!	h	1	9 + 15
Datenschleimspuren im Netz	h	3, 3	10 + 11
Immer noch Stress mit dem Stress?	h	1	16
Reich und glücklich mit dem richtigen Job	h	2	18
LAK 2			
Versicherung, Umgang mit Geld & Arbeitsvertrag/ Gehalt	h	2	15 + 15
Berufs- und Studienorientierung	h	1	11 + 12
Fit für die erste Wohnung!	h	1, 1	15 + 14
Superheld! Berufsorientierung	h	2	18 + 17
Die ganze Wahrheit: Geld/Versicherungen/ Entwicklungen	h	3	14
Meine erste eigene Wohnung – Mietvertrag	h	3	20
Einführung in Steuern, Staatsfinanzen und Demokratie	h	3	15
Immer noch Stress mit dem Stress?	h	1	20
Selbstständigkeit, Freiberuf, Rechnungen, Steuererklärung	h	3	20
Reich und glücklich mit dem richtigen Job	h	2	20
Recht und Pflicht bei Verträgen	h	3	10
Weiblicher Zyklus und Sexualität	h	2	10
Meine erste eigene Wohnung	h	3	15
LAK 3			
Meine erste eigene Wohnung	h	3	20
Verträge	h	3	10
Weg zum Stipendium	h	1	9
Einblicke ins Studentenleben	h	2, 3	15
Sie verlassen jetzt die Komfortzone	h	1	3
Vorbereitung für lange Wanderungen und Backpackerreisen	h	1	11
Überblick zu Recht & Co.	h	3	18
Wege ins Studium und Antworten auf Fragen rund ums Studieren	h	2, 2	26
Was kann ich tun, um meinen Traumjob zu kriegen?	h	2	11

Lebenspraxis	halbtags (h) oder ganz-tags (g)	1 = Lehrkraft 2 = Externe 3 = Eltern	Teilnehmer
Nach dem Abi will ich …	g	1, 2, 2	24
Do your own business	g	3	16
LAK 4			
Die erste eigene Wohnung wohnlich machen	g	1	15 + 12
Jobsuche und Bewerbung	g	3	15
Nach dem Abi will ich …	g	2, 2	25
Wahrnehmung und Emotionsregulation	h	2	8
Umgang mit Geld	h	1	25
Schnupperuni	h	3	11
Achtsamkeit und innere Freiheit, Einführung in MBSR	h	2	15
Noch total digital oder lebst du schon?	h	2	13
Sie verlassen jetzt die Komfortzone!	h	1	5
Einblicke in den Alltag eines Gründers	h	3	13
LAK 5			
Erfolgreich im Bewerbungsprozess I: Assessment-Center-Training	g	ausgefallen	–
Erfolgreich im Bewerbungsprozess II: Vorstellungsgespräche	g	2	14
Was sind eigentlich meine persönlichen Stärken?	g	2	16
Erwachsen werden leicht gemacht. Durchblick im Bürokratie-Dschungel	g	2	20 + 16
Immer noch Stress mit dem Stress? Wege zu mehr Gelassenheit durch Meditation, Imagination und Empathie	g	1	20
Ich mach mir die Welt, wie sie mir gefällt – Wahrnehmungs- und Emotionsregulation	h	2	15
Noch digital oder lebst du schon? Wie digital detox deinen Tag und deine Nacht bereichern	h	3	7
Keep Calm and come to Uni: Antworten rund ums Studieren	h	2, 2	30
Mit Studies plaudern: Einblicke ins Studentenleben	h	2	8
Zuhause ausziehen – Durchblick im Bürokratie-Dschungel	h	2	20 + 18
Verträge – Rechte und Pflichten	h	3	10
Meine erste eigene Wohnung – was muss ich wissen?	h	3	15 + 15

Tab. 5.5 Themen & Teilnehmer LAK 1–5, Bereich Fertigkeiten

Fertigkeiten	halbtags (h) oder ganz-tags (g)	1 = Lehrkraft 2 = Externe 3 = Eltern	Teilnehmer
LAK 1			
Existenzgründung Rechnungswesen	h	1	15
Sketchnotes	h	1	7
Kommunikation	h	1	13
Selbstorganisation	h	1	15
LAK 2			
Die Freude am Kochen	h	2, 2	15 + 15
Buchbindermanufaktur	h	1	20 + 20
Man müsste Klavierspielen können	h	1	7
Selbstständig Unternehmen gründen	h	2, 2	10
Jonglieren entspannt und macht schlau	h	1	15
Fahrradwerkstatt	h	2	10
LAK 3			
Zeit- und Selbstmanagement	h	3	18
Offen zuhören – wie geht das?	h	ausgefallen	–
Zeit- und Selbstmanagement	h	3	17
Bringing Yoga to Life	g	1	16
Theaterworkshop	g	1	17
Die Kunst der Visualisierung	g	1	14
Verhandeln für eine bessere Welt – real negotiations for beginners (in Englisch)	g	ausgefallen	–
Bohren, dübeln, streichen, verkabeln – Fit für die erste Wohnung	g	1	14
LAK 4			
Kommunikation & Konfliktmanagement	g	2	8
Selbstorganisation	h	3	15
Nähwerkstatt	g	1	12
Körpersprache	h	1	16
LAK 5			
Verhandeln für eine bessere Welt – real negotiations for beginners (in Englisch)	g	1	15
Wie ich alles unter einen Hut bekomme – Zeitmanagement	g	2	15

Fertigkeiten	halbtags (h) oder ganztags (g)	1 = Lehrkraft 2 = Externe 3 = Eltern	Teilnehmer
Man kann nicht kommunizieren – Kommunikationstraining	g	2	10
Meta Schule: Was wir gelernt haben, ohne es gelernt zu haben	g	2	15
Gut geplant ist halb gewonnen? Zeit- und Selbstmanagement	h	3	20 + 20
Punkt, Punkt, Komma, Strich – Visualisierung für Anfänger	h	1	9
Sketchnotes	h	1	17
Lampen selber bauen aus Recyclingmaterialien	h	1	10 + 11
Wie Konflikte Spaß machen können. Kommunikation und Konfliktmanagement	h	2	15
FoodArt	h	1	15
Handlettering	h	1	15

Tab. 5.6 Themen & Teilnehmer LAK 1–5, Bereich Werte

Werte	halbtags (h) oder ganztags (g)	1 = Lehrkraft 2 = Externe 3 = Eltern	Teilnehmer
LAK 1			
Umgang mit Drogen	h	2	13 + 11
LAK 2			
Ich (b)rauche meinen Rausch – Umgang m it Drogen	h	2	29 + 30
Kinderwelt – interkultureller Vergleich	h	1	13
LAK 3			
Still und stark – was wir Introvertierten können und brauchen	h	ausgefallen	–
Was ist Glück und wie steigert man es?	h	1	15
LAK 4			
Die Entdeckung der Langsamkeit	g	1	18
Gesamt: 131 Kurse	103 halbtags 28 ganztags	147 Lehrende	1 915 Teilnehmer

Zu Kapitel 6: Abschlussbefragung der Abiturienten und der Lehrkräfte

Fragebogen für AbiturientInnen des Jahrgangs 2018 an der ESBZ

Liebe AbiturientInnen,

wir möchten Dich bitten, kurz vor dem Schulabschluss noch einmal auf die Erfahrungen zurückzublicken, die Du in der Oberstufe der ESBZ gemacht hast. Uns interessiert dabei insbesondere, wie Du den Einfluss der Pulsare, Lernexpeditionen, Lebens- und Arbeitskompetenzen auf die Entwicklung Deines Lernverhaltens und Deiner Persönlichkeit einschätzt. Dazu bitten wir Dich, den folgenden Fragebogen auszufüllen.

Inhalt des Fragebogens:

- Allgemeine Erfahrungen mit den neuen Lernformaten
- Erfahrungen mit den Lernexpeditionen
- Erfahrungen mit Pulsaren
- Erfahrungen mit dem LAK
- Einfluss von Schule allgemein
- Ehrenamtliche Tätigkeiten

Verantwortlich für die Durchführung:
Dr. Jürgen Peters
Alanus Hochschule
Juergen.peters@alanus.edu
02222 9321 1507

I. Allgemeine Erfahrungen mit den neuen Lernformaten

Bitte kreuze an, inwieweit die folgenden Aussagen zu den neuen Lernformaten (LEX, Pulsar und LAK) für Dich zutreffend sind.	trifft voll zu {1}	trifft eher zu {2}	weder/noch {3}	trifft eher nicht zu {4}	trifft gar nicht zu {5}
1. Durch die Lernexpeditionen habe ich gelernt, mehr Verantwortung für mein eigenes Lernen zu übernehmen.	☐	☐	☐	☐	☐
2. Die Pulsare, Lernexpeditionen und LAKs hatten einen positiven Einfluss auf den Unterricht in anderen Kursen.	☐	☐	☐	☐	☐
3. Die Pulsare haben mein Interesse für gesellschaftliche Themen verstärkt.	☐	☐	☐	☐	☐
4. Die Pulsare, Lernexpeditionen und LAKs haben mein Interesse an den Themen des Kursunterrichts verstärkt.	☐	☐	☐	☐	☐
5. Durch die Pulsare, Lernexpeditionen und LAKs sind für mich neue Perspektiven für die weiteren beruflichen Schritte nach dem Abitur deutlich geworden.	☐	☐	☐	☐	☐
6. Durch die Teilnahme an den Lernexpeditionen musste ich viel für den regulären Unterricht nachholen.	☐	☐	☐	☐	☐
7. Durch die Pulsare, Lernexpeditionen und LAKs ist mir klar geworden, was ich nach dem Abi beruflich (Studium, Ausbildung) machen will.	☐	☐	☐	☐	☐
8. Die Pulsare, Lernexpeditionen und LAKs haben einen günstigen/positiven Einfluss auf die folgenden Aspekte gehabt:					
8.1 Mein Interesse an der Auseinandersetzung mit neuen Lerninhalten	☐	☐	☐	☐	☐
8.2 ...Meine Freude am Lernen	☐	☐	☐	☐	☐
8.3 ...Meine Fähigkeit, strukturierter zu arbeiten	☐	☐	☐	☐	☐
8.4 ...Die Verbindung von Theorie und Praxis	☐	☐	☐	☐	☐
8.5 ...Meine Fähigkeit, mit anderen etwas gemeinsam zu erarbeiten	☐	☐	☐	☐	☐
8.6 ...Die Weiterentwicklung meiner Stärken	☐	☐	☐	☐	☐
8.7 ...Die Aufarbeitung meiner Stärken	☐	☐	☐	☐	☐
8.8 ...Meine Leistungsfähigkeit	☐	☐	☐	☐	☐

II. Lernexpeditionen
(Wenn Du gar nicht teilgenommen haben, bitte bei III. fortsetzen!)

1. Wie oft hast Du an einer LEX teilgenommen? ......Mal

Bitte kreuze an, inwieweit die folgenden Aussagen für Dich zutreffend sind. **In den Lernexpeditionen habe ich gelernt...**	trifft voll zu {1}	trifft eher zu {2}	weder/noch {3}	trifft eher nicht zu {4}	trifft gar nicht zu {5}
2. ... selbständiger zu arbeiten.	☐	☐	☐	☐	☐
3. ... mich selbst besser zu organisieren.	☐	☐	☐	☐	☐
4. ... auch allein mit Schwierigkeiten besser umzugehen.	☐	☐	☐	☐	☐
5. ... Lernziele besser im Auge zu behalten.	☐	☐	☐	☐	☐
6. ...besser zu dokumentieren.	☐	☐	☐	☐	☐
7. ...Projekte selber durchzuführen	☐	☐	☐	☐	☐
8. Durch die Lernexpeditionen habe ich gelernt, mich selbst besser einzuschätzen in Bezug auf...					
8.1 ... meine Stärken	☐	☐	☐	☐	☐
8.2 ...meine Schwächen	☐	☐	☐	☐	☐
8.3 ...meine Leistungsfähigkeit	☐	☐	☐	☐	☐
8.4 ...meine Selbstorganisation	☐	☐	☐	☐	☐
8.5 ...meine Interessen an bestimmten Inhalten/ Themen	☐	☐	☐	☐	☐

9. Sonstiges:

III. Pulsarwochen
(Wenn Du gar nicht teilgenommen hast, bitte bei IV. fortsetzen!)

1. Wie oft hast Du an einem Pulsar teilgenommen? ..... Mal

Bitte kreuze an, inwieweit die folgenden Aussagen für Dich zutreffend sind. **In den Pulsaren...**	trifft voll zu {1}	trifft eher zu {2}	weder/noch {3}	trifft eher nicht zu {4}	trifft gar nicht zu {5}
2. ... habe ich neue Themen/Inhalte kennengelernt.	☐	☐	☐	☐	☐
3. ... habe ich Themen/Inhalte kennengelernt, die ich persönlich als bereichernd/interessant empfinde.	☐	☐	☐	☐	☐

4. … konnte ich mein Wissen in einzelnen Fächern vertiefen.	☐	☐	☐	☐	☐
5. … habe ich Methoden des Lernens kennengelernt, die für mich nützlich sind.	☐	☐	☐	☐	☐
6. …habe ich im Vergleich zum regulären Unterricht einen größeren Praxisbezug der Lerninhalte erfahren.	☐	☐	☐	☐	☐
7. … wurde im Vergleich zum regulären Unterricht ein Thema fächerübergreifend bearbeitet.	☐	☐	☐	☐	☐
8. … habe ich durch die fächerübergreifende Vorgehensweise neue Perspektiven gewinnen können.	☐	☐	☐	☐	☐

9. Sonstiges:

IV. LAK

(Wenn Du gar nicht teilgenommen hast, bitte bei V. fortsetzen!)

1. Wie oft hast Du an einem LAK-Tag teilgenommen? ….. Mal

2. Für welche Vertiefung des Wissens hast Du den/die LAK-Tag/e besucht? *(Mehrfachnennungen sind möglich)*
   - ☐ Schulfächer
   - ☐ Lebenspraktisches
   - ☐ für BLL-Prüfungen

Bitte kreuze an, inwieweit die folgenden Aussagen zu den LAK Seminaren für Dich zutreffen	trifft voll zu {1}	trifft eher zu {2}	weder/noch {3}	trifft eher nicht zu {4}	trifft gar nicht zu {5}
3. An den LAK-Tagen konnte ich schulische Wissenslücken aufarbeiten.	☐	☐	☐	☐	☐
4. In den LAK-Tagen habe ich viel für das praktische Leben gelernt.	☐	☐	☐	☐	☐
5. Ich habe die LAK-Tage genutzt, um mich gezielt in einzelnen Fächern zu verbessern.	☐	☐	☐	☐	☐

6. Gibt es sonstige Aspekte zu den LAK-Tagen?

V. Einfluss von Schule allgemein

Im Folgenden geht es um den Einfluss, den Du Deiner Schule (den Lehrern, den Lernzeiten, den Klassenfahrten, den Praktika, den Schulveranstaltungen etc.) auf Deine persönliche Entwicklung zugestehst. Kreuze dabei bitte sowohl die Art des Einflusses (*„günstig“* bis *„ungünstig“*) als auch die Wichtigkeit (*„sehr wichtig“* bis *„unwichtig“*) an. *Dieser Fragenblock wurde aus einer Ehemaligenstudie zu Vergleichszwecken übernommen, daher konnten die Formulierungen nicht auf die spezielle Schulsituation an der ESBZ angepasst werden.*

also bitte pro Zeile einmal links und einmal rechts ankreuzen!

Meine Zeit in der Oberstufe der ESBZ hat/hatte einen ….				Das halte ich für …		
günstigen/eher günstigen Einfluss	weder günstigen noch ungünstigen Einfluss	eher ungünstigen/ungünstigen Einfluss		sehr wichtig/wichtig	weder wichtig noch unwichtig	eher unwichtig/unwichtig
☐	☐	☐	auf meine Fähigkeit, eigene Meinungen und Einstellungen gegenüber anderen zu vertreten	☐	☐	☐
☐	☐	☐	auf mein theoretisches Fachwissen	☐	☐	☐
☐	☐	☐	auf mein Interesse für die Auseinandersetzung mit gesellschaftspolitischen Themen (z. B. Umwelt, Migranten)	☐	☐	☐
☐	☐	☐	auf die Einschätzung meiner eigenen Leistungsfähigkeiten und -grenzen	☐	☐	☐
☐	☐	☐	auf mein Interesse, mich mit anderen Meinungen und Einstellungen auseinander zu setzen	☐	☐	☐
☐	☐	☐	auf meine Fähigkeit zum kritischen Denken und Urteilen	☐	☐	☐
☐	☐	☐	auf das Lernen des Lernens	☐	☐	☐
☐	☐	☐	auf meine kreativen Fähigkeiten	☐	☐	☐
☐	☐	☐	auf mein Selbstvertrauen (im Sinne von: „Ich kann etwas“)	☐	☐	☐
☐	☐	☐	auf meine Fähigkeit, ein gewisses Maß an Belastungen auszuhalten	☐	☐	☐

Meine Zeit in der Oberstufe der ESBZ hat/hatte einen ….				Das halte ich für …		
günstigen/eher günstigen Einfluss	weder günstigen noch ungünstigen Einfluss	eher ungünstigen/ungünstigen Einfluss		sehr wichtig/wichtig	weder wichtig noch unwichtig	eher unwichtig/unwichtig
☐	☐	☐	auf meine Bereitschaft, Mitverantwortung für die Gemeinschaft zu übernehmen	☐	☐	☐
☐	☐	☐	auf mein Interesse an religiösen/spirituellen Themen	☐	☐	☐
☐	☐	☐	auf mein praktisches Wissen (z. B. wie man ein Fahrrad repariert)	☐	☐	☐
☐	☐	☐	auf meine Fähigkeit, mich in die Gedanken und Gefühle anderer hineinzuversetzen	☐	☐	☐
☐	☐	☐	auf meine Fähigkeit, mit anderen etwas Gemeinsames zu erarbeiten	☐	☐	☐
☐	☐	☐	auf meine Fähigkeit, mir ein eigenes Urteil über einen Sachverhalt zu bilden	☐	☐	☐
☐	☐	☐	auf meine Fähigkeit, Konflikte gemeinsam mit anderen zu lösen	☐	☐	☐
☐	☐	☐	auf meine Fähigkeit, Vorurteile kritisch zu hinterfragen	☐	☐	☐
☐	☐	☐	auf mein sprachliches Ausdrucksvermögen	☐	☐	☐
☐	☐	☐	auf mein Selbstwertgefühl (im Sinne von: „Ich bin etwas wert“)	☐	☐	☐
☐	☐	☐	auf mein Verantwortungsgefühl gegenüber der Umwelt	☐	☐	☐
☐	☐	☐	auf meine berufliche Orientierung	☐	☐	☐
☐	☐	☐	auf mein Verantwortungsgefühl gegenüber der eigenen Gesundheit	☐	☐	☐
☐	☐	☐	auf mein Interesse, mich mit anderen Kulturen und Traditionen auseinander zu setzen	☐	☐	☐
☐	☐	☐	auf die Entwicklung einer für mich sinnvollen Lebensperspektive	☐	☐	☐
☐	☐	☐	auf meine Freude am Lernen	☐	☐	☐

Meine Zeit in der Oberstufe der ESBZ hat/hatte einen …. günstigen/eher günstigen Einfluss	weder günstigen noch ungünstigen Einfluss	eher ungünstigen/ungünstigen Einfluss		Das halte ich für … sehr wichtig/wichtig	weder wichtig noch unwichtig	eher unwichtig/unwichtig
☐	☐	☐	auf meine Fähigkeit, offen und flexibel auf veränderte Anforderungen zu reagieren	☐	☐	☐
☐	☐	☐	auf mein Interesse für gesellschaftspolitische Themen	☐	☐	☐
☐	☐	☐	auf meine Fähigkeit, auf Schwächere Rücksicht zu nehmen	☐	☐	☐
☐	☐	☐	auf meine Kenntnis über unser politisches System	☐	☐	☐

VI. Ehrenamtliche Tätigkeiten

1. Hast Du im Verlauf der Oberstufe an der ESBZ ehrenamtliche Tätigkeiten aufgenommen?
   ja ☐ nein ☐

Falls ja, in welchem Bereich?

☐ im Bereich Freiwillige Feuerwehr und Rettungsdienste
☐ im sozialen und Gesundheitsbereich
☐ im Bereich Jugendarbeit
☐ im Bereich Kultur und Musik
☐ im Bereich Schule (und Kindergarten)
☐ im Bereich Kirche
☐ im Bereich Sport und Bewegung
☐ im Bereich Freizeit und Geselligkeit
☐ im Bereich Politik, lokales Bürgerengagement und berufliche Interessenvertretung
☐ im Bereich Umwelt-, Natur- & Tierschutz

2. Warst Du vor Deiner Zeit in der Oberstufe ehrenamtlich tätig?
   ja ☐ nein ☐

VII. Offene Frage zu weiteren Lernformaten

Hättest Du noch Ideen zu weiteren Lernformaten wie Pulsaren, Lernexpeditionen und LAKs, die Deinen Lernprozess unterstützen könnten?

VIII. Abschlüsse

Mit welcher Durchschnittsnote rechnest Du im Abitur? ....

Herzlichen Dank für Deine Mitarbeit!

Abschlussbefragung für LehrerInnen zu den neuen Lernformaten

April 2019

Neue Oberstufe
Evangelische Schule Berlin Zentrum

Evaluation

Ansprechpartner:
Prof. Dr. Dirk Randoll
Dr. Jürgen Peters

Alanus Hochschule,
Fachbereich Bildungswissenschaft

0049 2222 9321 1507
juergen.peters@alanus.edu

Liebe Lehrerinnen und Lehrer der Evangelischen Schule Berlin Zentrum,

um zu erfahren, welche Erfahrungen Sie in den letzten zwei Jahren mit den neuen Lernformaten LEX, LAK und Pulsar gemacht haben bitten wir Sie, diesen abschließenden Fragebogen auszufüllen. Dies wird etwa 15 Minuten in Anspruch nehmen.

Die Befragung erfolgt im Auftrag der Evangelischen Schule Berlin Zentrum und wird von der Alanus Hochschule bei Bonn durchgeführt. Bei Rückfragen stehen wir Ihnen gerne zur Verfügung.

Ihre Daten werden anonymisiert ausgewertet und dienen der Qualitätsentwicklung der neuen Oberstufe.

Für Ihre Bereitschaft, an der Befragung teilzunehmen, möchten wir uns bei Ihnen bedanken!

Alanus Hochschule, April 2019

Dirk Randoll & Jürgen Peters

I. Erfahrungen mit dem Modul „Lernexpeditionen" (LEX)

1. Wie oft waren Sie an Lernexpeditionen beteiligt? ….. Mal

Wenn Sie beteiligt waren, dann beantworten Sie bitte auch noch die folgenden beiden Fragen:

2. Was haben die Lernexpeditionen bei Ihren Schülern bewirkt, was konnten Sie bei den Schülern beobachten (bitte die aus Ihrer Sicht 5 wichtigsten Aspekte nennen)?
3. Was gäbe es aus Ihrer Sicht an den LEX zu verbessern, was sollte man zukünftig anders machen?

II. Erfahrungen mit dem Modul „Pulsar"

1. Wie oft waren Sie an der Durchführung von Pulsaren beteiligt? ….. Mal

Wenn Sie beteiligt waren, dann beantworten Sie bitte auch noch die folgenden beiden Fragen:

2. Was haben die Pulsare bei Ihren Schülern bewirkt, was konnten Sie bei Ihren Schülern beobachten (bitte die aus Ihrer Sicht 5 wichtigsten Aspekte nennen)?
3. Was gäbe es aus Ihrer Sicht an den Pulsaren zu verbessern, was sollte man zukünftig anders machen?

III. Erfahrungen mit dem Modul „LAK"

1. Wie oft waren Sie an einem LAK beteiligt? ….. Mal

Wenn Sie beteiligt waren, dann beantworten Sie bitte auch noch die folgenden beiden Fragen:

2. Was haben die LAKs bei Ihren Schülern bewirkt, was konnten Sie bei Ihren Schülern beobachten (bitte die 5 wichtigsten Aspekte nennen)?

3 Was gäbe es aus Ihrer Sicht am LAK zu verbessern, was sollte man zukünftig anders machen?

Gesamteinschätzung zu den neuen Lernformaten

Im Rahmen der Durchführung eines neuen Lernformates (bzw. mehrerer) habe ich wahrgenommen, dass die Schülerinnen und Schüler in Ergänzung zum normalen Unterricht…	Trifft voll zu {1}	trifft eher zu {2}	trifft eher nicht zu {3}	trifft gar nicht zu {4}	Kein Urteil
…die Fähigkeiten erworben haben, sich ein Thema aus verschiedenen Perspektiven (interdisziplinär) zu erarbeiten.	☐	☐	☐	☐	☐
…in ihrem Selbstvertrauen (i. S. v. „Ich kann etwas“) gestärkt wurden.	☐	☐	☐	☐	☐
…gelernt haben, Rücksicht auf andere Schülerinnen und Schüler zu nehmen.	☐	☐	☐	☐	☐
… bei der Bearbeitung eines Themas in verstärktem Maße eigene Ideen und Gedanken entwickelt/eingebracht haben.	☐	☐	☐	☐	☐
…ein kritisches Reflexionsvermögen in Bezug auf die Lerninhalte entwickelt haben.	☐	☐	☐	☐	☐
…verstärkt Verantwortung für ihr eigenes Lernen übernommen haben.	☐	☐	☐	☐	☐
…bisher unbekannte Fähigkeiten bei sich entdeckt haben.	☐	☐	☐	☐	☐
… zunehmend aus eigenem Antrieb gelernt haben.	☐	☐	☐	☐	☐
…neue Kompetenzen erworben haben, um fachübergreifende Zusammenhänge herzustellen.	☐	☐	☐	☐	☐
…gelernt haben, mit unvorhergesehenen Situationen umzugehen.	☐	☐	☐	☐	☐
… immer kreativer wurden.	☐	☐	☐	☐	☐
… in ihrem Selbstwertgefühl gestärkt wurden (im Sinne von „Ich bin etwas wert“).	☐	☐	☐	☐	☐
… gelernt haben, sich in die Gedanken und Gefühle anderer besser einzufühlen.	☐	☐	☐	☐	☐
… sich zunehmend als Gestalter ihres eigenen Lernprozesses erfahren haben.	☐	☐	☐	☐	☐
… in ihrer Selbständigkeit gefördert wurden.	☐	☐	☐	☐	☐
… das Gefühl entwickelt haben, in ihrem Lebensumfeld etwas bewirken zu können.	☐	☐	☐	☐	☐
… gelernt haben, mit eigenen Stärken und Schwächen besser umzugehen.	☐	☐	☐	☐	☐
… Sinn in ihrem Handeln erfahren haben.	☐	☐	☐	☐	☐
… gelernt haben, Grenzen zu erfahren und damit umzugehen.	☐	☐	☐	☐	☐
… gelernt haben, mit Frustrationen besser umzugehen.	☐	☐	☐	☐	☐

Herzlichen Dank für Ihre Teilnahme!

Steffen Koolmann | Lars Petersen |
Petra Ehrler (Hrsg.)
Waldorf-Eltern in Deutschland
Status, Motive, Einstellungen,
Zukunftsideen
2018, 280 Seiten, broschiert
ISBN: 978-3-7799-3761-6
Auch als E-BOOK erhältlich

Mit diesem Buch liegt die erste repräsentative Befragung von Waldorf-Eltern in Deutschland vor. Über 3.600 Eltern gaben in der WEiDE-Studie Auskunft über ihren sozio-ökonomischen Status, darüber, welche Wünsche und Vorstellungen sie hinsichtlich Schule haben, wie sie die Zukunft ihrer Waldorfschule sehen und sie weiter mitgestalten wollen. Damit wird Erziehungswissenschaftlern, Bildungspolitikern, Eltern und sonstigen Interessierten ein neuartiger Einblick in die Sozialgestalt der Waldorfschulen gewährt.

www.beltz.de
Beltz Juventa · Werderstraße 10 · 69469 Weinheim